INTERNATIONALER DESIGNPREIS BADEN-WÜRTTEMBERG UND MIA SEEGER PREIS 2023

BADEN-WÜRTTEMBERG INTERNATIONAL DESIGN AWARD AND MIA SEEGER PRIZE 2023

INTERNATIONALER DESIGNPREIS BADEN-WÜRTTEMBERG UND MIA SEEGER PREIS 2023

BADEN-WÜRTTEMBERG INTERNATIONAL DESIGN AWARD AND MIA SEEGER PRIZE 2023

DESIGN CENTER
BADEN-WÜRTTEMBERG

avedition

FOCUS OPEN 2023

INHALT

2
3

CONTENTS

WERTSCHÖPFUNGSFAKTOR UND IMPULSGEBER

DR. PATRICK RAPP MDL

Sehr geehrte Damen und Herren,
liebe Preisträgerinnen und Preisträger,

gutes Design ist innovativ und entsteht zumeist in Kombination mit innovativer Technik. Gutes Design optimiert die Nutzung und Brauchbarkeit und lässt weg, was dem entgegensteht und Ressourcen unnötig verbraucht. Gutes Design macht Produkte verständlich, macht sie langlebig und umweltfreundlich.

Kurz: Gutes Design ist wichtiger Wertschöpfungsfaktor und Impulsgeber für unsere Wirtschaft, treibt Innovationen voran und kann dazu beitragen, die Welt zu einem besseren und lebenswerteren Ort zu machen.

Die wichtigsten Entscheidungen zur Nachhaltigkeit und Nutzbarkeit eines Produktes fallen bereits in der Phase der Entwicklung und gehen weit über eine gefällige Gestaltung hinaus. Im Idealfall sind Designerinnen und Designer daher von Anfang an in den Prozess der Produktentstehung eingebunden.

Die Landesregierung Baden-Württembergs hat die besondere Bedeutung der Designwirtschaft erkannt. Das Design Center Baden-Württemberg lobt seit 1991 jährlich weltweit den Internationalen Designpreis Baden-Württemberg aus. Durch seinen Non-Profit-Charakter bietet er auch kleinsten Unternehmen die Möglichkeit, sich mit ihren Produktinnovationen dem internationalen Vergleich zu stellen und ihre Ideen einem breiteren Publikum bekannt zu machen.

Die Umsätze der baden-württembergischen Designwirtschaft lagen zwischen 2016 und 2019 stabil bei rund 2,7 Milliarden Euro. 2020 führte die Pandemie unter anderem durch Reduktionen von Marketingbudgets und Absagen von Kommunikationsprojekten zu signifikanten Umsatzrückgängen. Seit 2021 wächst der Markt wieder leicht. Die Umsatzentwicklung ist in den einzelnen Wirtschaftszweigen der Designwirtschaft und je nach Unternehmen allerdings sehr unterschiedlich. Zwar machen sich die Nachwirkungen der Pandemie und die aktuellen Krisen teilweise negativ bemerkbar; wer jedoch flexibel auf Themen eingehen konnte und zum Beispiel vermehrt auf Beratungsleistung zu nachhaltiger Produktgestaltung und -entwicklung gesetzt hat, konnte von der Entwicklung profitieren.

Mit dem Internationalen Designpreis des Landes Baden-Württemberg, dem FOCUS OPEN, setzt das Land genau an dem Punkt an, durch die Förderung innovativer Ideen die Designwirtschaft weiter zu stärken.

Auch in diesem Jahr hat die Jury 44 Auszeichnungen vergeben. Den FOCUS Gold erhalten zehn Produkte für zukunftsweisende und herausragende Lösungen.

Zehn Designlösungen werden mit dem FOCUS Silver und 23 Designlösungen mit dem FOCUS Special Mention ausgezeichnet. Auch in diesem Jahr verleiht die Jury mit dem FOCUS Meta wieder einen besonderen Preis, der beispielhafte Lösungen für übergreifende und aktuelle Themen belohnt. Er geht erneut an ein Unternehmen aus Baden-Württemberg, die Firma Vaude aus Tettnang. Vaude arbeitet zurzeit am ersten recyclingfähigen Rucksack, der komplett aus sortenreinem Material besteht und zum Teil im 3D-Druck gefertigt wird. Bemerkenswert ist dabei die intensive Kooperation zwischen der internen Designabteilung und Forschungsinstituten mit dem Ziel einer verbesserten Nachhaltigkeit. Hier wird deutlich, wie wichtig es ist, bei zukunftsorientierten Themen Design und Forschung miteinander zu verknüpfen.

Das aktuelle Jahrbuch liefert seinen Leserinnen und Lesern wichtige Hintergrundinformationen zum Entstehungsprozess vieler großartiger Projekte und gibt Einblicke in die Arbeit von Designerinnen und Designern. Mein Dank gilt allen Interviewpartner:innen, die uns diese Einblicke gewährt haben, sowie allen, die sich in diesem Jahr dem internationalen Wettbewerb im Rahmen des FOCUS OPEN gestellt haben. Danke auch an das Design Center Baden-Württemberg und die Jury, ohne deren Arbeit dieser Preis nicht möglich wäre.

Im Namen der Landesregierung von Baden-Württemberg wünsche ich Ihnen allen weiterhin viel Erfolg und noch viele weitere gute Design-Ideen!

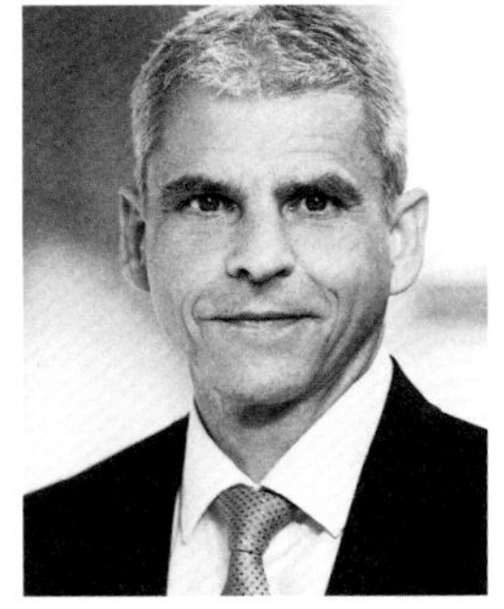

DR. PATRICK RAPP MDL
Staatssekretär für Wirtschaft,
Arbeit und Tourismus des
Landes Baden-Württemberg

Ladies and Gentlemen,
Dear Prize Winners,

Good design is innovative and is often achieved by harnessing cutting-edge technologies. Good design optimises usability, overcomes obstacles and makes efficient use of resources. Good design makes products easy to understand, durable and environmentally friendly.

In short, good design is an important value chain factor. It stimulates our economy, drives innovation and can help make the world a better and more liveable place.

The most important decisions about a product's sustainability and usability are taken at the development phase and extend well beyond mere aesthetics. This means that designers need to be involved in the product creation process from the outset.

The State Government of Baden-Württemberg recognises the special importance of the design industry. The Design Center Baden-Württemberg has presented its Baden-Württemberg International Design Award annually since 1991. Thanks to its non-profit nature, it offers even the smallest companies the chance to submit their product innovations for international benchmarking and to share their ideas with a broader global audience.

The turnover of Baden-Württemberg's design industry remained steady at around EUR 2.7 billion between 2016 and 2019. In 2020, the pandemic resulted in a significant decline in sales due to factors such as cuts in marketing budgets and cancelled communication projects. The market began to recover somewhat in 2021. However, sales performance varies greatly across the individual sectors and companies within the design industry. Although the after-effects of the pandemic and the current crises are having a negative impact in some cases, businesses with the flexibility to rise to the challenge by, for example, making greater use of consulting services for sustainable product design and development, have reaped the benefits of this approach.

Through the promotion of innovative ideas via the Baden-Württemberg International Design Award, FOCUS OPEN, the state is actively working to foster the growth of the design industry.

This year, the jury presented 44 awards. Ten products receive the FOCUS GOLD award for their outstanding groundbreaking solutions.

Ten design solutions receive the FOCUS Silver, and 23 design solutions receive a FOCUS Special Mention. This year, the jury will again award the FOCUS Meta, a special prize that recognises exceptional solutions to topical issues of a more general nature. Once again, it has been awarded to a Baden-Württemberg business, the Vaude company, which is based in Tettnang. Vaude is currently developing the first recyclable backpack, made entirely of a single material and manufactured in part using 3D printing. What is remarkable here is the very close partnership between the in-house design department and research institutes, united by their common goal of advancing sustainability. This clearly demonstrates the benefit of integrating design and research when working on forward-looking projects.

The current edition of the yearbook provides readers with important background information on the processes involved in these projects and offers insights into the work of the designers who contributed to them. I would like to thank all the interview partners who have taken the time to provide these insights as well as to everyone who has contributed to this year's international FOCUS OPEN competition. Thanks also to the Design Center Baden-Württemberg and the jury, without whose work these awards would not be possible.

On behalf of the state government of Baden-Württemberg, I wish you all continued success. I have every confidence that you will continue to produce exceptional design ideas!

DR PATRICK RAPP MDL
State Secretary of Economic Affairs,
Labour and Tourism
Baden-Württemberg

TRANSFORMATION, ZUKUNFT UND DESIGN

Die Transformation läuft. Auch wenn das Tempo noch gemächlich erscheint, oft zu gemächlich, sind die Dinge im Fluss. Der Umbau zu einer nachhaltigeren, ressourcenbewussteren, klimaneutralen und auch vielfältigeren Wirtschaft ist auf dem Weg. Wenn man in die Forschungslabors schaut, sich mit der technologieaffinen Start-up-Szene beschäftigt, wird man unglaublich viele Ideen, Projekte, Entwicklungen und Ansätze entdecken, die diese Transformation voranbringen. Dazu gehören biobasierte Materialien ebenso wie Alternativen zu Kompositen, energieeffiziente Herstellungsprozesse oder die Suche nach regionalen Lieferketten. Wir leben in einer spannenden Zeit, die eigentlich voller Aufbruch steckt, aber noch an Dynamik gewinnen muss. Es ist wie beim Start einer Mondrakete: Nach der Zündung der Triebwerke scheint außer viel Rauch und Getöse nichts zu passieren, dann aber hebt sie ab und beschleunigt exponentiell.

Genauso ist es bei der Transformation: Die Haftreibung auf der Straße des Gewohnten und des Beharrens ist noch nicht überwunden, der – in diesem Fall positive – Kipppunkt noch nicht erreicht. Aber das ist nur eine Frage der Zeit.

DESIGN FÖRDERT INNOVATIONSDIFFUSION

Die Veränderungen nehmen wir auch beim FOCUS OPEN wahr. Denn das Design nimmt die transformativen Herausforderungen ernst und entwickelt innovative Projekte – in einem durchaus komplexen Spannungsfeld zwischen eigenen Ansprüchen, den Erwartungen der herstellenden Kunden

sowie den Nutzergruppen in ihren eigenen Welten. Es erfordert schon ein besonderes Know-how, alles zu einem möglichst optimalen Ganzen zu formen, Kompromisse inklusive. Aber weil Designerinnen und Designer schon immer zwischen diesen Sphären vermitteln, ist das keine neue Herausforderung. Design, so zeigt sich, ist eben mehr als nur eine Dienstleistung aus dem Katalog – es bringt neue Perspektiven und Lösungen ins Spiel. Innovationen sind wichtig, allerdings nur, wenn sie den Weg in den Markt finden. Dieser Prozess, Diffusion genannt, wird durch das Design wesentlich unterstützt. Wenn wir auf die großen, erfolgreichen Innovationen der letzten beiden Jahrzehnte schauen, dann war das Design stets zentral involviert.

AUF NEUEN PFADEN

Transformatives Design ist ein großes Rad, vielleicht zu groß, um es unverzüglich ins Rollen zu bringen. Daher geht es auch um Einstiege, die künftige Optimierungen vorwegnehmen, also Pfade umdefinieren. Pfadabhängigkeiten haben wir selbst geschaffen, daher können wir auch neue, unterschiedliche Wege zum Ziel finden und begehen. Vielleicht entpuppt sich der ein oder andere Weg dabei als Sackgasse. Aber ohne Risiko keine Entdeckungen – oder, um den Fotografen und Autor Jochen Marris zu zitieren: »Lieber auf neuen Wegen stolpern, als in den alten Bahnen auf der Stelle treten.«

Wie das geht, zeigen uns Forschungsprojekte, die zwar ein vorab formuliertes Ziel anpeilen, aber letztlich ergebnisoffen

ablaufen. Das unterscheidet sie von der Designarbeit, bei der das Ergebnis durch viele Parameter mehr oder weniger vordefiniert ist. Dass Designer:innen nun vermehrt in Forschungsprojekten mitarbeiten, ist erfreulich und spannend, denn die Kooperation mit Akteur:innen an Universitäten oder Instituten kann sehr erfrischende Impulse und Denkansätze bringen. In diesem Jahr haben wir beim FOCUS OPEN gleich mehrere Einreichungen erhalten, die genau diese Zusammenarbeit von Forschung und Design zeigen. Mögen es künftig noch mehr werden!

AUCH KRITERIEN WANDELN SICH

Was wir noch sehen: Die Bewertungskriterien verschieben sich. Galten einst im Sinne der »Guten Form« allein die formalen Qualitäten als entscheidend, so haben sich im Laufe der Jahre weitere Kriterien ebenbürtig hinzugesellt. Ein Produkt, das »nur« formal brilliert, hätte heute kaum noch Chancen auf eine Auszeichnung, wenn nicht auch Usability, Markenaspekte, Funktionalität oder Innovationsgrad stimmen. Auch der Umgang mit Ressourcen, die Frage des Recyclings oder der Zirkularität erhalten – berechtigterweise – mehr Gewicht. Und mitunter steht unterschwellig auch die Frage nach dem generellen Nutzen eines Produkts im Raum. Auch das gehört dazu. Dass die Jury dabei stets sachlich, wertschätzend und offen diskutiert, gehört zum besonderen Charakter des FOCUS OPEN, den wir als Veranstalter bewusst fördern. So haben hier auch Unternehmen eine Chance, die

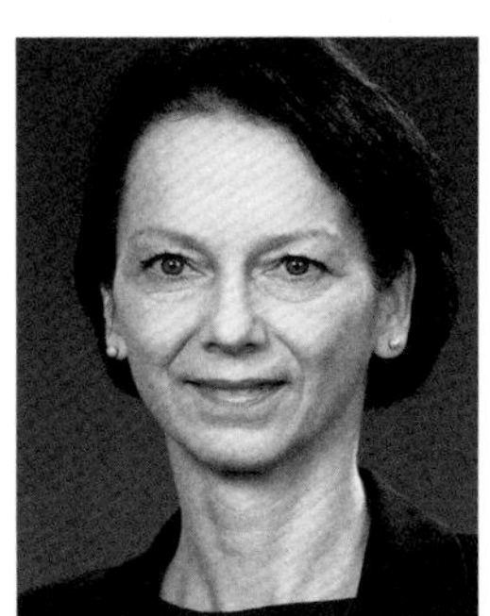

SUSANNE BAY
Regierungspräsidentin
Regierungsbezirk Stuttgart

nicht zu den großen Playern am Markt gehören, sondern qualitativ hochwertig in Nischen unterwegs sind. Genau das macht den FOCUS OPEN zu einem eigenständigen Award, bei dem Qualität vor Quantität geht. Überraschungen sind da inklusive!

DER FOCUS OPEN ZEIGT, WOHIN ES GEHT

Der aktuelle Award mit seinen 44 Auszeichnungen fordert erneut heraus, genau hinzuschauen, weil es hier nicht um Offensichtlichkeit geht, sondern um mehr: um die Geschichte hinter den Produkten, um den Entstehungskontext, darum, wie die Chancen genutzt wurden, etwas Neues zu schaffen. Nichts bewegt uns mehr als das Neue, das Kriterien verschiebt, unsere Handlungsmöglichkeiten erweitert, Zukünftiges begleitet. Der FOCUS OPEN ist daher in gewisser Weise auch ein Zukunftspreis, selbst wenn er existierende Dinge bewertet. Das ist im Grunde viel effektiver als visionäre Projekte zu prämieren, die vielfach in der Umsetzung scheitern. Der Preis zeigt exemplarisch Beispiele für das Gelingen – und öffnet ein Fenster für das, was noch kommen wird.

»Prognosen sind schwierig, besonders wenn sie die Zukunft betreffen«, das wusste schon Karl Valentin. Aber das ist gut so, denn so sorgt der Wettbewerb der Ideen für Vielfalt, für Diversität, für Aha-Effekte. Dafür braucht es kreatives Denken, Weiterdenken, Neudenken. Genau das vermag die Designbranche, die hier zu Lande zu einem wirtschaftlich bedeutenden Sektor herangewachsen ist. Kreativ zu sein, ist aber nicht nur den Gestaltenden vorbehalten, sondern auch Pflicht für Ingenieur:innen, für Unternehmer:innen, Dienstleister:innen oder Handwerker:innen. Ohne Kreativität und damit einhergehendes Selbstvertrauen bleiben wir im Jetzt oder gar im Gestern stecken – die Transformation fiele dann schlichtweg aus.

KÜNSTLICHE KREATIVITÄT?

Apropos Zukunft: Die wird uns neue Assistenten auf Basis Künstlicher Intelligenzen bringen. So dürften bald mehr KI-unterstütze Produkte und Services auf den Markt kommen, Prozesse werden sich weiter verändern. Dann kommt die KI auch beim FOCUS OPEN an und fließt damit in die Bewertung ein. In welcher Form, das wird sich noch zeigen. Wir sind jedenfalls schon jetzt neugierig. Die KI wird vieles ändern – in den Designagenturen, in der Ausbildung, in den Unternehmen. Aber eines kann sie nicht: Wirklich neue Dinge schaffen. Das bleibt auf absehbare Zeit das Spielfeld der trainierten Kreativen, also findiger Designerinnen und Designer.

VIELEN DANK!

Und schließlich noch ein – nein, viele Dankeschöns. Wir bedanken uns bei allen Preisträgerinnen und Preisträgern, verbunden mit herzlichen Glückwünschen. Der Dank geht aber auch an alle Unternehmen, Agenturen, Freelancer:innen, die 2023 mit ihren Produkt- und Konzeptlösungen die Challenge des FOCUS OPEN annahmen – und keine Auszeichnung erhielten. Bleiben Sie dran, wir freuen uns, wenn Sie in den nächsten Jahren wieder dabei sind.

Und wir drücken Ihnen natürlich die Daumen – letztendlich aber entscheidet die jährlich neu berufene Jury unabhängig und auf Basis ihrer Praxis-Expertise über die Auszeichnungen. Denn genau das ist uns wichtig: der unverstellte Blick auf den Kern des Designs und seine Relevanz im Gesamtkontext.

Und selbstverständlich bedanken wir uns bei all jenen, die im Hintergrund dabei waren und sind, um den Internationalen Designpreis Baden-Württemberg in der gewohnten Qualität, Seriosität und Offenheit durchzuführen.

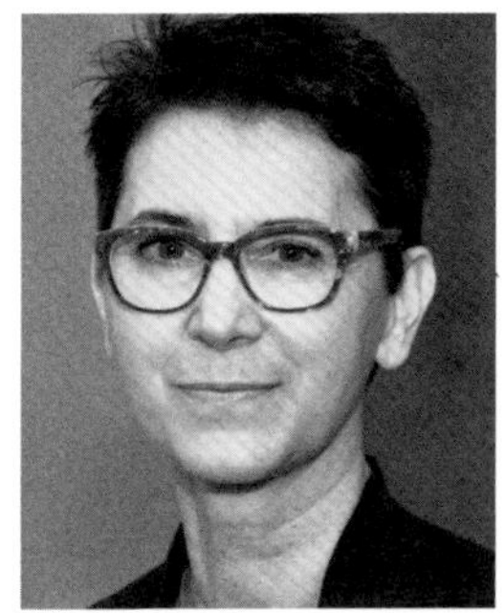

CHRISTIANE NICOLAUS
Direktorin
Design Center Baden-Württemberg

KATEGORIEN

1 INVESTITIONSGÜTER, WERKZEUGE
2 HEALTHCARE
3 BAD, WELLNESS
4 KÜCHE, HAUSHALT, TISCHKULTUR
5 INTERIOR
6 LIFESTYLE, ACCESSOIRES
7 LICHT
8 CONSUMERELECTRONIC, ENTERTAINMENT
10 GEBÄUDETECHNIK
11 PUBLIC DESIGN, URBAN DESIGN
12 MOBILITY
13 SERVICE DESIGN
14 MATERIALS & SURFACES

KRITERIEN

✓ GESTALTUNGSQUALITÄT
✓ FUNKTIONALITÄT
✓ INNOVATIONSHÖHE
✓ ERGONOMIE
✓ INTERFACE DESIGN / CONNECTIVITY
✓ USABILITY
✓ NACHHALTIGKEIT
✓ ÄSTHETIK
✓ BRANDING
✓ ENTWICKLUNGSVORSPRUNG
✓ USER JOURNEY
✓ DIGITALE INTELLIGENZ

FOCUS OPEN 2023

44 PREISTRÄGER
10 GOLD-AWARDS
10 SILVER-AWARDS
23 SPECIAL MENTION AWARDS
1 META AWARD

DIE JURY

✓ JULIAN APPELIUS
✓ MATTHIAS BOHNER
✓ CLAUDIA S. FRIEDRICH
✓ LINDA RUTH SCHMIDT
✓ JUDITH TENZER
✓ PROF. MARIO ZEPPETZAUER

The transformation is underway. Even if things seem to be progressing at a leisurely pace – often too leisurely – change is still happening. The transformation to a more sustainable, resource-conscious, climate-neutral and also more diverse economy has begun. If you look around the research labs or engage with the tech-savvy startup scene, you'll discover that there are an incredible number of ideas, projects, developments and approaches driving this transformation. They include bio-based materials, alternatives to composites, energy-efficient manufacturing processes and a preference for regional supply chains. We are living in an exciting time marked by new beginnings, although these are still in the process of gathering momentum. It's like a moon rocket launch: when the engines ignite, nothing much appears to happen for a while apart from a lot of smoke and noise – but then it takes off and accelerates exponentially.

The static friction of the well-trodden path and the persistence of the status quo have yet to be overcome, and we have not yet reached the positive tipping point. It is, however, merely a matter of time.

DESIGN SUPPORTS THE DIFFUSION OF INNOVATIONS

We also notice these changes here at FOCUS OPEN. Because design takes the challenges of transformation seriously and crafts innovative projects despite the tensions between its own aspirations and the expectations of the manufacturing customers and user groups. It takes a special kind of expertise to sculpt everything into the best possible whole, especially when compromises are necessary. But because designers have always served as intermediaries between these spheres, this is not a new challenge. Design, it turns out, is more than just a catalogue service; it introduces fresh perspectives and innovative solutions into the equation. Innovations are important, but only if they find their way into the market. This process, called diffusion, is greatly supported by the work of designers. You just have to look at the major innovative successes of the last two decades to see the significant role that design has played.

ON NEW PATHS

Transformative design is a big wheel, perhaps too big to get rolling immediately. The entry points that anticipate future optimisations, or that redefine familiar paths are therefore what matter. Path dependencies are of our own making – so we can also achieve our goals by finding and treading new and different paths. Perhaps one or another path will turn out to be a dead end. But there's no discovery without risk – or, to quote photographer and author Jochen Marris: »Better to stumble on new paths than to tread water in the old ones.«

Research projects that target a pre-defined goal while still remaining open-ended, show us how this can be done. These differ from design projects, where many parameters more or less predetermine the result. The fact that designers are now becoming increasingly involved in research projects is gratifying and exciting, because cooperation with the academics at universities and institutes of higher education can generate fresh ideas and lines of thought. This year, FOCUS OPEN received several submissions that clearly demonstrate the benefits of collaboration between research and design. I hope to see even more examples in the future.

CRITERIA ARE ALSO CHANGING

Another thing we're seeing is a shift in evaluation criteria. While good style was once considered to be essential, other criteria have become equally important over the years. Today, a product must demonstrate more than excellent styling to win an award; it must also excel in usability, branding, functionality and innovation. More weight is also given – and rightly so – to how the company deals with sustainability issues such as use of resources, recycling and circularity. And sometimes, subliminally, there is also the matter of a product's overall benefit, because that is also part of the equation. The fact that the jury's discussions are always objective, appreciative and transparent is part of the special character of the award, and something that we as organisers consciously encourage. This also opens the door to companies that occupy a high-quality niche but are not amongst the big players on the market. This is

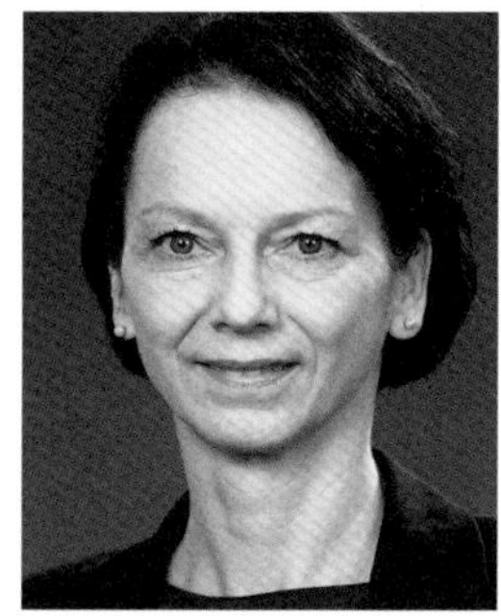

SUSANNE BAY
President,
Stuttgart District Government

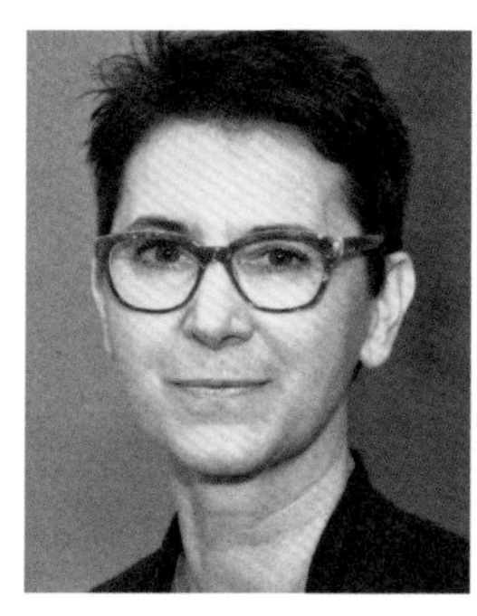

CHRISTIANE NICOLAUS
Director,
Design Center Baden-Württemberg

precisely what makes FOCUS OPEN such a unique award, because quality takes precedence over quantity. And surprises come with the territory!

FOCUS OPEN SHOWS THE WAY FORWARD
The current competition, with its 44 awards, again challenges us to take a more critical look, because it's about a lot more than superficiality. It's about the story behind the products, the context in which they were developed and how the designers made use of the available opportunities to create something new. Nothing moves us more than something new that redefines standards, broadens our horizons and makes the future possible. In a way, FOCUS OPEN is therefore also a future prize, even if it evaluates things that exist today. This is basically much more effective than awarding prizes to visionary projects that often fail to come to fruition. FOCUS OPEN showcases outstanding success stories and provides a glimpse into what to expect in the future.

»Forecasts are difficult, especially when they're about the future,« said Karl Valentin. But that's a good thing, because healthy competition between ideas is the best guarantee of creating variety, diversity and aha moments. It also requires creative thinking, forward thinking and new thinking, which is precisely what the design industry – now an economically significant sector in this country – excels at. Being creative is not the exclusive preserve of designers, however, but is also a requirement for engineers, entrepreneurs, service providers and craftsmen. Without creativity and the self-confidence that comes with it, we will remain stuck in the present – or even in yesterday. The transformation would then simply fail.

ARTIFICIAL CREATIVITY?
Speaking of the future, we are anticipating the emergence of new artificial intelligence-driven helpers. More AI-supported products and services are likely to come onto the market before long, and processes will continue to change. AI will also inevitably arrive at FOCUS OPEN and will become part of our evaluations. In what form, remains to be seen. But we are already curious. AI will change many things, in design agencies, in education, in business. But there's one thing it can't do: create truly new things. For the foreseeable future, this will remain the preserve of trained creatives, that is, resourceful designers with lots of imagination.

THANK YOU VERY MUCH!
In conclusion, we wish to express our thanks to so many people. We would like to thank – and congratulate – all the award winners. Thanks also go to all the companies, agencies and freelancers who accepted the FOCUS OPEN challenge and submitted their product and concept solutions in 2023 but did not receive an award. Do keep at it! We look forward to seeing you again in the coming years. We'll certainly be rooting for you, of course, but the ultimate decision lies in the hands of the independent, annually appointed jury, which selects the awards based on its practical knowledge and experience. And that's exactly what we want them to do: take an unbiased look at the core of the design and its relevance in the broader context.

We would also like to express our gratitude to all those important behind-the-scenes individuals who play a pivotal role in upholding the consistent standards of quality, integrity and transparency that are so important to the success of the Baden-Württemberg International Design Award.

CATEGORIES

1 CAPITAL GOODS, TOOLS
2 HEALTHCARE
3 BATHROOM, WELLNESS
4 KITCHEN, HOUSEHOLD, TABLE
5 INTERIORS
6 LIFESTYLE, ACCESSORIES
7 LIGHTING
8 CONSUMER ELECTRONICS, ENTERTAINMENT

10 BUILDING TECHNOLOGY
11 PUBLIC DESIGN, URBAN DESIGN
12 MOBILITY
13 SERVICE DESIGN
14 MATERIALS & SURFACES

CRITERIA

✓ DESIGN QUALITY
✓ FUNCTIONALITY
✓ INNOVATIVENESS
✓ ERGONOMICS
✓ INTERFACE DESIGN/ CONNECTIVITY
✓ USABILITY
✓ SUSTAINABILITY

✓ AESTHETICS
✓ BRANDING
✓ STEP CHANGE IN DEVELOPMENT
✓ USER JOURNEY
✓ DIGITAL INTELLIGENCE

FOCUS OPEN 2023

44 PRIZE WINNERS
10 GOLD AWARDS
10 SILVER AWARDS

23 SPECIAL MENTION AWARDS
1 META AWARD

THE JURY

✓ JULIAN APPELIUS
✓ MATTHIAS BOHNER
✓ CLAUDIA S. FRIEDRICH
✓ LINDA RUTH SCHMIDT

✓ JUDITH TENZER
✓ PROF MARIO ZEPPETZAUER

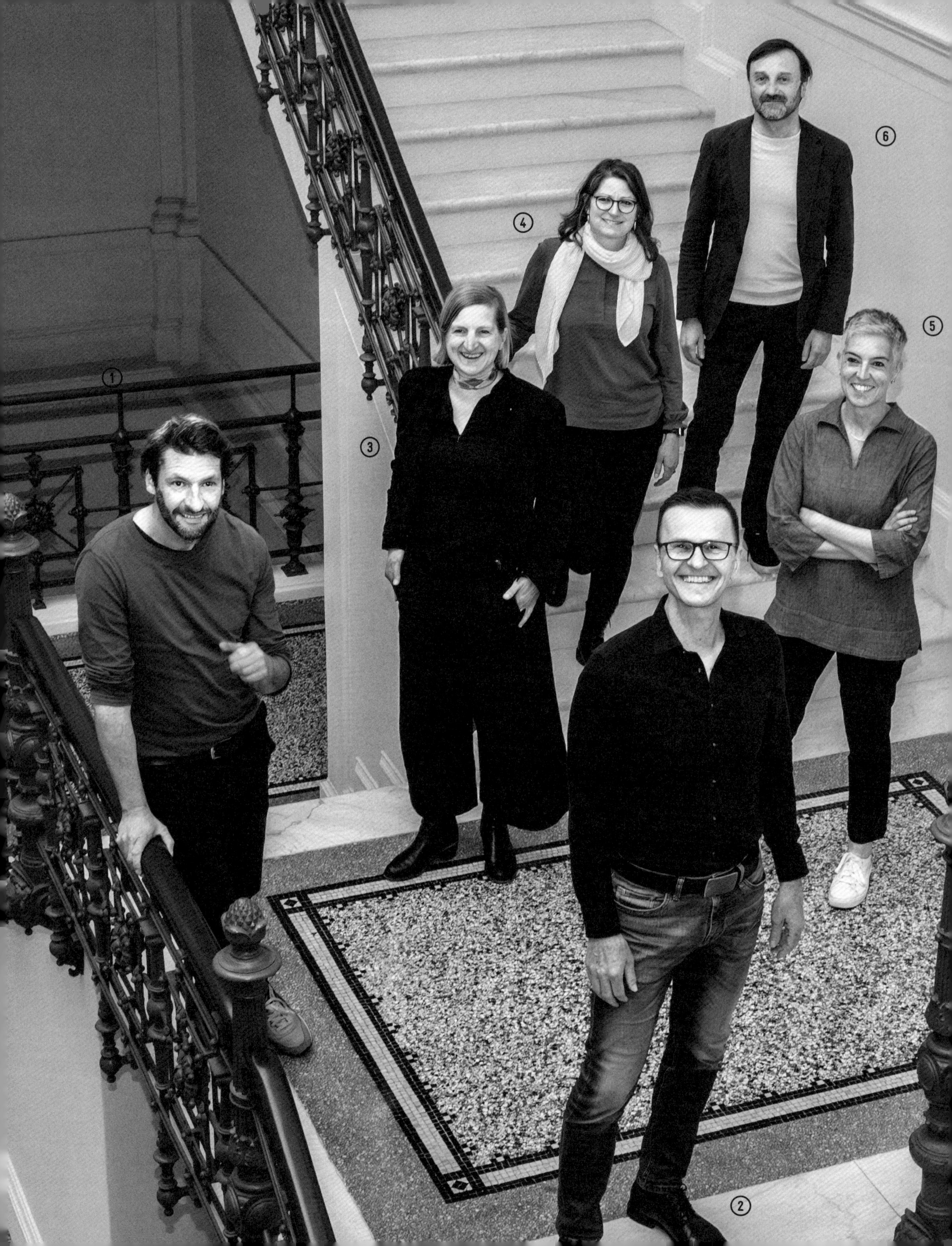

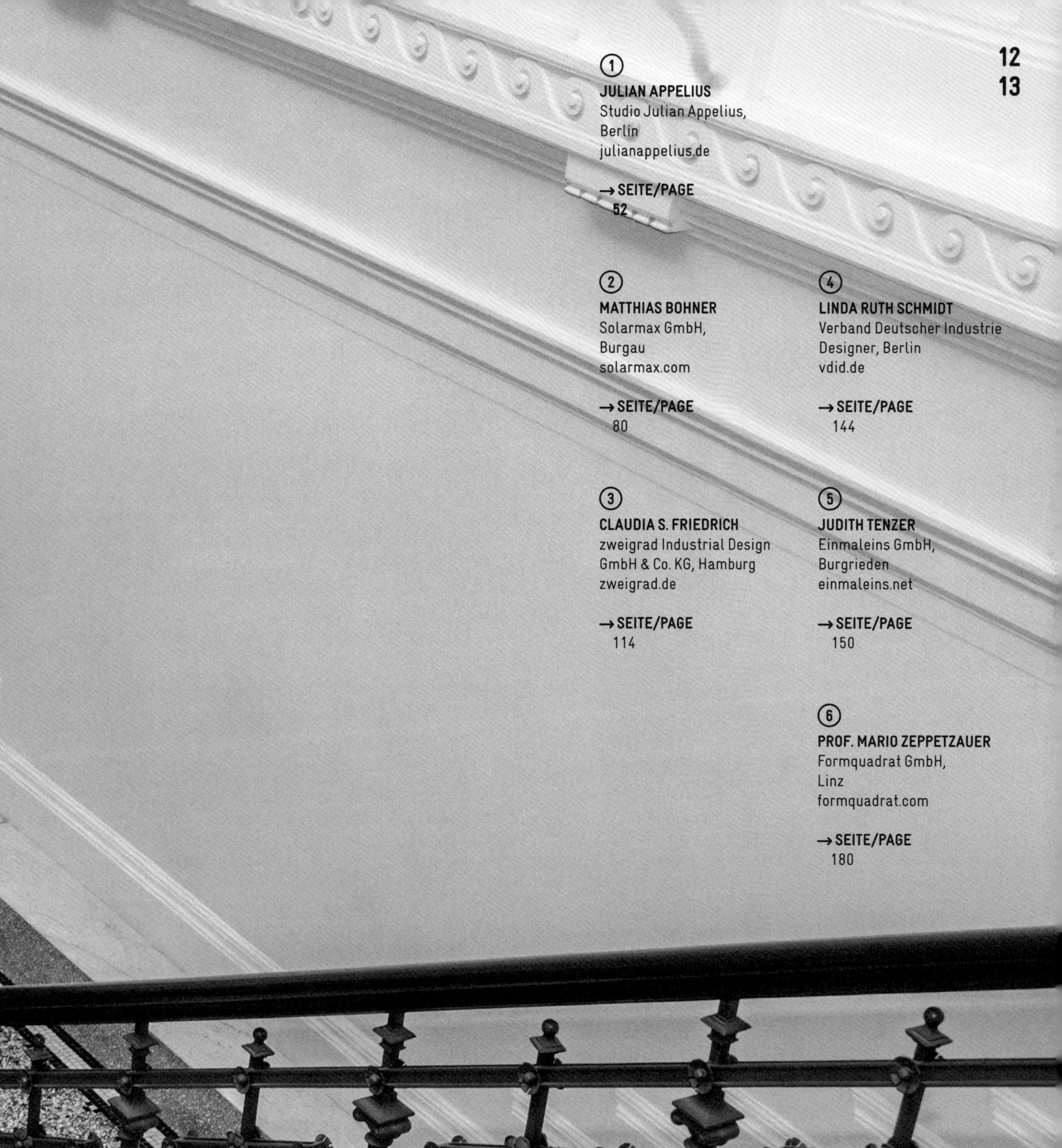

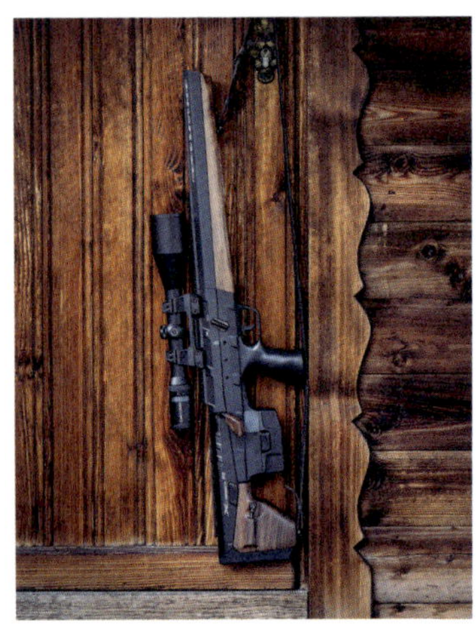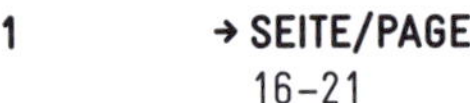

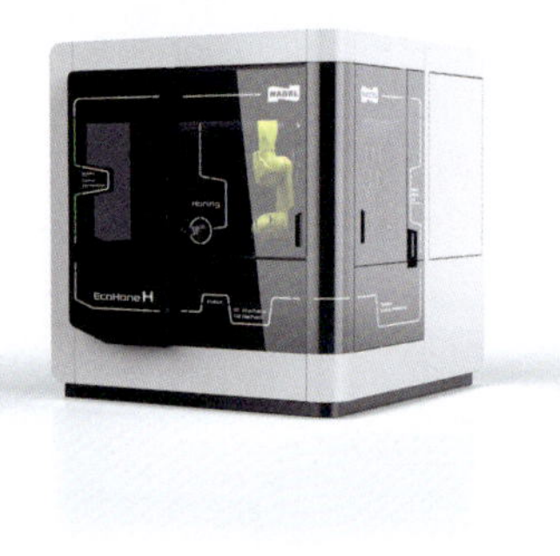

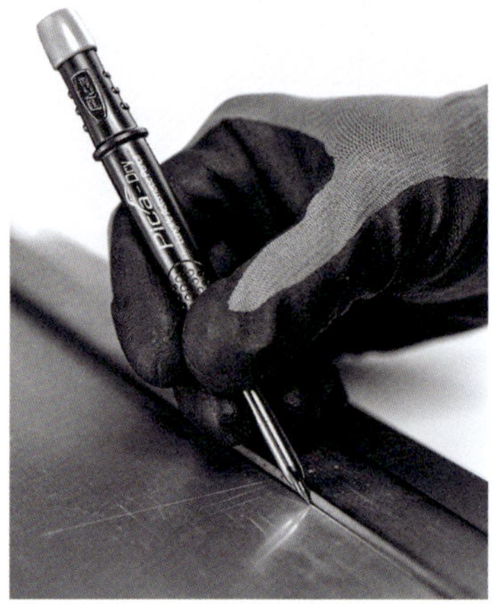

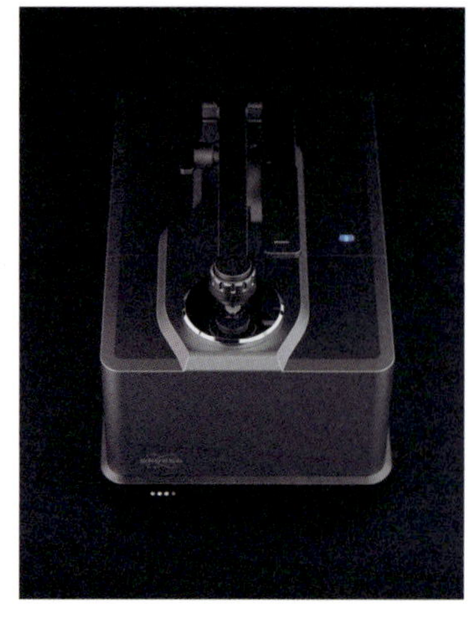

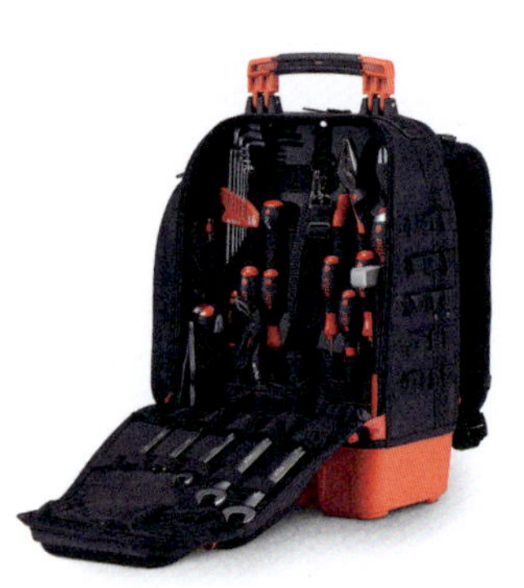

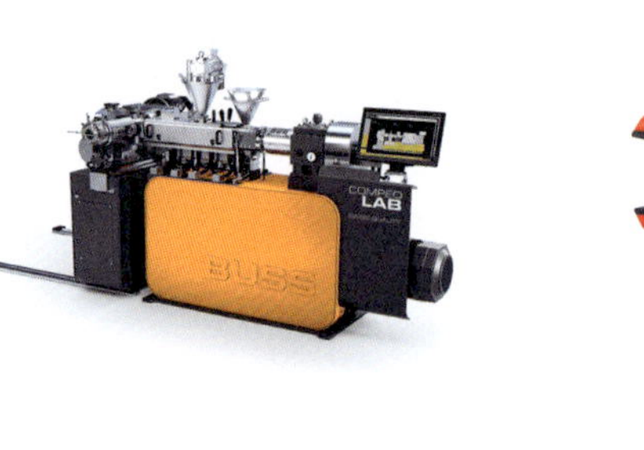

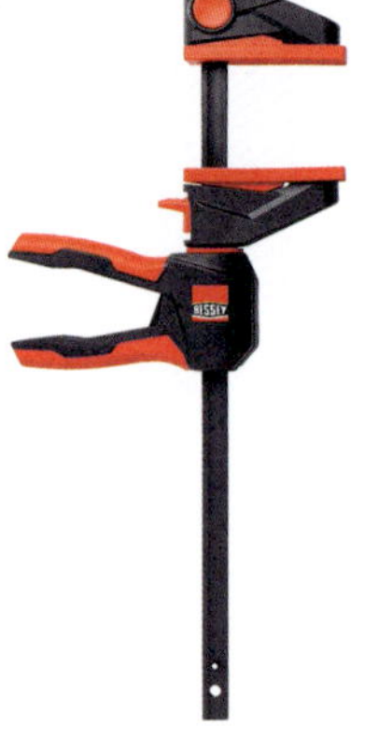

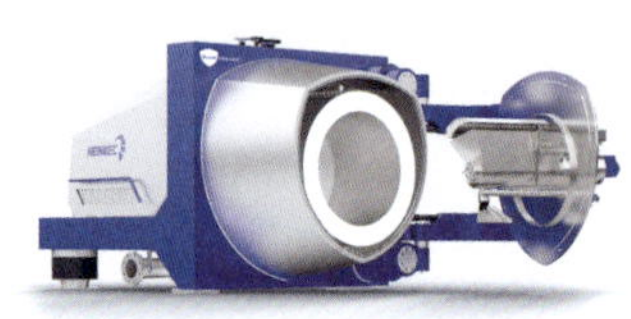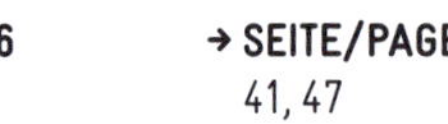

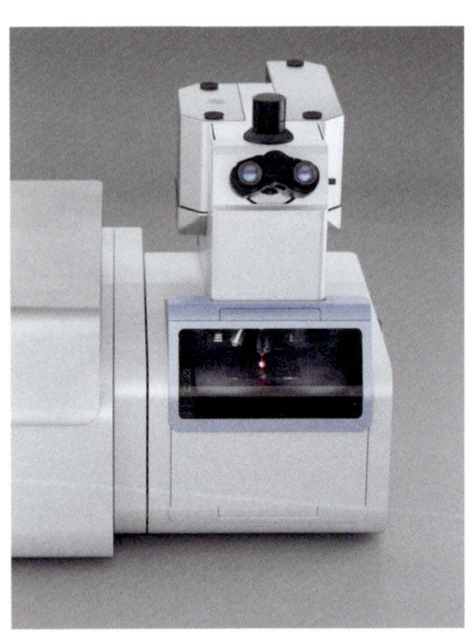

GOLD:
1 TTS XCEED R
Tec Target Schneider GmbH
Dietingen

2 ECOHONE HRX
Nagel Maschinen-
und Werkzeugfabrik GmbH
Nürtingen

3 PICA DRY METAL SET
Pica Marker GmbH
Kirchehrenbach

4 MOBILE-IR II
Bruker Optics GmbH & Co. KG
Ettlingen

SILVER:
5 ELECTRIC / MECHANIC
Wiha Werkzeuge GmbH
Schonach

6 COMPEO LAB
Buss AG
Pratteln
Schweiz/Suisse

7 EZ360
Bessey Tool GmbH & Co. KG
Bietigheim-Bissingen

SPECIAL MENTION:
8 BLUETECTOR H 1250 C
Heinkel Process Technology GmbH
Besigheim

9 HYPERION II
Bruker Optics GmbH & Co. KG
Ettlingen

Funktionalität und Design ergänzen sich ideal – das beweisen für den Profibereich konzipierte Maschinen und Tools. Industriedesign strukturiert Bedienabläufe, optimiert die Ergonomie, treibt Innovationen voran und verbessert im Idealfall die ökologische Bilanz. Die Kategorie zeigt sich dabei äußerst vielfältig, sie umfasst große Produktionsanlagen, Alltagshelfer oder auch komplexe Analyseinstrumente.

Many of the machines and tools used by professionals bear witness to the synergy that exists between functionality and design. Industrial design shapes operating procedures, optimises ergonomics, drives innovation and, at its best, can even improve our ecological footprint. The discipline has shown itself to be remarkably versatile; its practitioners work on projects as diverse as large production plants, everyday tools and even complex analytical instruments.

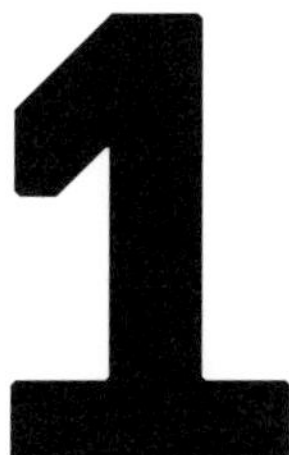

TTS
XCEED R

JAGD—
GEWEHR

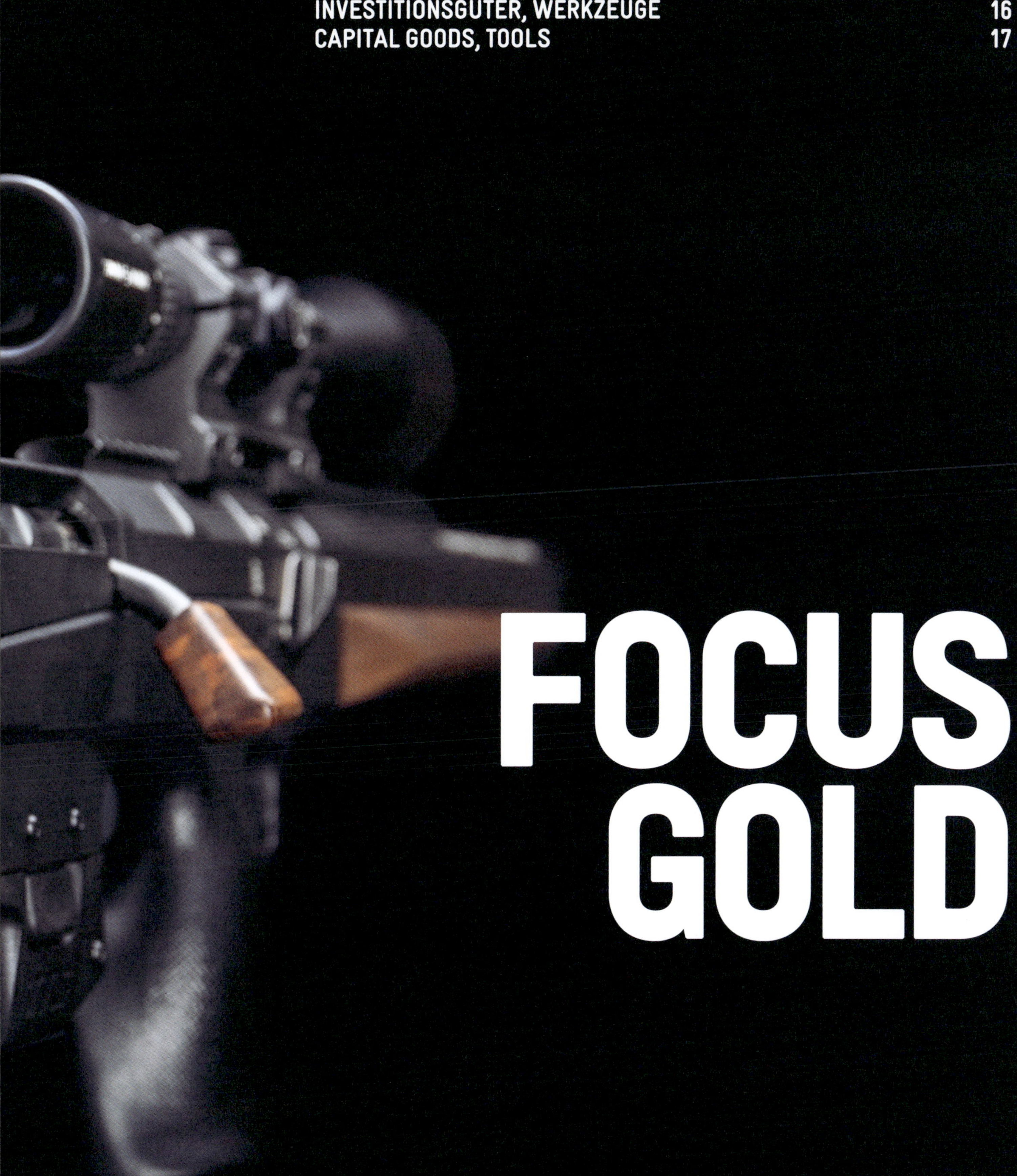

INVESTITIONSGÜTER, WERKZEUGE
CAPITAL GOODS, TOOLS
16
17

FOCUS
GOLD

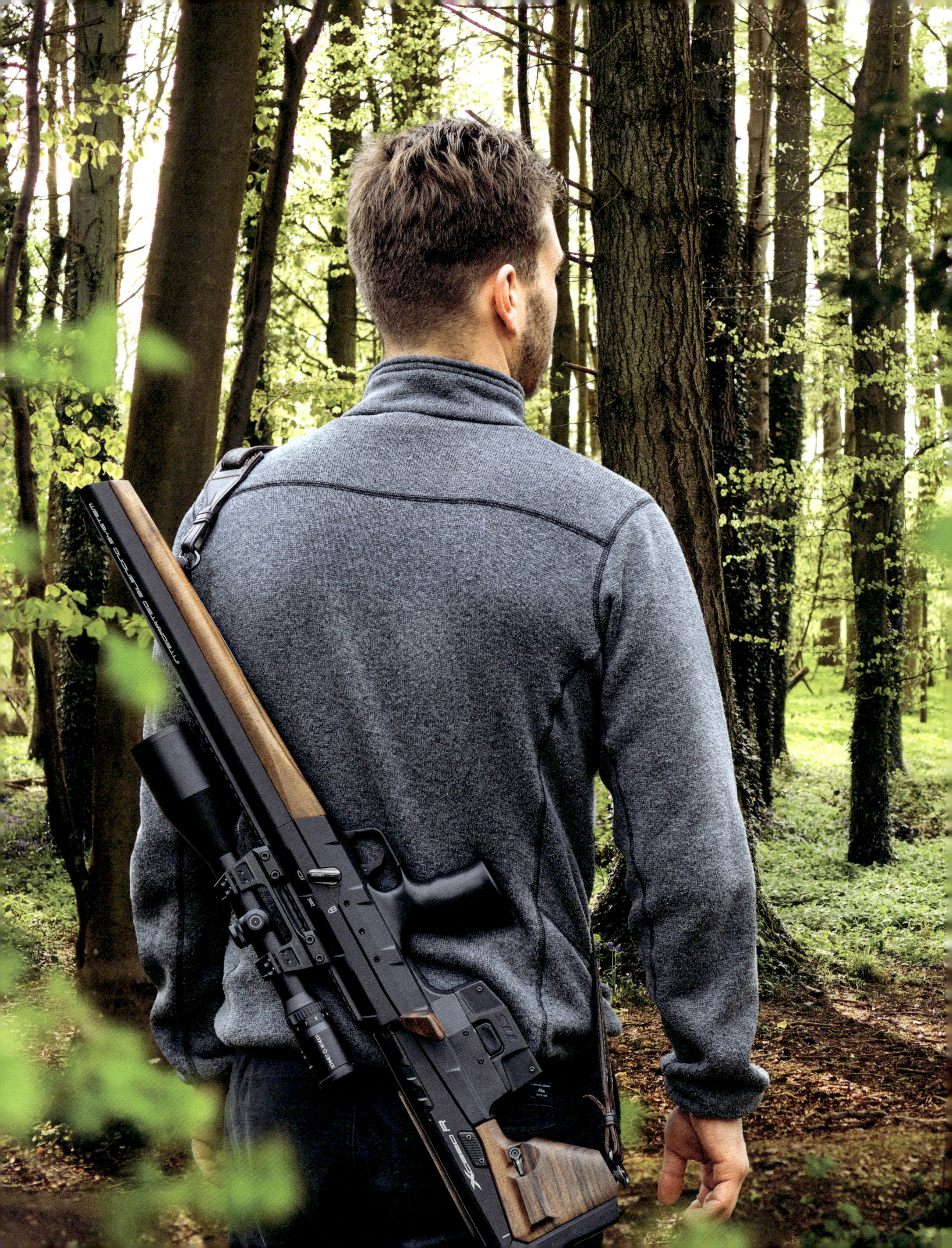

HERSTELLER/MANUFACTURER
Tec Target Schneider GmbH
Dietingen

DESIGN
Target Design
Inning

Dieses Gewehr ist ein Werkzeug für Jägerinnen und Jäger, um die Wild-
tierpopulationen zu regulieren, Tierseuchen einzudämmen oder Natur-
schutzziele zu erreichen.

Seit vielen Jahrzehnten ist das Prinzip eines Jagdgewehrs un-
verändert – mit allen Nachteilen. Dazu gehören beispielsweise das schwie-
rige Handling der langläufigen Waffe auf dem Hochstand, das daraus
resultierende Unfallrisiko sowie Fehlschüsse. Aus diesem Grund wurde
das neue Gewehr hauptsächlich unter ergonomischen Aspekten entwickelt
und gestaltet. Durch die sogenannte »Bullpup«-Bauweise, bei der das
Patronenmagazin hinter dem Abzug liegt, lässt sich eine weitaus kompaktere Auslegung realisieren. Der Lauf mit integriertem Schalldämpfer ist
sehr viel kürzer, die Zielgenauigkeit deutlich höher, Fehlschüsse werden
reduziert – und damit auch das Leiden von Tieren, die nur angeschossen
werden.

Konstruktiv bedingt verlässt das Gewehr das klassische Erscheinungsbild, die Gestaltung visualisiert einerseits die technologische
Innovation, andererseits vermittelt es mit seinen tradierten Holzelemen-
ten zur eher konservativ gestimmten Zielgruppe.

This rifle has been designed for hunters who need to keep wildlife
populations in check, curb the spread of animal diseases or achieve con-
servation goals.

For many decades, hunting rifle design has remained unchanged,
despite its disadvantages. These include, for example, the unwieldiness of
a long-barrelled rifle on a rifle stand, which can result in accidents and
missed shots. This is why the new rifle was developed and designed –
primarily with ergonomic aspects in mind. The »bullpup« design, in which
the gun's magazine is located behind the trigger, creates a more compact
weapon. The barrel with its integral silencer is considerably shorter,
aiming accuracy is significantly improved and missed shots are reduced,
thereby diminishing the suffering of the animal being hunted.

The rifle's design departs from convention, incorporating both
modern technology as well as timeless wooden elements that appeal to
the somewhat conservative target market.

HUBERT SCHNEIDER GESCHÄFTSFÜHRER,
TEC TARGET SCHNEIDER GMBH

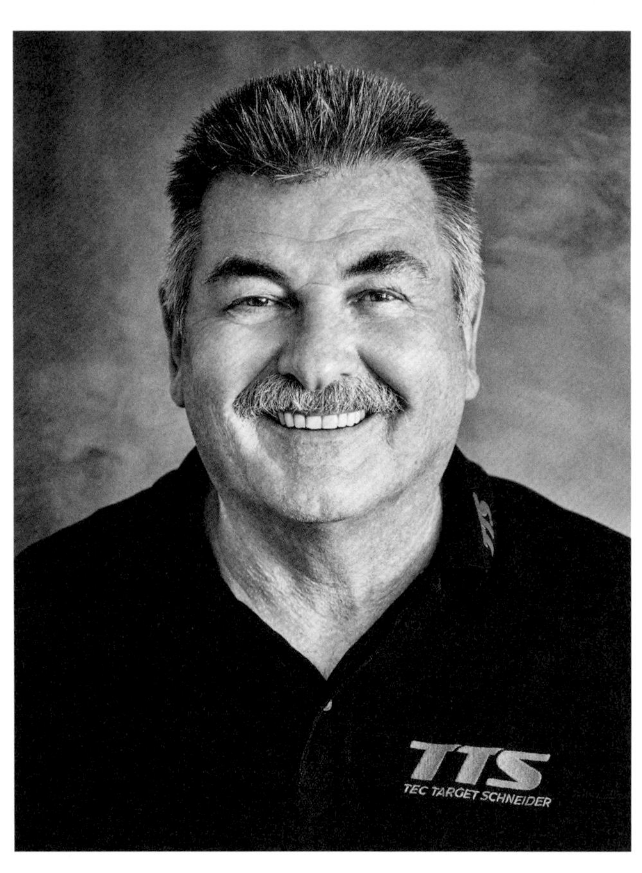

»Mit Designern im Team und deren Perspektiven kommt man zu ganz anderen Ergebnissen.«

»When you have designers
on your team, their input can deliver
completely different results.«

→ **Was hat Sie veranlasst, das traditionelle Jagdgewehr neu zu konzipieren?**

Vor wenigen Jahren wurde das Verbot von Schalldämpfern für Jagdwaffen aufgehoben, damit lässt sich der Mündungsknall eliminieren und das Gehör der Jägerinnen und Jäger, ihrer Hunde und auch der Umgebung schonen. Allerdings werden die Gewehre durch den aufgeschraubten Dämpfer noch länger. Schon ohne den Schalldämpfer erschwert die Länge des Laufes konventioneller Gewehre das Handling im Hochsitz, man stößt beim Einstieg oben an, bleibt hängen und kann nicht über Eck nachführen. Mit unserem neuen Konzept haben wir den Schalldämpfer integriert und das Gewehr insgesamt um 30 Zentimeter verkürzt. Das ist ein großer Vorteil für Jäger:innen.

Wie nahe an der Zielgruppe muss man für die Entwicklung eines so speziellen Produktes sein?

Ich bin seit rund 50 Jahren aktiver Sportschütze und habe neben meinem eigentlichen Beruf als Entwicklungsingenieur hochwertige und hochpräzise Sportgewehre für internationale Wettbewerbe gebaut. Im Grunde geht es immer um Physik, egal um welche Art von Schusswaffen es sich handelt.

In welchem Entwicklungsstadium haben Sie Designer von Target Design einbezogen?

Recht frühzeitig. Mir war das sehr wichtig, denn das neue Konzept sollte auch klar und deutlich erkennbar sein. Als Konstrukteur hat man zunächst nur die Technik im Blick, mit Designern im Team und deren Perspektiven kommt man zu ganz anderen Ergebnissen. Und Target Design kannte ich von früheren Projekten im Hauptjob. Da lag es nahe, zusammenzuarbeiten.

Und wie reagiert die Zielgruppe auf die schon recht spektakuläre Abkehr vom bekannten Prinzip?

So wie erhofft. Wenn wir auf Messen sind, bleiben die Besucher verdutzt stehen, sind neugierig oder gehen weiter und kommen später wieder. Dann steigen wir ins Gespräch ein und können viel erzählen. Wir fallen auf, was für uns als kleiner Hersteller enorm wichtig ist. Ohne das Design wäre das nicht so einfach. Dazu kommt, dass wir anders als die Marktführer Anregungen von Kundenseite aufnehmen und in unsere Kleinserien einfließen lassen.

Was bedeutet für Sie die Auszeichnung mit dem FOCUS Gold?

Sehr viel. Das ist ein enormer Motivationsschub für uns, und auch für unsere Lieferanten, die wir daran teilhaben lassen. Wir fertigen ja nicht alles selbst, bestimmte Teile stellen Partner her, die übrigens alle aus Baden-Württemberg kommen. Wir sind stolz und freuen uns sehr über die Auszeichnung. Das strahlt schon sehr aus, bei Messen werden wir das intensiv einsetzen. Und natürlich zeigt es uns und Target Design, dass wir auf dem richtigen Weg sind.

Tec Target ist ein Spezialunternehmen in der Nähe von Rottweil, das mit sechs Mitarbeitenden nach dem Manufaktur-Prinzip monatlich bis zu 20 Jagdwaffen herstellt. Dank der Kleinserienproduktion lassen sich auch individuelle Kundenwünsche umsetzen. Die Lieferkette basiert ausschließlich auf baden-württembergischen Partnern.

www.tec-target-schneider.de

→ **What prompted you to redesign the traditional hunting rifle?**

A few years ago, the ban on hunting rifle silencers was lifted. By suppressing muzzle blast, silencers protect the hearing of hunters and their dogs and reduce noise pollution. However, fitting a silencer makes a rifle longer. Even without a silencer, the barrel length of conventional rifles makes them difficult to use on a hunting seat; they can get in the way and get stuck when you sit down. With our new concept, we have integrated a silencer and still managed to shorten the rifle by a total of 30 centimetres. That's a big advantage for hunters.

How close to the target group do you have to be to develop a special product like this?

I have been an active sports shooter for about 50 years and, in addition to my actual job as a development engineer, have built high-quality, high-precision sports rifles for use in international competitions. Regardless of the type of firearm, it all comes down to the principles of physics.

At what stage of development did you involve designers from Target Design?

Quite early on. It was very important to me because the new concept also had to be clearly recognisable. As a design engineer, your initial focus is always on the technology, but when you have designers on your team, their input can deliver completely different results. I was already familiar with Target Design from my prior collaborations with them in my main job. So, it made sense for us to collaborate.

And how has your target group reacted to the dramatic departure from familiar principles?

As we had hoped. When we're at trade shows, visitors stop and look puzzled, or they are curious, or they move on and come back later. When we get to talk to these visitors, we have a lot to tell them. We stand out, which is enormously important for us as a small manufacturer. Without the design aspect, it wouldn't be so easy. Also, unlike the market leaders, we welcome suggestions from our customers and incorporate them in small production runs.

What does the FOCUS Gold award mean to you?

It means a lot. It's a significant source of motivation for both our team and our suppliers, with whom we share the honour. After all, we don't make everything ourselves; some parts are made by our partners who, incidentally, are all based in Baden-Württemberg. We are proud and delighted to receive the award. It has a great impact, and we intend to feature it prominently at all future trade fairs. And, of course, it shows us and Target Design that we're on the right track.

Tec Target is a specialist manufacturer based near Rottweil in Germany. With six employees, it makes up to 20 handmade hunting rifles per month. Its small-batch production enables the realisation of individual customer preferences. The supply chain consists exclusively of partners located in Baden-Württemberg.

www.tec-target-schneider.de

ECOHONE HRX

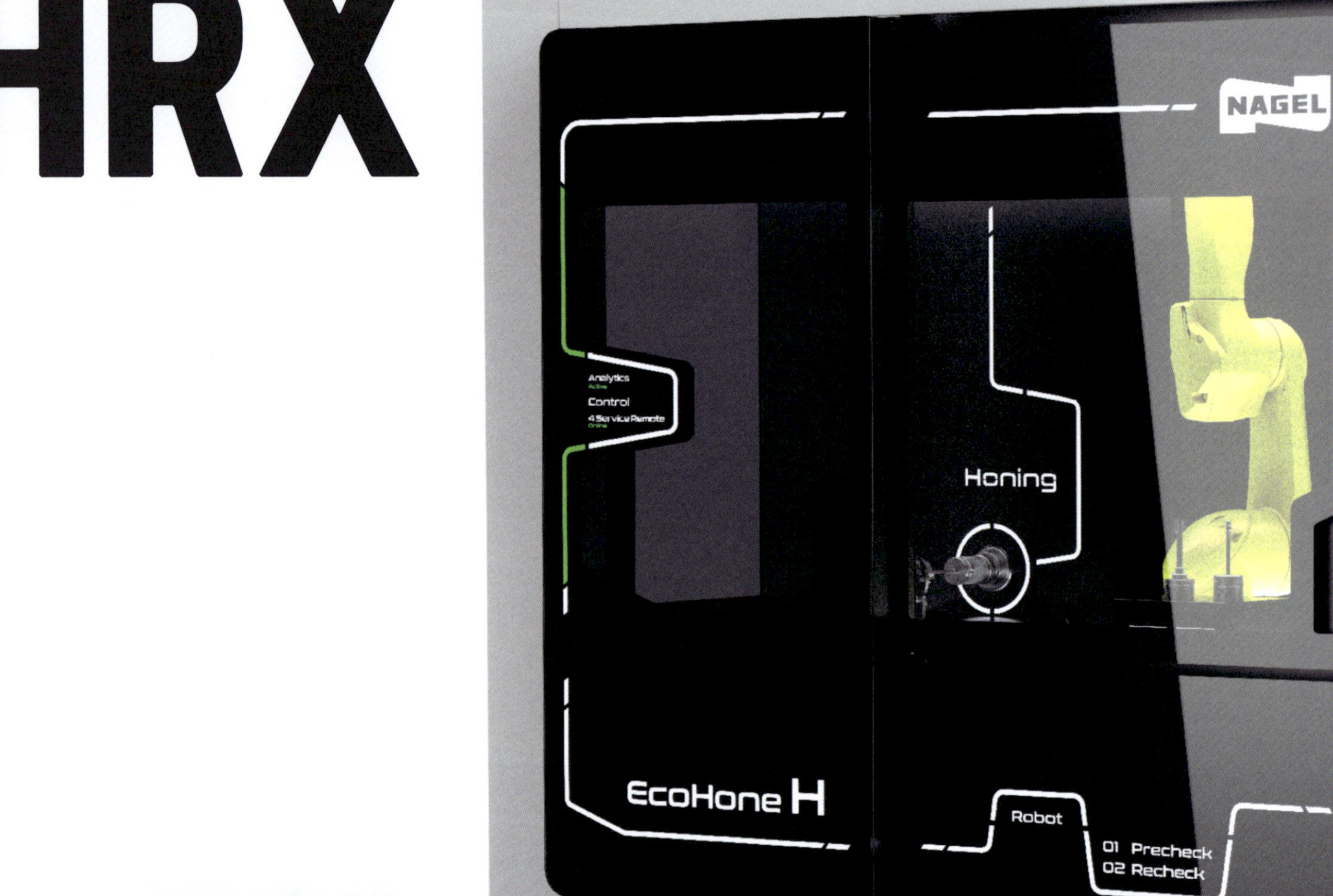

HON — MASCHINE

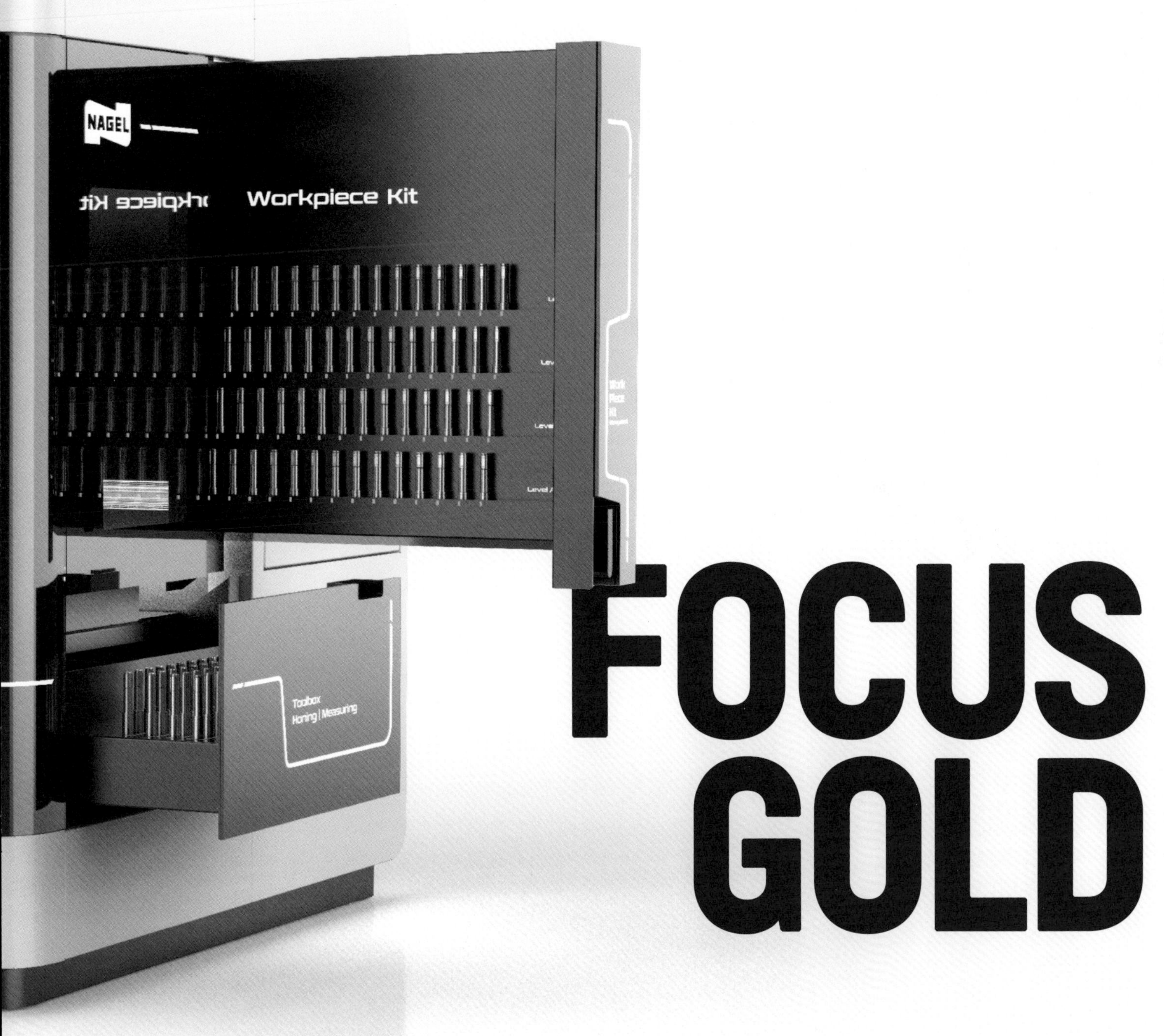

FOCUS GOLD

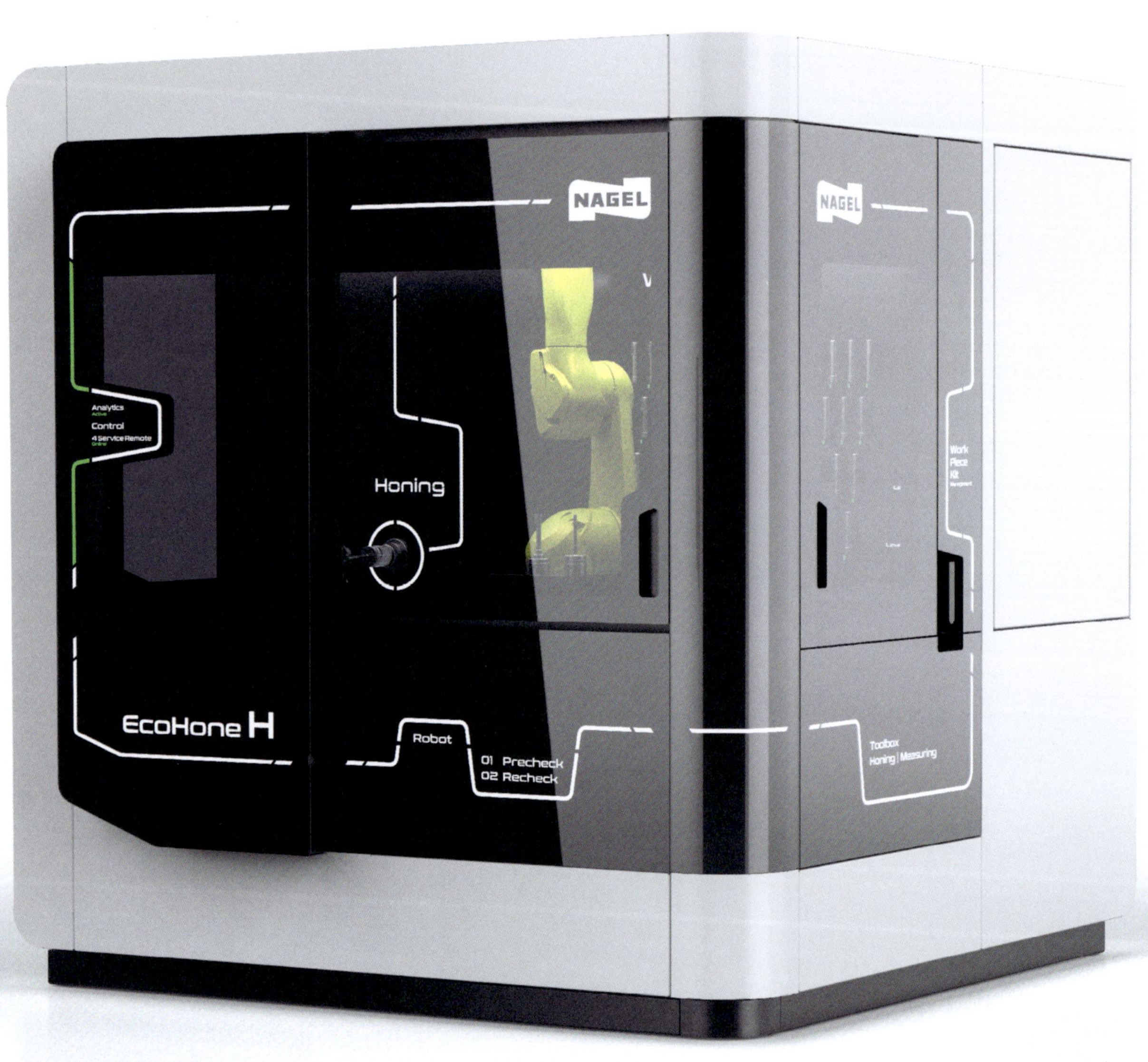

NAGEL
NAGEL
Analytics
Active
Control
4 Service Remote
Online
Honing
Work
Piece
Kit
Management
EcoHone H
Robot
01 Precheck
02 Recheck
Toolbox
Honing | Measuring

HERSTELLER/MANUFACTURER
Nagel Maschinen-
und Werkzeugfabrik GmbH
Nürtingen

DESIGN
UP Designstudio GmbH & Co. KG
Stuttgart

Mit der neuen, automatisierten Horizontal-Honmaschine betritt der Hersteller die Sphäre der Industrie 4.0. Diesen Technologiesprung visualisiert
das völlig neue Design der Anlage – auf den ersten Blick sichtbar durch
das kompakte Housing mit transparenten Bereichen und einer umlaufenden Lichtlinie, die über den Prozessablauf informiert und zugleich eine
emotional ansprechende Komponente einbringt. Die Reduktion der Farbig-
keit auf Weiß und Schwarz steht für High-Tech und Konzentration.

Das Gestaltungskonzept differenziert Technik- und Bearbei-
tungsbereich, in letzterem agiert ein Industrieroboter als automatischer
Werkzeugmanager. Er entnimmt dem Werkzeuglager die jeweils notwendigen, mit RFID-Tags versehenen Tools und prüft diese automatisch
auf Verschleiß. Das Tool-Lager ist auch von außen ergonomisch optimal
zugänglich und wie die anderen Wartungsöffnungen flächenbündig
ins Housing integriert. Das Interface dreht sich hingegen aus dem planen
Housing heraus, wendet sich dem Bedienpersonal zu und baut zudem
eine dreidimensionale Spannung auf.

With its new, automated horizontal honing machine, the manufacturer
embraces the era of Industry 4.0. This technological leap is communicated
visually by a complete redesign of the unit. Each stage of the workflow
can be clearly seen through the inspection window, which is framed
by distinctive lines that enhance the compact housing's emotional appeal.
The minimalist black and white colour scheme underscores the product's
high-tech credentials.

The design concept differentiates between the technology and
machining areas. In the latter, the industrial robot also acts as an automatic tool manager, selecting the required RFID-tagged tools from the tool
store and automatically checking them for wear. The tool store is also
easily accessible from the outside and, like the other maintenance openings, is integrated flush into the housing. The interface, by contrast, can
rotate out of the flat housing and face the operating personnel – adding a
three-dimensional element.

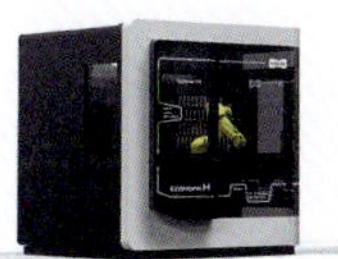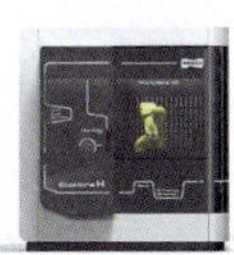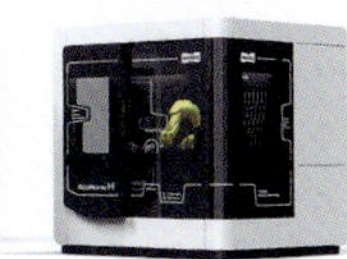

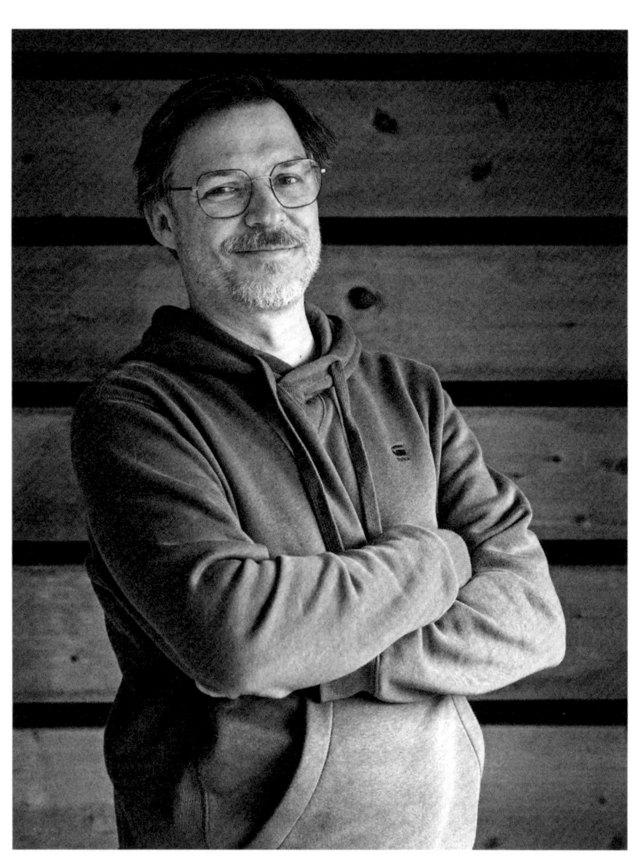

»Die Corporate Color muss heute nicht mehr unbedingt im Produkt präsent sein.«

»Nowadays, a product no longer needs to adhere strictly to the corporate colour scheme.«

→ **Der Designsprung zwischen alter und neuer Maschine ist gewaltig. Was hat das Unternehmen motiviert?**

Dazu ist die Vorgeschichte wichtig, denn die prämierte Maschine basiert auf einer technologischen Innovation, die unter anderem durch den Einsatz eines Roboters die Taktzeiten reduziert und den vollautomatisierten Betrieb erlaubt. Dieser Fortschritt sollte in Form einer Designstudie als Messe-Highlight präsentiert werden und für Aufmerksamkeit sorgen. Entsprechend groß waren damals die gestalterischen Freiheiten.

Wie ging es dann weiter?

Die Messe-Präsentation war so erfolgreich, dass die Maschine in Serie gehen sollte. Das war natürlich so direkt nicht möglich, weil wir ja recht frei an die Sache herangegangen waren und Aspekte wie Fertigung oder Kosten nicht in der Tiefe berücksichtigen mussten. Also starteten wir mit der Arbeit an der Version 2.0 mit dem Ziel, so nah wie möglich an der Designstudie zu bleiben.

Welche Rolle spielte dabei die Ergonomie?

Obwohl die Anlage über einen Handling-Roboter automatisiert läuft, war die Ergonomie durchaus relevant. Zum Beispiel erreichten wir durch große transparente Schiebetüren, dass der Arbeitsraum für Anwender:innen bestmöglich zugänglich und einsehbar ist. Ebenso befinden sich die mit RFID-Tags markierten Werkzeuge platzsparend in einem seitlichen Auszug analog zu einem Apothekerschrank, der gut und einfach manuell bestückt werden kann.

In der Regel ist die Hausfarbe ein Merkmal, auf das kein Unternehmen verzichten möchte. Hier verzichtet man auf das Blau – wie das?

Die Corporate Color muss heute nicht mehr unbedingt im Produkt präsent sein. Vor allem dann, wenn es sich um eine weit verbreitete und damit kaum charakteristische Farbe handelt. Im Sinne einer technischen und modernen Wirkung haben wir auf Blau verzichtet und der Maschine neutrale Grundfarben gegeben. Sogar das Logo ist nicht in Blau gehalten, sondern leuchtet in Weiß.

Und dann gibt es noch weitere Leuchtelemente.

Richtig. Viele Teile der Maschinenverkleidung bestehen, der transparenten Anmutung wegen, aus Macrolon. Integrierte Lichtstreifen in den Scheiben visualisieren den Prozess und den Status der Maschine. Damit wird die Hülle quasi interaktiv.

Das UP Designstudio mit Sitz in Stuttgart wurde in der Vergangenheit bereits mehrfach mit dem FOCUS OPEN ausgezeichnet – für Consumer-Produkte ebenso wie für Investitionsgüter. 1994 von Stefan Lippert gegründet, firmierte das Büro lange Jahre als ipdd, seit 2017 ist es als UP Designstudio präsent.

www.updesignstudio.de

→ **The new machine is vastly more advanced than the old one. What motivated your company to do this?**

The back story is important here because the award-winning machine is based on a technological innovation which, among other things, uses a robot to reduce cycle times and allow fully automated operation. Our intention was to showcase the development as a design study at a trade show, aiming to capture attention. We had a great deal of design freedom at the time.

What happened next?

The trade show presentation was so successful that we felt compelled to put the machine into production. Unfortunately, we weren't able to do that right away because we had undertaken the design study without really considering factors such as production or costs. So, we started working on version 2.0, trying to stay as close as possible to the original design study.

What role did ergonomics play?

Although the system is automated via a handling robot, ergonomics were certainly relevant. For example, to make the work area as accessible and visible as possible for users, we specified large, transparent sliding doors. Similarly, the tools marked with RFID tags are held in a compact drawer unit that looks like a pharmacist's cabinet and can be quickly and easily loaded manually.

Most companies insist on the use of corporate colour, but you haven't used blue here. Why is that?

Nowadays, a product no longer needs to adhere strictly to the corporate colour scheme – especially if it is a widely used colour that isn't particularly distinctive. To achieve a modern, technical aesthetic, we decided to dispense with blue and designed the machine using neutral colours. Even the logo is illuminated in white rather than blue.

And then there are other lighting elements.

Correct. Many parts of the machine casing are made of Macrolon to give it a transparent look. Light strips built into the panels offer a visual representation of the machine's progress and operational status. You could say the casing is »interactive«.

The UP Designstudio, based in Stuttgart, has previously been a recipient of several FOCUS OPEN awards – for consumer products as well as capital equipment. Founded in 1994 by Stefan Lippert, the company operated under the name of ipdd for many years before being rebranded as the UP Designstudio in 2017.

www.updesignstudio.de

GOLD

PICA DRY
METAL SET

MARKER
MARKER

PICA DRY
METAL SET

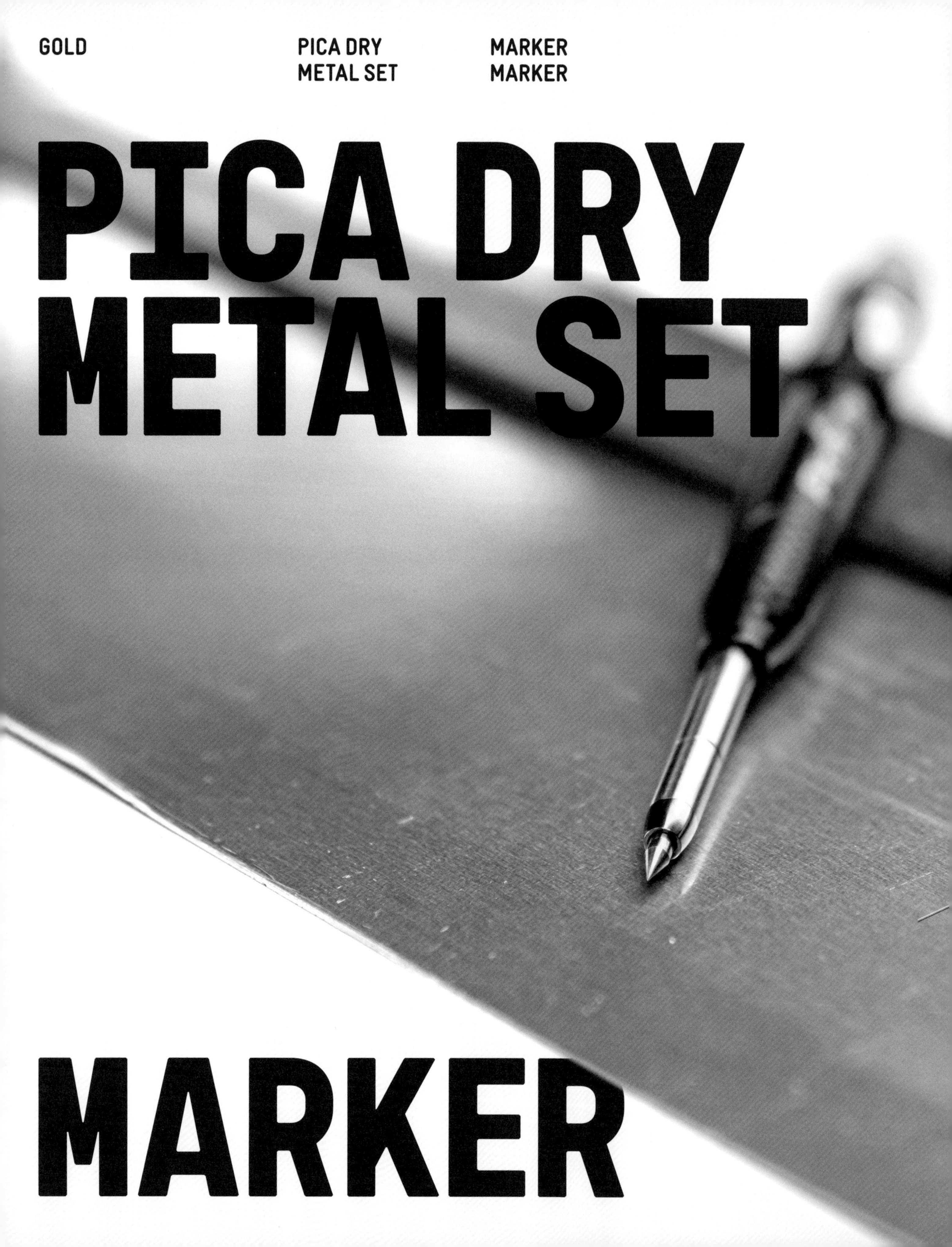

MARKER

FOCUS GOLD

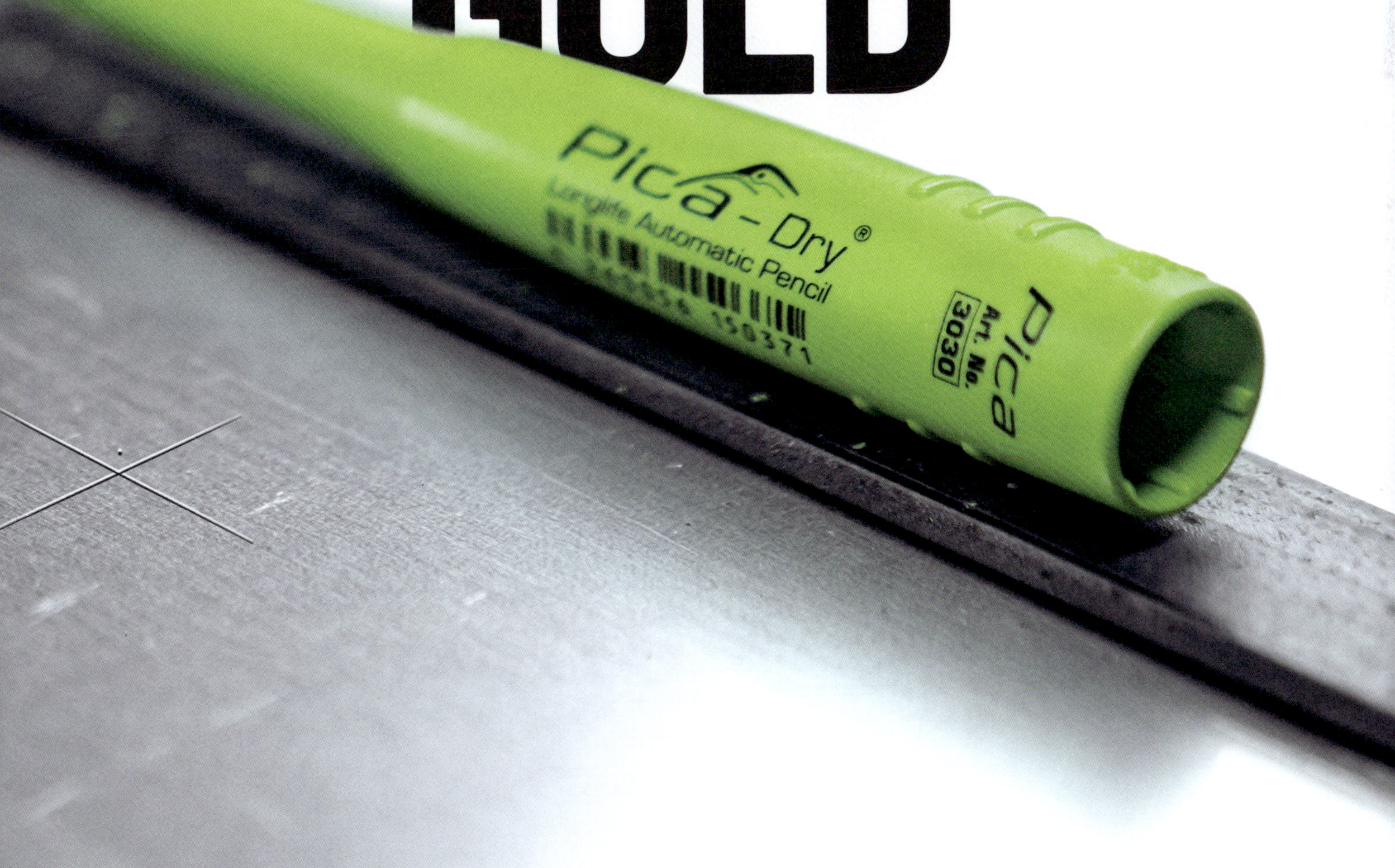

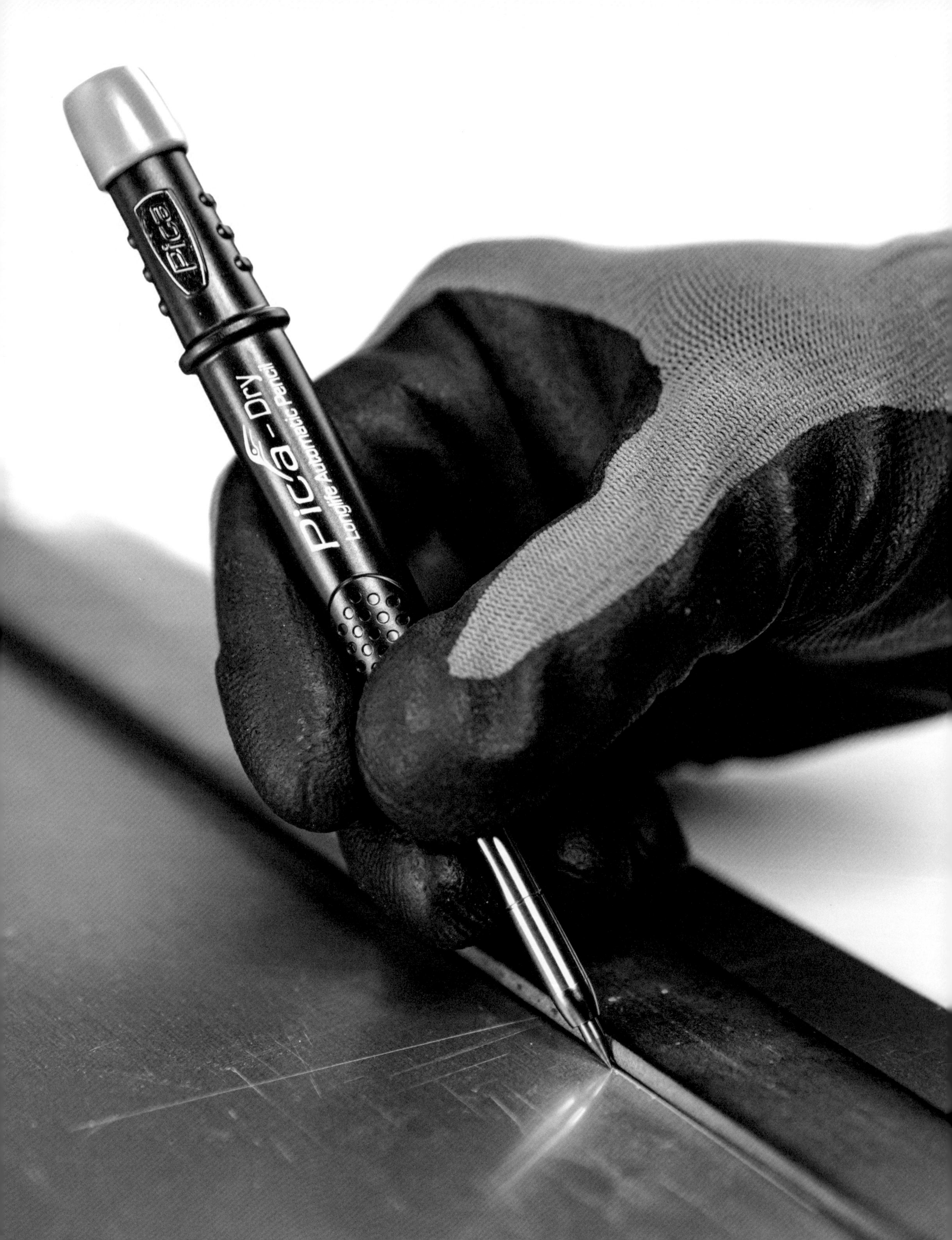

Pica
Pica - Dry
Longlife Automatic Pencil

JURY STATEMENT

Der Use Case dieses Produkts ist genau durchdacht und ergonomisch optimiert. Zunächst eher unscheinbar anmutend, bietet der Marker einen enorm hohen Nutzwert, vor allem – aber nicht nur – im B2B-Bereich. Er erlaubt exakte Markierungen, eine schnelle Handhabung und ist im zugehörigen Köcher gut und sicher verstaut.

The use case for this product has been carefully considered and ergonomically optimised. Although a seemingly inconspicuous product at first glance, the marker delivers many useful benefits, especially – but not exclusively – for the B2B sector. It offers rapid and precise marking and comes with a matching quiver that keeps it safe and secure at all times.

HERSTELLER/MANUFACTURER
Pica Marker GmbH
Kirchehrenbach

DESIGN
Winkelbauer-Design
Ludwigsburg
und/and
Inhouse / In-house
Stephan Möck

Professionelles Arbeiten beginnt bekanntlich schon bei den Vorbereitungen – beispielsweise mit dem exakten Markieren von Bohrungen, Schnitten, Abkantungen oder Montagepunkten. Der Hersteller dieses Markers entwickelt erfolgreich spezialisierte Markierungs-Tools, die für ganz unterschiedliche Anwendungsszenarien und Werkstoffe optimiert sind. Der neue Marker verfolgt einen universelleren Ansatz und ermöglicht es, Kennzeichnungen sowohl mit weichen Graphitminen als auch mit einer Anreißnadel aus Hartmetall vorzunehmen. Die Nadel eignet sich für Metalloberflächen, für keramische Werkstücke, aber auch für Glas und Kunststoffe. Wird sie nicht gebraucht, bleibt sie in einem gesonderten Kunststoffdöschen verlustsicher verwahrt.

Mit seiner grauen Kappe lässt sich der Marker von anderen Stiften unterscheiden, ein Köcher mit integriertem Spitzer schützt ihn bei Nichtgebrauch.

Every professional understands the importance of preparation – carefully marking out holes, cuts, folds or attachment points, for example. The manufacturer of this marker produces specialist marking tools for a wide variety of applications and materials. This new marker offers users a more universal solution, allowing marking both with soft graphite lead as well as with a carbide scribing needle. The needle, which is suitable for use on metal, ceramics, glass and plastic surfaces, is supplied with a plastic container for safekeeping when not in use.

A grey cap allows the marker to be easily picked out from other pens. A quiver with a built-in sharpener protects it when not in use.

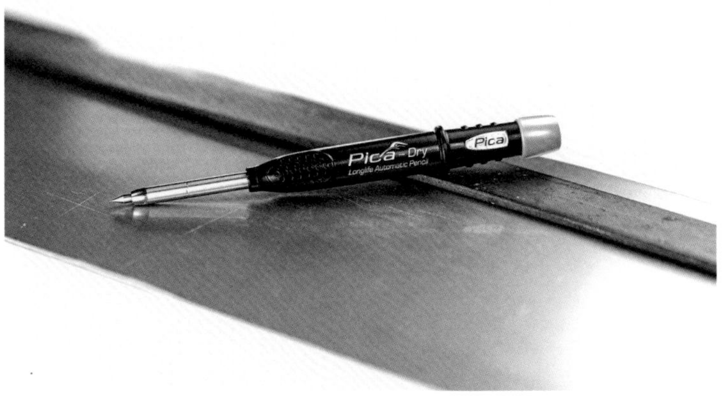

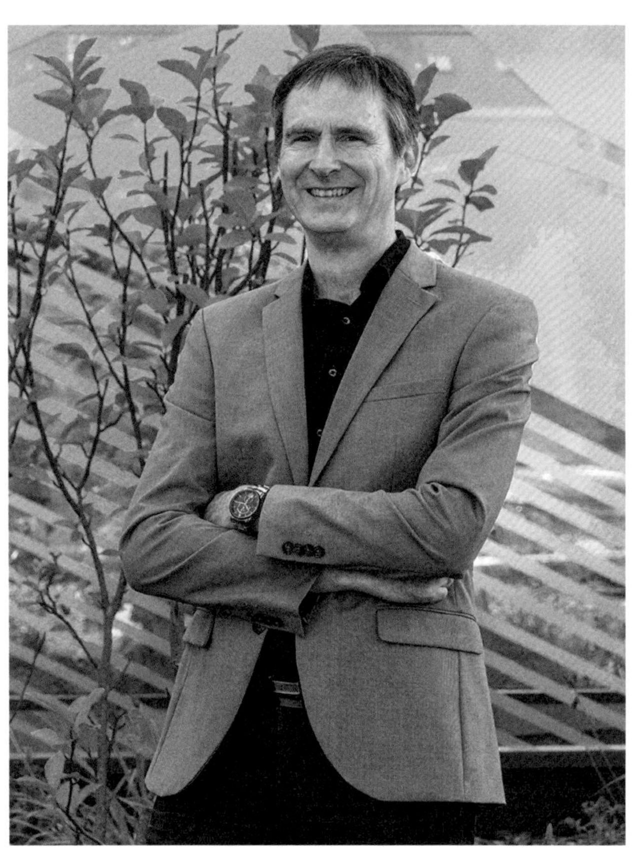

»Gutes Design ist für uns umfassend.«

»Good design is absolutely fundamental to us.«

→ **Wie nah muss man am Anwender sein, um immer wieder neue Features aufzugreifen?**
Wir versuchen tatsächlich, so nah wie möglich an unseren Nutzer:innen dran zu sein. Dafür sind wir auf Handwerkermessen, beschäftigen uns intensiv mit Rückläuferstiften und nehmen jede Zuschrift von Kund:innen ernst, in denen sie ein Problem mit uns teilen.

Eigentlich sollte man annehmen, dass es für solch simple Aufgaben wie Markierungen bereits zuverlässige Tools gibt. Offenbar nicht. Warum?
2005 hat mein Vater den Tieflochmarker erfunden. Bis heute bringen wir diese Idee in verschiedenen Formen und Größen auf den Markt, zum Beispiel mit Graphit, Tinte, Gel. Das raue Leben als »Markierwerkzeug« erfordert dabei auch manche Optimierungsschleife.

Sie arbeiten mit Winkelbauer Design zusammen – wie darf man sich diese Arbeitsteilung vorstellen?
Ewald Winkelbauer berät und hilft uns seit vielen Jahren als externer Designer. Und zwar von Beginn einer Entwicklung mit Ideenskizzen bis in die letzte Phase der Optimierung. So kommen wir zu erfolgreichem Design!

Ihre Marker wurden bereits mehrfach beim FOCUS OPEN ausgezeichnet – was bedeutet das für Sie?
Gutes Design ist für uns umfassend: gute Produktqualität, gute Ergonomie und gutes Aussehen, denn jeder mag schöne Dinge! Beim FOCUS OPEN stellen wir unsere Produkte auf einer öffentlichen Bühne vor. Wir freuen uns sehr über die Gold-Auszeichnung, sie ist eine Art Krönung der ganzen Pica-Dry-Familie. Für uns sind die Auszeichnungen insgesamt sehr wertvoll, sie sind Bestätigung und Ermutigung zugleich.

Pica gilt als Erfinder des Tieflochmarkers. Die Produkte sind für den harten Alltag im Handwerk sowie in der Industrie konzipiert und werden stets ganz nah am Bedarf entwickelt. Dabei geht es häufig um Details, die aber oft entscheidende Vorteile für die Anwendenden bieten. Pica verbindet technische Kompetenz und lange Erfahrung in der Schreibgeräte-Industrie mit Erfindergeist.

www.pica-marker.com

→ **How close do you have to be to your users to keep coming up with new features?**
We really do try to get as close as possible to our users. That's why we attend craft fairs. We also take the issue of return pens very seriously and give the utmost consideration to every communication in which customers share a problem with us.

You would think that there would already be reliable tools for a task as simple as marking. But apparently not. Why not?
In 2005, my father invented the deep hole marker. We still market this product today in various shapes and sizes, with graphite, ink and gel for example. The rough life of a »marking tool« necessitates extensive optimisation work.

You collaborate with Winkelbauer Design. How do you divide up the work?
Ewald Winkelbauer has provided us with valuable guidance and assistance as an external designer for many years. He is involved with rough sketches and ideas at the beginning of a development through to the final optimisation phase. That's how we achieve successful designs.

Your markers have already won several awards at FOCUS OPEN. What does that mean to you?
Good design is absolutely fundamental to us. We believe in good product quality, good ergonomics and good looks – because everyone likes beautiful things! At FOCUS OPEN, we place our products on public view. We are very pleased about the Gold award; it is an honour bestowed on the whole Pica-Dry family. These awards hold significant value for us, serving as both affirmation and motivation.

Pica is the inventor of the deep hole marker. Their products are designed to withstand the rigours of trade and industrial use. They are always developed in close collaboration with end-users. The focus is often on details that may offer decisive benefits for the user. Pica combines technical expertise and extensive experience in the writing instrument industry with a creative and inventive spirit.

www.pica-marker.com

MOBILE–
IR II

MOBILES
SPEKTRO

FOCUS GOLD METER

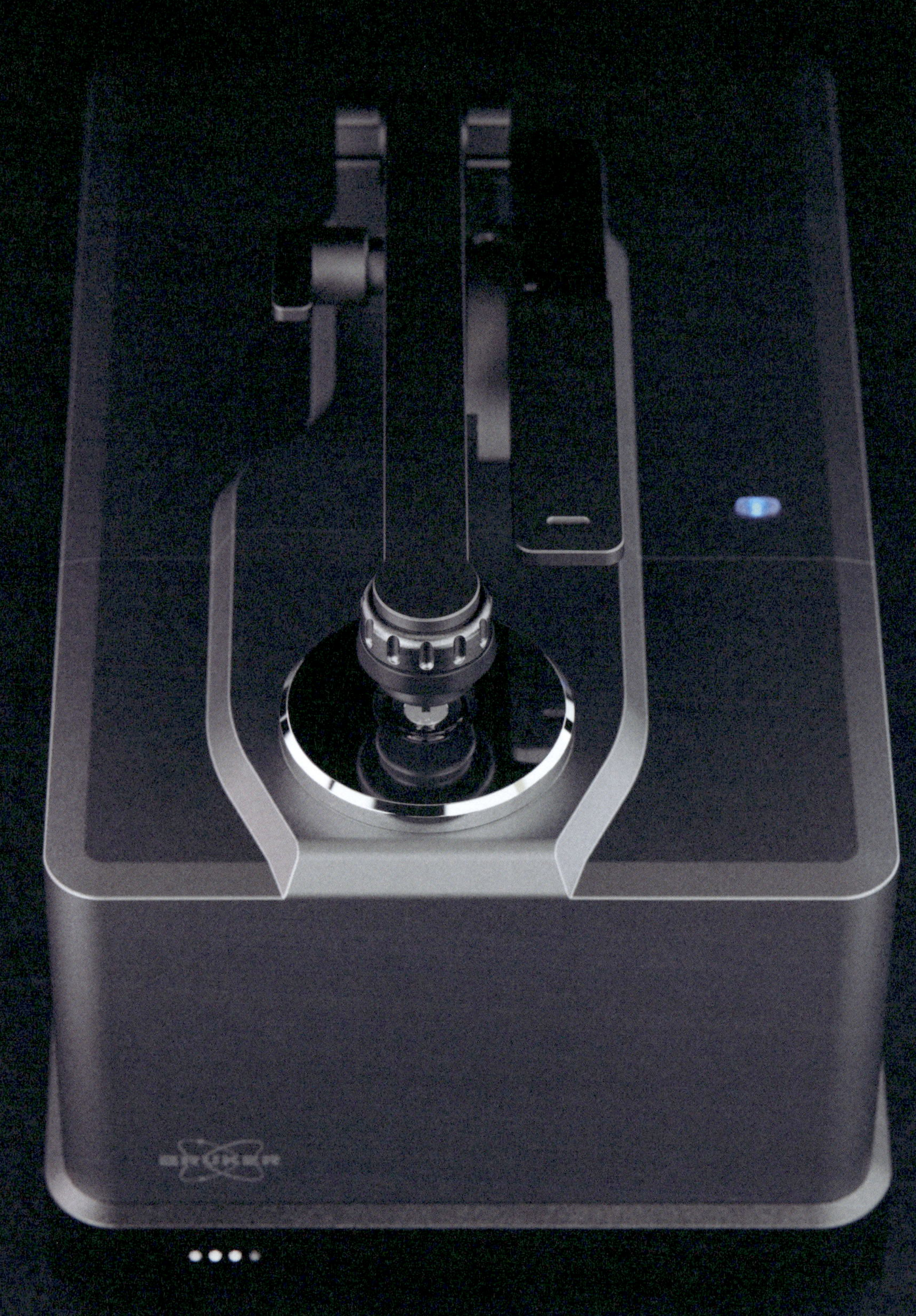

JURY STATEMENT

Das Design dieses ausgesprochen
kompakten und anwendungs-
fokussierten Messgerätes visualisiert zweierlei: erstens Präzision
und zweitens Robustheit. Beide
visuellen Versprechen werden
optimal erfüllt. Wobei die Differen-
zierung des Gehäuses in Schwarz
und Grau dessen Massivität
geschickt relativiert und den Out-
door-Charakter unterstreicht.
Ebenfalls sehr gut: Die Software
unterstützt auch neue Nutzer:innen.

The design of this extremely compact and application-focused
measuring device communicates
two things: precision and robustness. Both of these visual promises
are effortlessly met. The two-tone
(black and grey) optics cleverly
understate its size and emphasise
its outdoor character. Another
positive feature: the software also
supports inexperienced users.

HERSTELLER/MANUFACTURER
Bruker Optics GmbH & Co. KG
Ettlingen

DESIGN
yellow design gmbh
Pforzheim

Schon seit geraumer Zeit hat sich bei der Infrarot-Spektroskopie dank
kurzer Messzeiten und hoher Messqualität das Fourier-Transform-Ver-
fahren, kurz FT-IR, durchgesetzt. Das hier ausgezeichnete Messgerät
ist nicht nur mobil, sondern auch unter schwierigen Rahmenbedingungen
einsetzbar. Dank integrierter Batterie lässt es sich netzunabhängig
betreiben, die thermoelektrische Kühlung des Detektors macht flüssigen
Stickstoff überflüssig. Damit kann das Gerät unmittelbar vor Ort Proben
analysieren, sei es im Kontext polizeilicher Ermittlungen, der Identi-
fizierung von Schadstoffen, der Drogenfahndung oder schlicht direkt in
Produktionsprozessen.

Dank des massiven, aus einem Stück gefrästen Metallgehäuses
ist das Gerät enorm robust. Es ist hermetisch abgeschlossen, vibrations-
fest und ebenso wie die zentralen Komponenten wie Diodenlaser
oder Interferometer auf lange Lebensdauer ausgelegt. Das Spektrometer
kommuniziert datentechnisch per Wlan, per Ethernet oder mit Cloud-
Diensten.

The Fourier transform method (FT-IR for short) has become the dominant
technology in infrared spectroscopy thanks to its quick measurement
times and high measurement accuracy. The award-winning measuring
device is not only portable but also suitable for use under challenging
conditions. The spectrometer's battery-powered design allows it to operate independently of the mains supply and – thanks to the thermoelec-
trically cooled detector – without the need for liquid nitrogen. The unit
therefore offers laboratory performance in the field, whether in the context of a police investigation, the identification of pollutants, a drug
search, or as part of a production process.

The robust housing, milled from a single piece of metal, makes
the device enormously robust. It is hermetically sealed, vibration-resistant
and, like all the key components such as the laser diode and interferometer, has been designed for a long service life. The spectrometer communicates via Wi-Fi, Ethernet or cloud services.

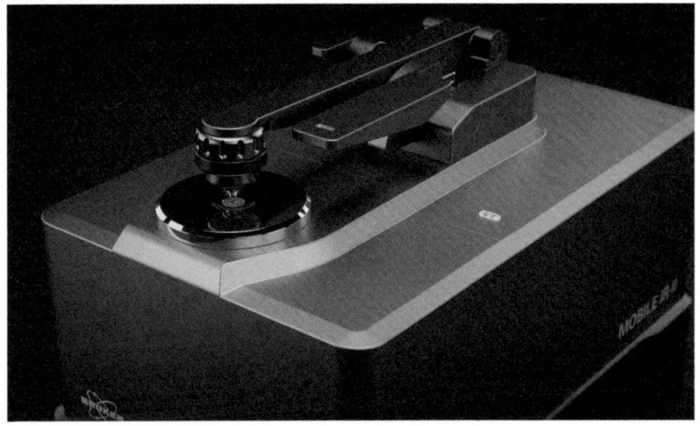

ALEXANDER SCHLAG GESCHÄFTSFÜHRER, YELLOW DESIGN GMBH
DR. ROLAND HARIG GESAMTLEITUNG ENTWICKLUNG UND GESCHÄFTSFÜHRER,
BRUKER OPTICS GMBH

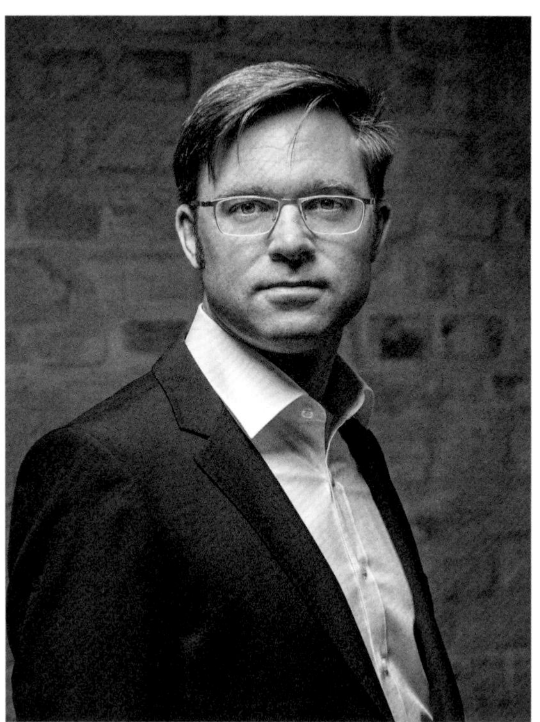 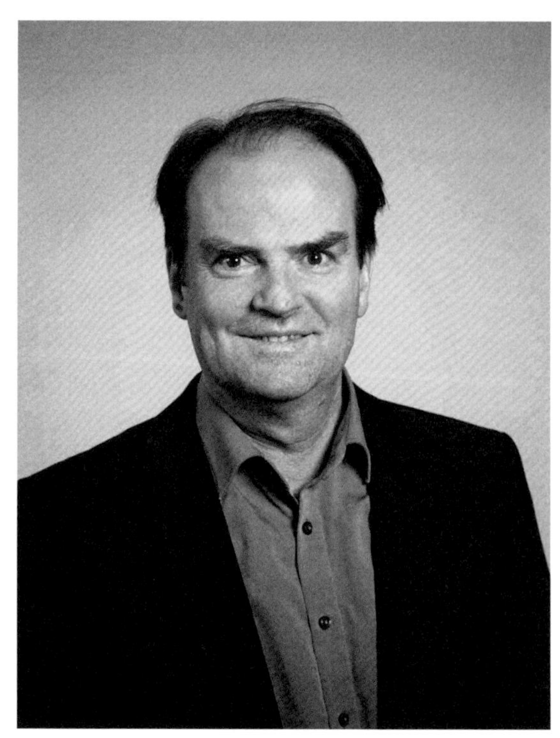

»Das Design trägt wesentlich zur Minimierung der Entwicklungszeit bei.«

»Design can make a significant contribution to shortening development times.«

→ **Wie tief sind Sie als Gestalter mit den technologischen Grundlagen der Analytik vertraut?**

Alexander Schlag: Ohne ein Grundverständnis der Technologie und der Anwendung, aber auch der spezifischen Anforderungen bis hin zu den Herstellungsverfahren ist eine sinnvolle Designentwicklung gar nicht denkbar.

Unterscheidet sich der Designprozess solcher High-End-Analysegeräte von dem anderer Produkte?

Alexander Schlag: Bruker hat schon vor vielen Jahren erkannt und sich zunutze gemacht, uns als Designpartner in einem sehr frühen, also dem absolut richtigen Zeitpunkt, einzubinden. Dies ermöglicht, nicht nur an der Hülle, sondern hoch integrativ an der Entwicklung des Systems zu arbeiten und eine optimale Balance aus Funktion, Ergonomie, Bedien- und Wartungsfreundlichkeit sowie konsequentem Design zu schaffen.

Dr. Roland Harig: Das trägt wesentlich zur Minimierung der Entwicklungszeit bei, denn unsere Konstrukteure konnten so frühzeitig Teile entwerfen, die den späteren Serienteilen sehr nahe kamen.

Welche Qualitäten sollte das Design transportieren?

Dr. Roland Harig: Für uns ist wichtig, dass das Aussehen und die Haptik unserer Geräte deren Leistungsfähigkeit, Robustheit und die mobile Einsatzfähigkeit vermitteln – und dies sowohl beim ersten Kontakt als auch bei der täglichen Verwendung. Das Design soll sich bewusst von dem eines Laborgeräts abheben. Rückmeldungen vom Markt und von unseren Kunden bestätigen, dass uns dies gelungen ist.

Je komplexer ein Produkt, umso weniger Freiheiten hat das Design – trifft das auch hier zu?

Alexander Schlag: Über die Jahre haben wir für Bruker eine konsistente, aber lebendige Produktsprache für das heterogene Produktportfolio entwickeln dürfen. Die langen Entwicklungs- und Lebenszyklen erfordern ein wachsames Vorgehen und ein sorgfältiges Verbinden der bestehenden mit den kommenden Produktserien. Letztlich können wir dank des großen Vertrauens, das Bruker in unsere Arbeit setzt, und der intensiven Zusammenarbeit gegebene Einschränkungen in Potenziale verwandeln.

Was sagen die Nutzergruppen dazu?

Dr. Roland Harig: Wir bekommen positives Feedback von unseren bestehenden und neuen Kunden sowie auf Messen. Vor allem die einzigartige Kombination von Mobilität und Leistungsfähigkeit eines Laborgeräts wird von unseren Kunden sehr geschätzt.

Wie wichtig ist für Sie als Hersteller die Designauszeichnung?

Dr. Roland Harig: Die Designauszeichnung unterstützt unsere Marketingaktivitäten. Wir verstehen sie auch als Wertschätzung und als Bestätigung unseres Anspruchs, über das Design unser hohes Qualitätsniveau zu transportieren.

Die yellow design gmbh ist eine international tätige, multidisziplinäre Agentur für Designentwicklung in Pforzheim und Tokio. Sie ist das Fundament der yellow group, dem Agenturnetzwerk mit weiteren Standorten in Köln und Berlin. Seit 2011 ist Alexander Schlag geschäftsführender Gesellschafter des Unternehmens.

www.yellowdesign.com

Bruker ist Hersteller wissenschaftlicher Instrumente für die Molekular- und Materialforschung sowie für die industrielle und angewandte Analyse. Das Unternehmen hat seinen Hauptsitz in Billerica, Massachusetts und ist die börsennotierte Muttergesellschaft von Bruker Optics in Ettlingen.

www.bruker.com

→ **How familiar are you, as a designer, with the technological basics of analytics?**

Alexander Schlag: Meaningful design development is not really possible without a basic understanding not only of the technology and the application but also of the specific requirements and manufacturing processes.

Is the design process for high-end analytical instruments different to that of other products?

Alexander Schlag: Bruker recognised many years ago that they benefit most from our involvement as a design partner when we participate at a very early stage. This allows us to work not only on the externals but also in a highly integrative way on the development of the system itself, with the aim of creating a consistent design with an optimal balance of function, ergonomics, ease of operation and maintenance.

Dr Roland Harig: This makes a significant contribution to shortening development times because our designers are able to design parts at an early stage that are very close to those used in the final production model.

What qualities should the design convey?

Dr Roland Harig: For us, it's important that the look and feel of our devices convey their performance, robustness and mobile capability – on initial contact as well as during daily use. The design should intentionally set the product apart from a laboratory unit. Feedback from the market and from our customers confirms that we have succeeded in doing this.

The more complex a product, the less freedom the designer has. Does that apply here?

Alexander Schlag: Over the years, we have been able to develop a consistent but dynamic product language for Bruker's extensive product portfolio. The long development and life cycles require a vigilant approach and careful consideration of existing product lines when developing new ones. Ultimately, thanks to the trust Bruker places in our work and our history of intensive collaboration, we are able to transform constraints into opportunities.

What do the user groups have to say about that?

Dr Roland Harig: We receive positive feedback at trade shows from both existing as well as new customers. Our customers appreciate the unique combination of mobility and performance in a laboratory device.

How important is the design award for you as a manufacturer?

Dr Roland Harig: The design award supports our marketing activities. We also see it as a validation and confirmation of our claim to convey our high level of quality through design.

---

yellow design gmbh is an internationally active, multidisciplinary agency for design development based in Pforzheim and Tokyo. It is the foundation of the yellow group, an agency network that also has offices in Cologne and Berlin. Alexander Schlag has been managing partner at the company since 2011.

www.yellowdesign.com

Bruker is a manufacturer of scientific instruments for molecular and materials research as well as for industrial and applied analysis. The company is headquartered in Billerica, Massachusetts and is the publicly listed parent company of Bruker Optics in Ettlingen, Germany.

www.bruker.com

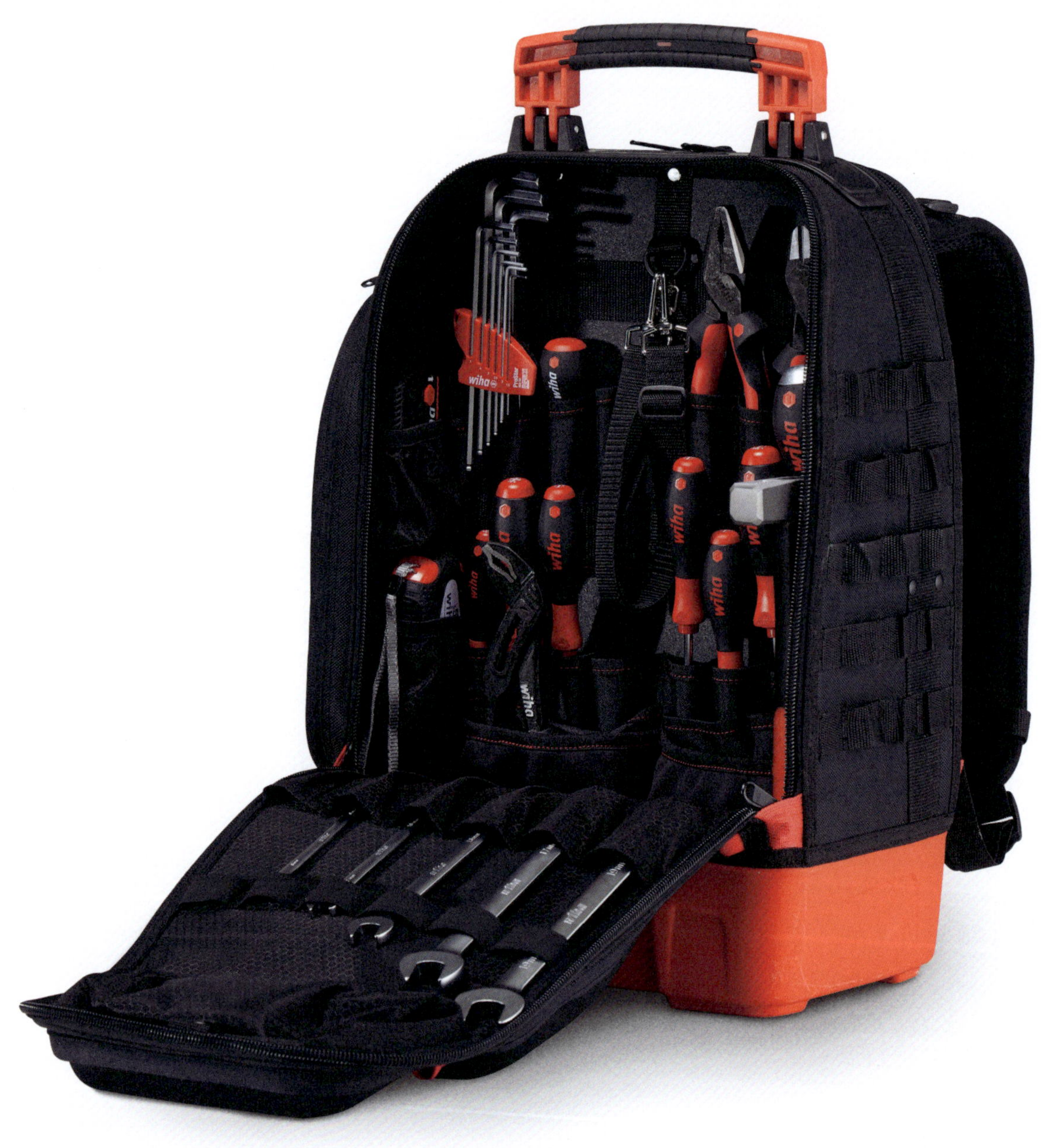

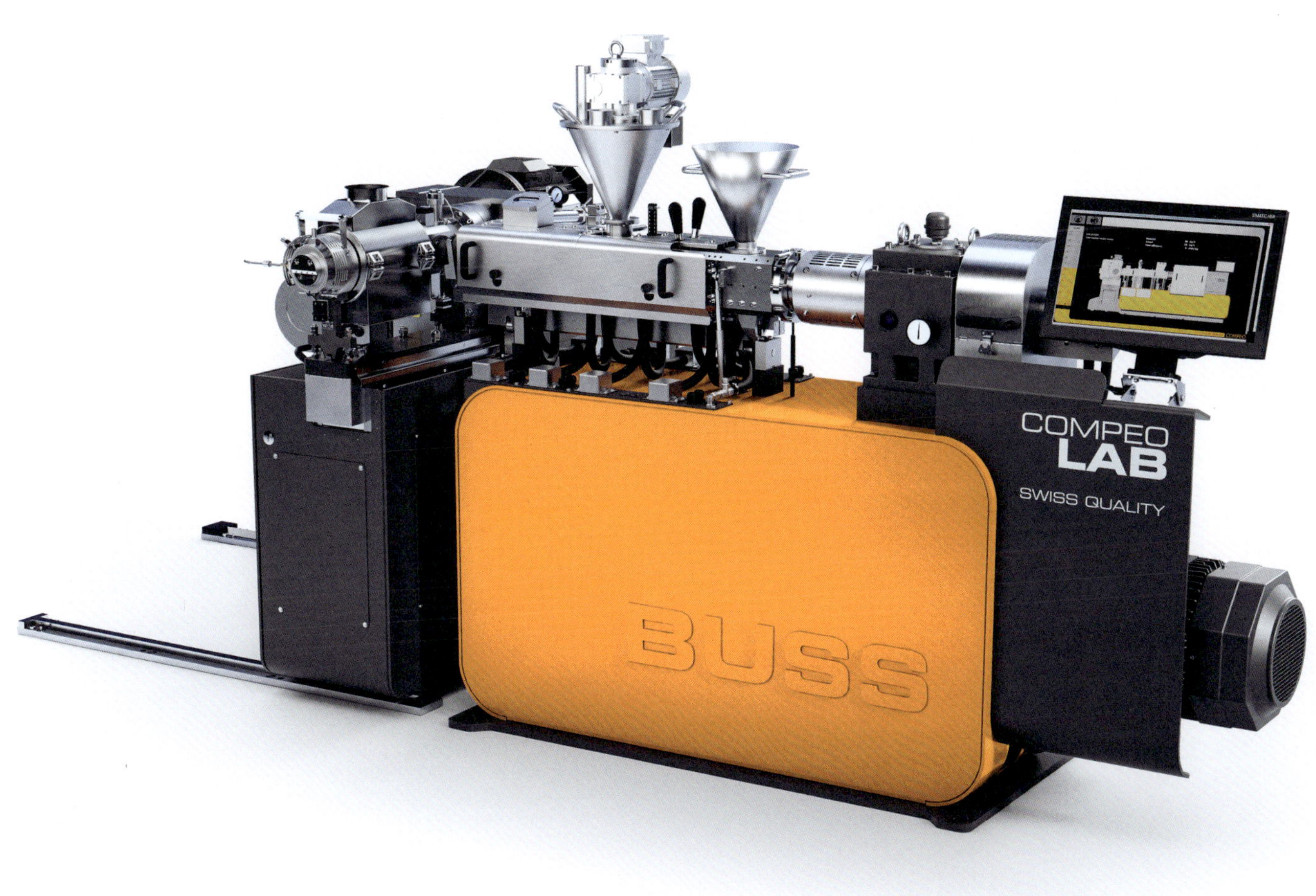
COMPEO
LAB
SWISS QUALITY
BUSS

EINHANDZWINGE
ONE-HANDED CLAMP

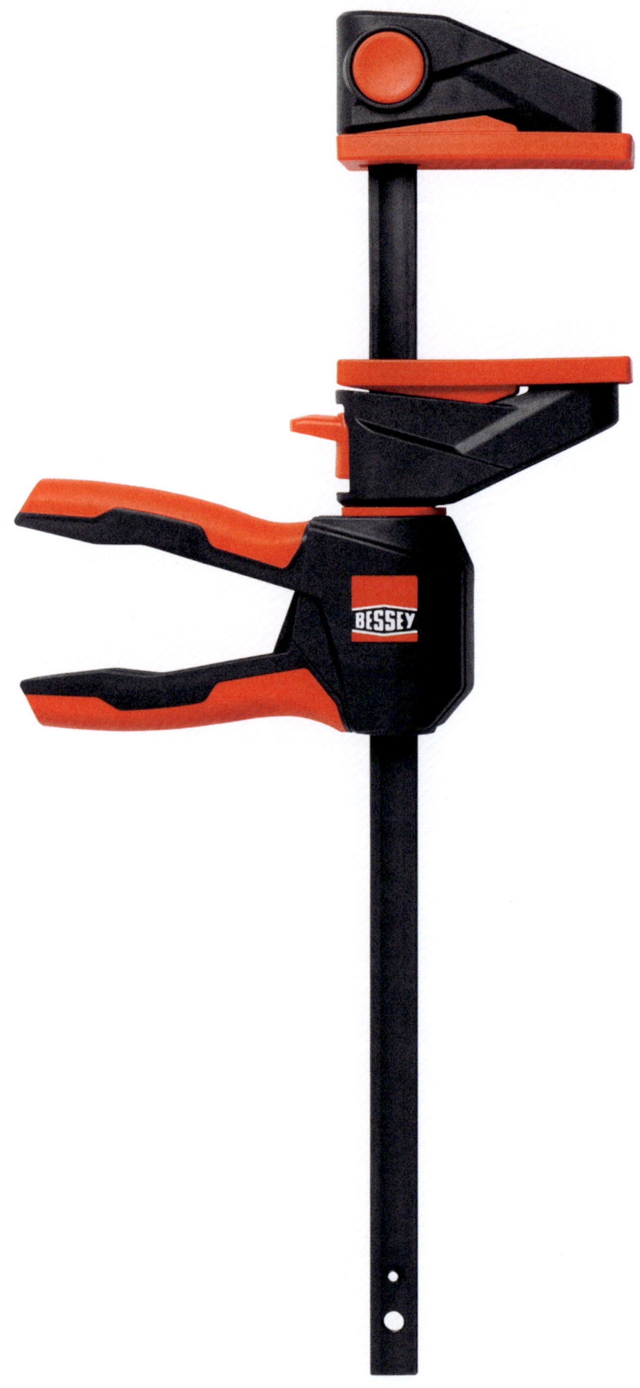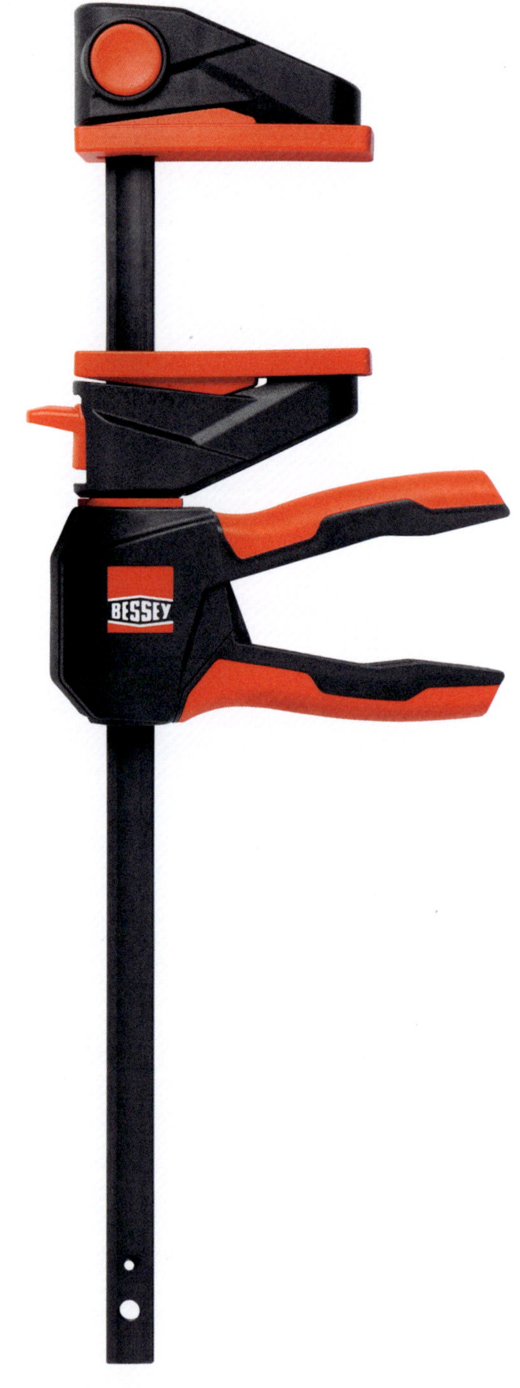

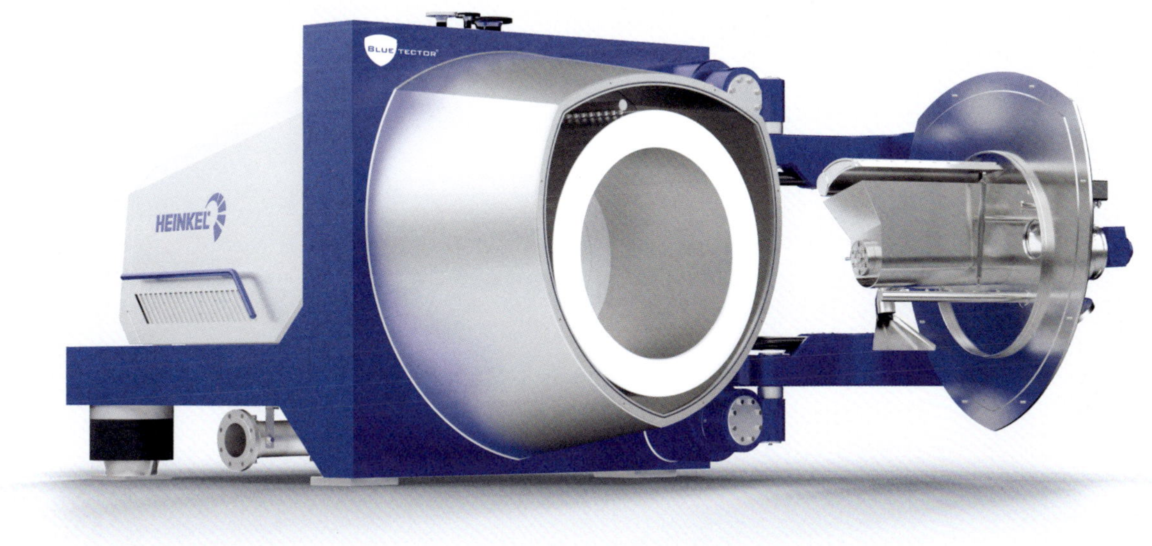

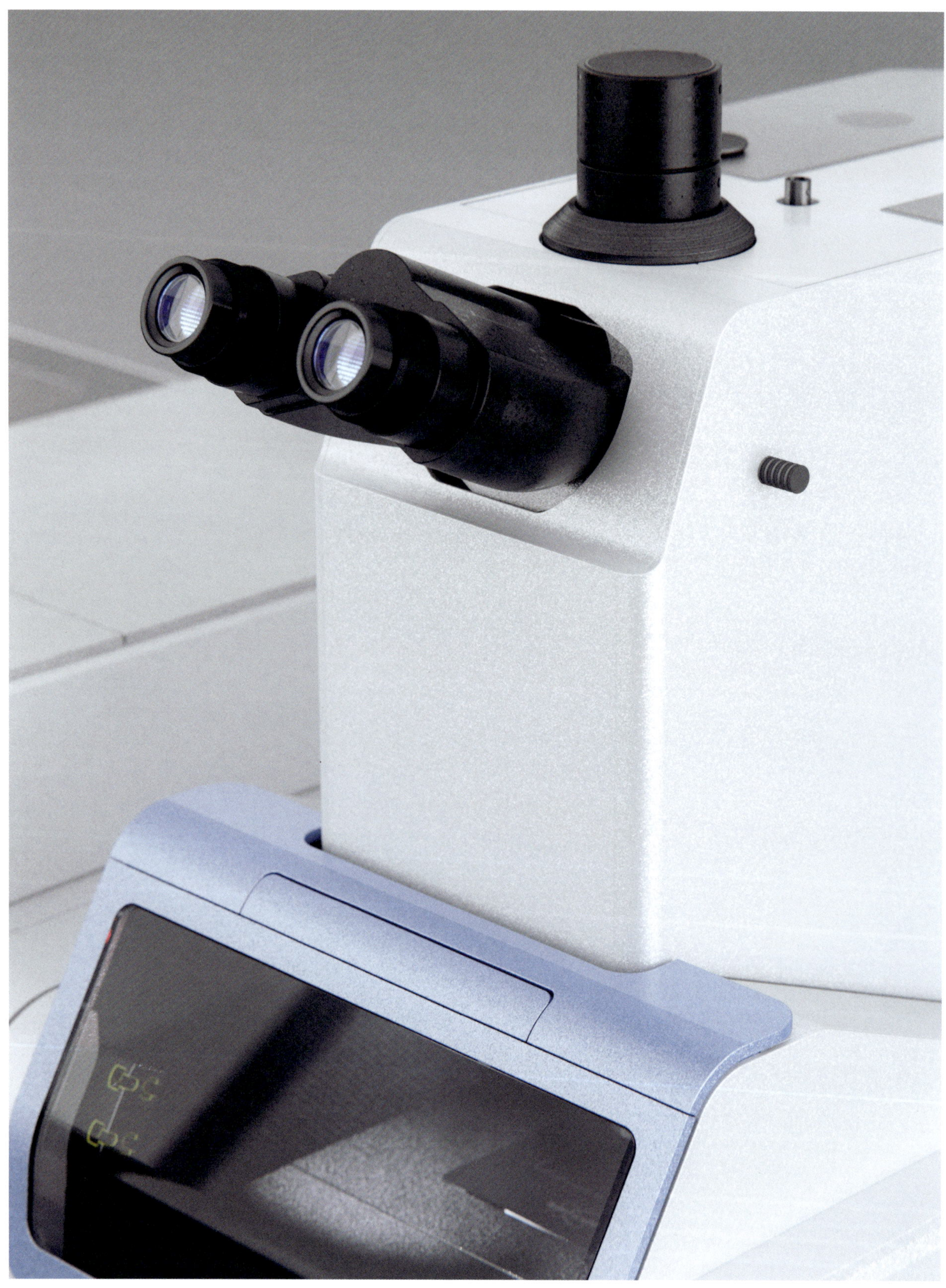

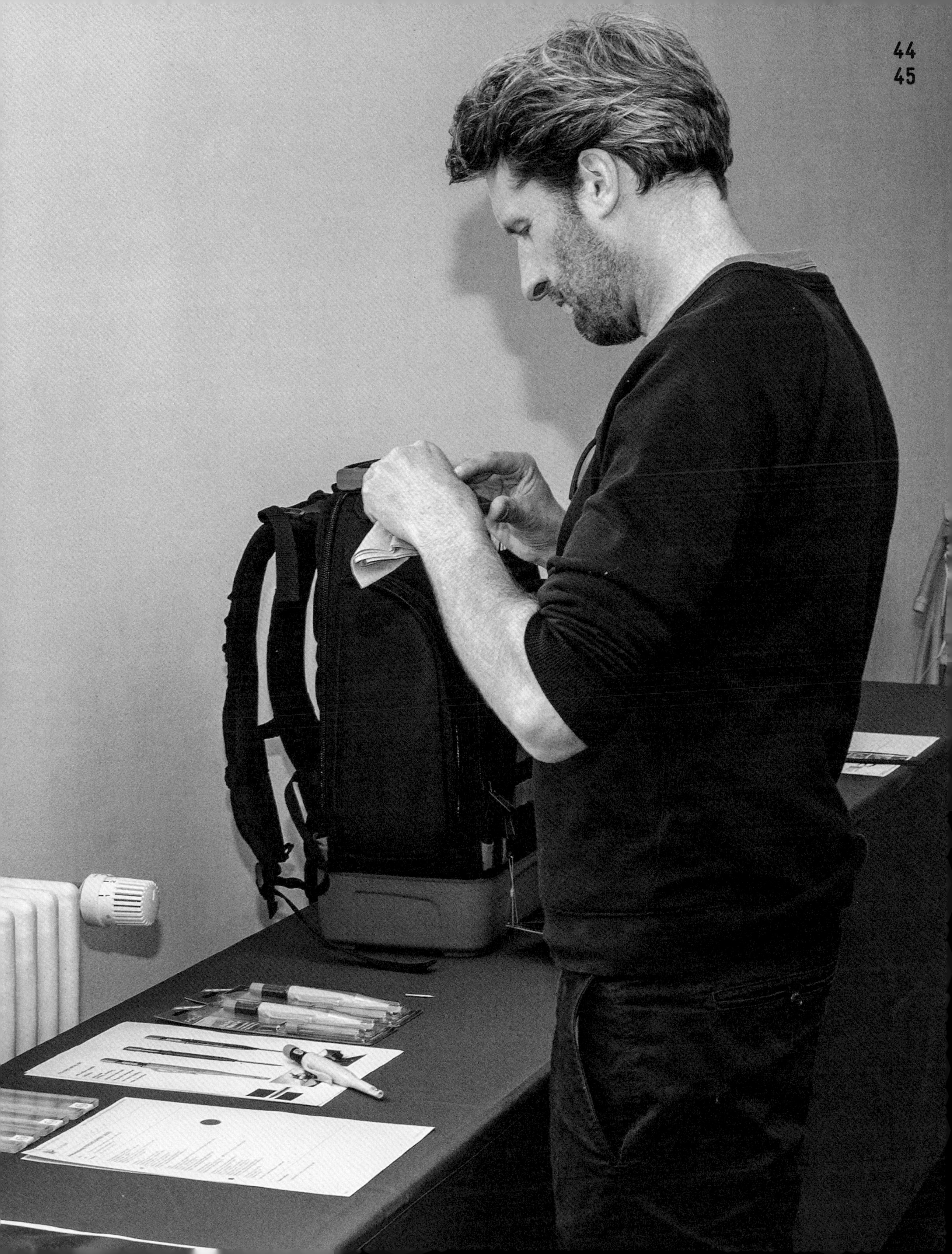

SILVER

ELECTRIC / MECHANIC

WERKZEUG-RUCKSACK
TOOL BACKPACK

JURY STATEMENT

Ein sehr durchdachtes Produkt,
das ganz nah am Usecase entwickelt wurde. Dazu gehören die
Funktionalität, also Bestückung
und Zugriff, die Ergonomie und
die Langlebigkeit sowie der Schutz
der teils empfindlichen Tools.
Letztlich macht der Rucksack den
Arbeitseinsatz vor Ort flexibler
und effizienter.

A very well-thought-out product,
designed in line with the specific
use case. This includes functionality
(i.e., the insertion and removal
of tools), ergonomics, durability,
and the protection of the tools
themselves, especially more frag-
ile items. In the final analysis, the
backpack can help make field
workers more flexible and more
efficient.

HERSTELLER/MANUFACTURER
Wiha Werkzeuge GmbH
Schonach

DESIGN
Inhouse / In-house

Wie kommen die Werkzeuge und all das, was man bei Wartungseinsätzen benötigt, an den Ort des Geschehens? Also in die Kanzel des Windrades oder auf das Baustellengerüst? Zum Beispiel im Rucksack, der speziell für den professionellen Einsatz in rauem Terrain optimiert wurde. Das Konzept für den voll ausgestatteten Rucksack wurde auf der Basis intensiver Praxisstudien erarbeitet. Er bietet neben 77 Werkzeugslots zusätzlich 30 weitere Anbringungsoptionen, ein großes Fach für Notebook oder Doku-mente sowie Seiten- und Frontfächer.

Der 34 Liter fassende Rucksack besteht aus robustem und spritz-wasserfestem Polyestergewebe, die wasserdichte und robuste Unterschale schützt und sorgt für guten Stand. Die Gurte sind für gute und komfor-table Gewichtsverteilung ausgelegt, während der große Griff hohen Belas-tungen standhält und auch für die Nutzung mit Handschuhen geeignet ist.

How do you get your tools on site when you are working in the nacelle of a wind turbine, for example, or on the scaffolding of a construction site? One solution could be a backpack specially designed for professional use in adverse conditions. The concept for the fully featured backpack was developed on the basis of in-depth practical studies. Besides the 77 tool slots, the backpack has a further 30 attachment options, a large compart-ment for a laptop or documents, and side and front compartments.

The 34-litre backpack is made of rugged, splash-proof polyester fabric. The sturdy waterproof base tray protects the contents and provides good stability. The straps are designed for comfortable, even weight dis-tribution, while the large handle can withstand heavy loads and is suitable for use with gloves.

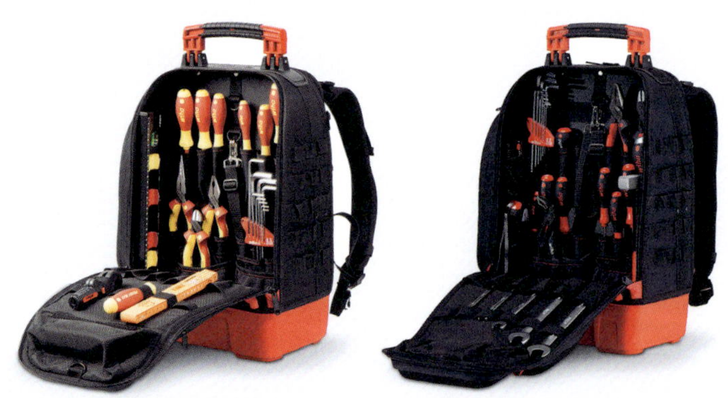

HERSTELLER/MANUFACTURER
Buss AG
Pratteln
Schweiz/Suisse

DESIGN
Target Design
Inning

Die Extruder lassen sich dank ihres modularen Aufbaus exakt und zugleich wirtschaftlich an verschiedene Kunststofftypen und Prozessvorgaben anpassen. Während die bisherige Extruder-Generation rein konstruktiven Vorgaben folgte und die einzelnen Komponenten rein additiv kombinierte, ordnet das neue Design alle Aggregate so, dass ein kompaktes Erscheinungsbild entsteht. Zugleich wurde der statische Rahmen so optimiert, dass er steifer ist, zugleich aber geringere Stahlmengen verbaut werden müssen, was Ressourcen schont und Kosten reduziert.

In einem Folgeschritt wurde zudem auch die komplexe Bedienoberfläche neu gestaltet. Statt des unübersichtlichen Interfaces mit grober Grafik präsentiert sich das HMI nun übersichtlich, ist selbsterklärend und arbeitet mit eindeutigen Icons. Außerdem entspricht das HMI nun der hochwertigen Optik der Maschine selbst.

Thanks to its modular design, the extruder can be adapted precisely and economically to suit different types of plastic and process specifications. While the layout of the individual components in the previous extruder generation was determined solely by their function, the new layout of this new machine gives it a more compact appearance. The static frame has also been optimised to make it stiffer while at the same time reducing the amount of steel used, thereby conserving resources and reducing costs.

The complex user interface has also been revamped. Instead of the confusing interface with rough graphics, the HMI is now neatly arranged with unambiguous icons that make for a more intuitive user experience. Importantly, the HMI now matches the high-quality visual styling of the machine itself.

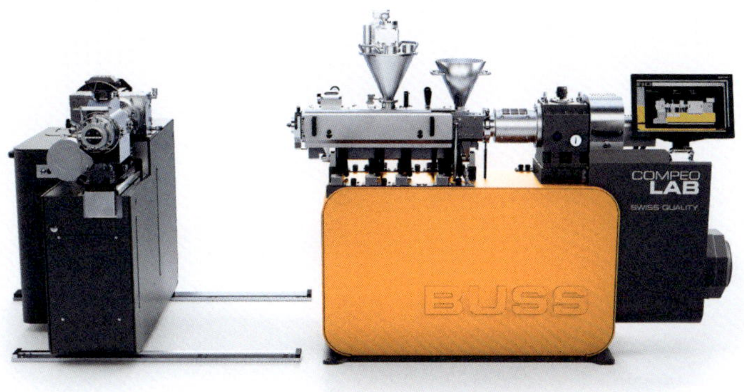

SILVER

EZ360

EINHANDZWINGE
ONE-HANDED CLAMP

HERSTELLER/MANUFACTURER
Bessey Tool GmbH & Co. KG
Bietigheim-Bissingen

DESIGN
Weinberg & Ruf GbR
Filderstadt

Ein Spannwerkzeug muss sich möglichst vielen Arbeitssituationen anpassen können – daher lässt sich bei dieser Zwinge der Pumpgriff um 360
Grad drehen. Das macht zum einen das Pumpen ergonomischer, zum
anderen ist der Arbeitsbereich dank des herausgedrehten Griffs zugänglicher. Per Knopfdruck werden die Spannbacken gelöst und gewendet,
damit wird die zum Patent angemeldete Zwinge dann für Spreizarbeiten
einsetzbar. Große, abnehmbare Schutzkappen auf den Spannbacken
schonen die Werkstücke – immerhin beträgt die Spannkraft bis zu 1.400
Newton.

Die Zwinge ist auf Langlebigkeit hin konzipiert. Griffe und Spannbacken bestehen aus faserverstärktem Polyamid, die Hohlprofilschiene
aus vergütetem sowie brüniertem Stahl. Die Mechanik im Gehäuse ist
zudem vor Staub oder Spänen geschützt.

A clamp should be versatile enough to be used in a variety of situations –
which is why the pump lever and handle on this clamp can be rotated
360 degrees. The ability to rotate the handle not only makes the clamping
action more ergonomic but it also allows for better access to the area
around the clamp. The patent-pending clamp can be converted into a
spreader at the touch of a button by releasing and rotating one of the jaws.
Large, removable pressure caps on the jaws protect the workpieces –
even with a clamping force of up to 1,400N.

The clamp is designed for durability. The handles and clamping
jaws are made of glass fibre-reinforced polyamide; the hollow section bar
is made of tempered and burnished steel. The internal mechanism is also
well protected from dust and shavings.

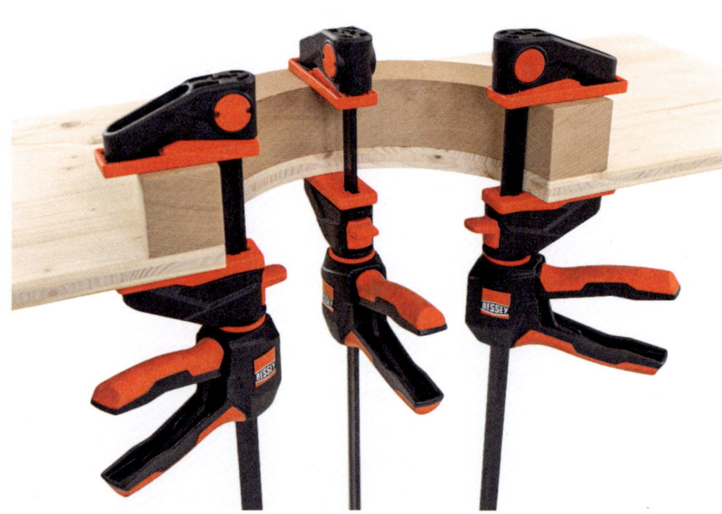

HERSTELLER/MANUFACTURER
Heinkel Process Technology GmbH
Besigheim

DESIGN
Cognito GbR
Karlsruhe

Anlagen wie diese werden dann eingesetzt, wenn es darum geht, Suspensionen in ihre feste und flüssige Phase zu trennen. Das kann die Pharma-, die Chemie-, Lebensmittel- oder auch die Kosmetikindustrie betreffen – Branchen, in denen es auf hohe Effizienz und Reinheit ankommt. Bei der neu konzipierten Schälzentrifuge ersetzt daher ein elektrischer Direktantrieb die bisherigen hydraulischen Komponenten. Schnelle Befüllung, minimale Filtrierdauer, ein strömungsoptimierter Zentrifugenraum und ein neuer Ausräumer kennzeichnen die neu konzipierte Maschine. Zentrifugen- und Antriebsbereich sind klar voneinander getrennt, letzterer lässt sich zur raschen Wartung komplett aufschieben. Die teilbare Grundplatte erleichtert sowohl den Transport als auch die Installation der Anlage. Auf der Frontseite sind alle Kabel- und Schlauchführungen bedienfreundlich in die Tür integriert.

Horizontal peeler centrifuges are used to separate the constituents from a suspension of solids and liquids. They have an important role in the pharmaceutical, chemical, food and cosmetics industries, where high efficiency and product purity are essential. The newly designed peeler centrifuge features a direct electric drive that replaces the previous hydraulic components. The flow-optimized centrifuge chamber and improved discharge process enable faster filling and reduce filtration times. The centrifuge and drive sections are clearly separated from each other and the latter can be slid fully open for quick maintenance. The modular base plate facilitates both the transportation and the installation of the equipment. For easy access, all cables and tubes are routed through the door on the front.

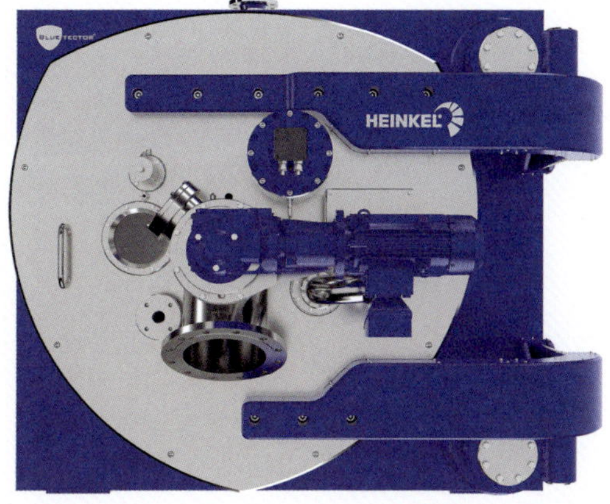

SPECIAL MENTION HYPERION II INFRAROTMIKROSKOP / INFRARED MICROSCOPE

HERSTELLER/MANUFACTURER
Bruker Optics GmbH & Co. KG
Ettlingen

DESIGN
yellow design gmbh
Pforzheim

Schon lange hat die Mikroskopie den Bereich des sichtbaren Lichts verlassen und arbeitet beispielsweise auch mit Infrarotstrahlung. Das neue Mikroskop arbeitet bis an die Beugungsgrenze des IR-Lichts und setzt so Maßstäbe bei der Analyse undurchsichtiger Proben. Hinzu kommt die Erweiterung mit der Infrarot-Laser-Mikroskopie (ILM) in einem Gerät, das nunmehr drei Messmodi – Transmission, Reflexion und Oberflächenuntersuchung – kombiniert. Da die Modi einfach umschaltbar sind, lassen sich Proben auf diese Weise intuitiv, ganz spezifisch und natürlich mit maximaler Genauigkeit analysieren.

Microscopy ventured beyond the boundaries of visible light some time ago and now extends to other forms of radiation, such as infrared. The new microscope works right down to the diffraction limit of IR light and sets the standard for the analysis of opaque samples. With expanded capabilities including infrared laser microscopy (ILM), the Hyperion II now incorporates three measurement modes: transmission, reflection and surface examination – in a single device. Easy switching between modes makes sample analysis more intuitive, with greater specificity and, of course, maximum accuracy.

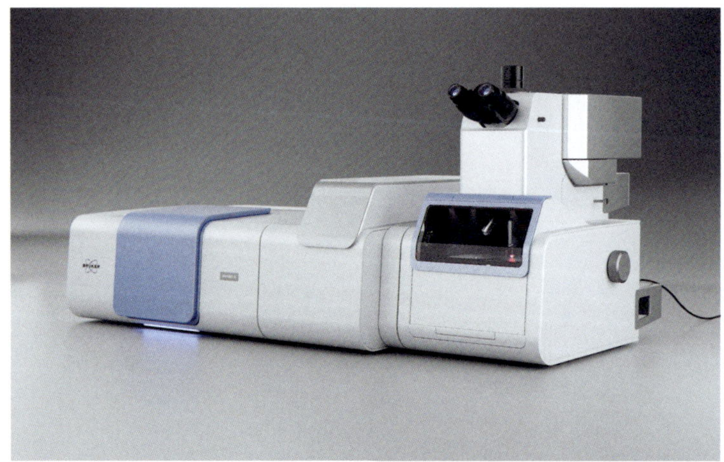

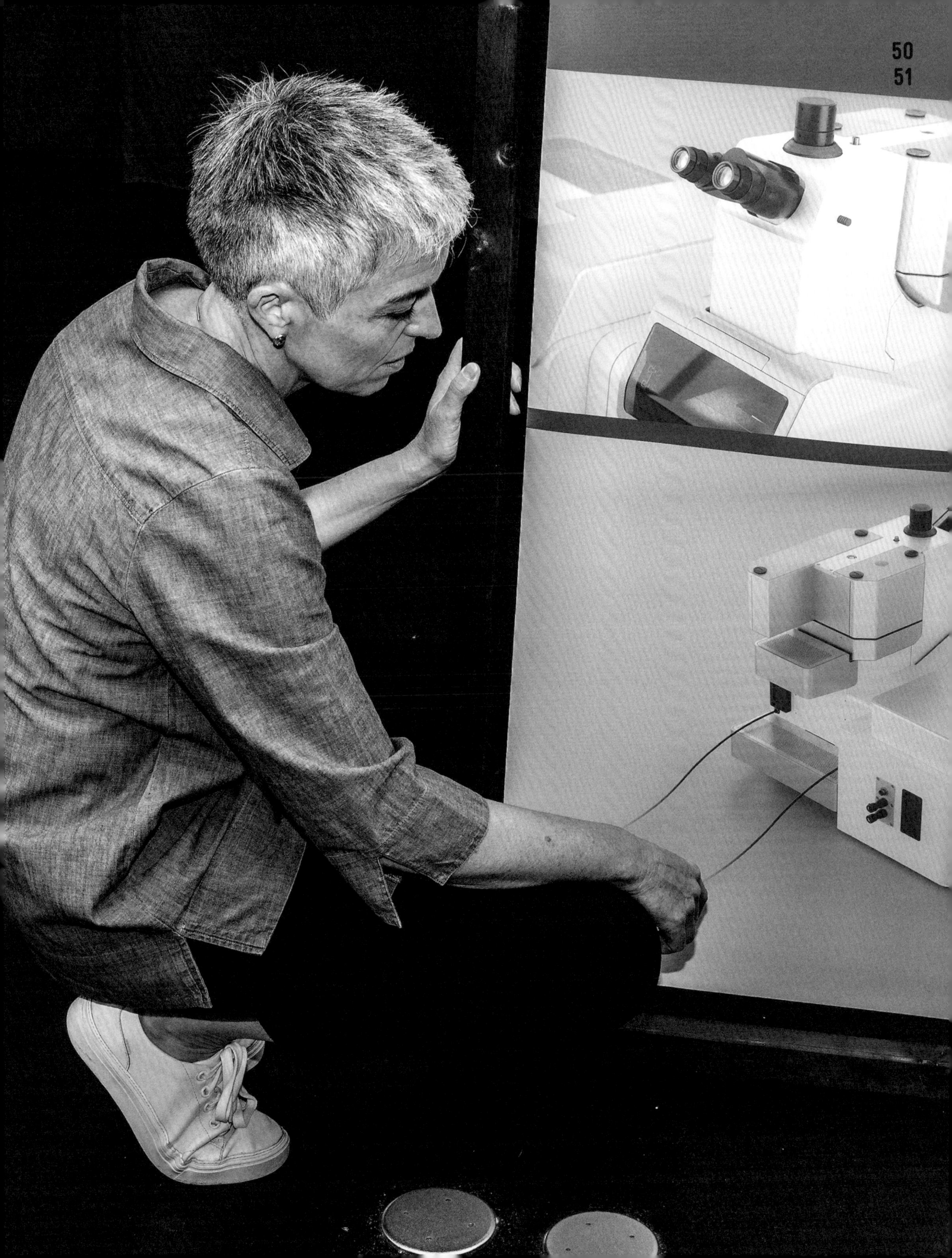

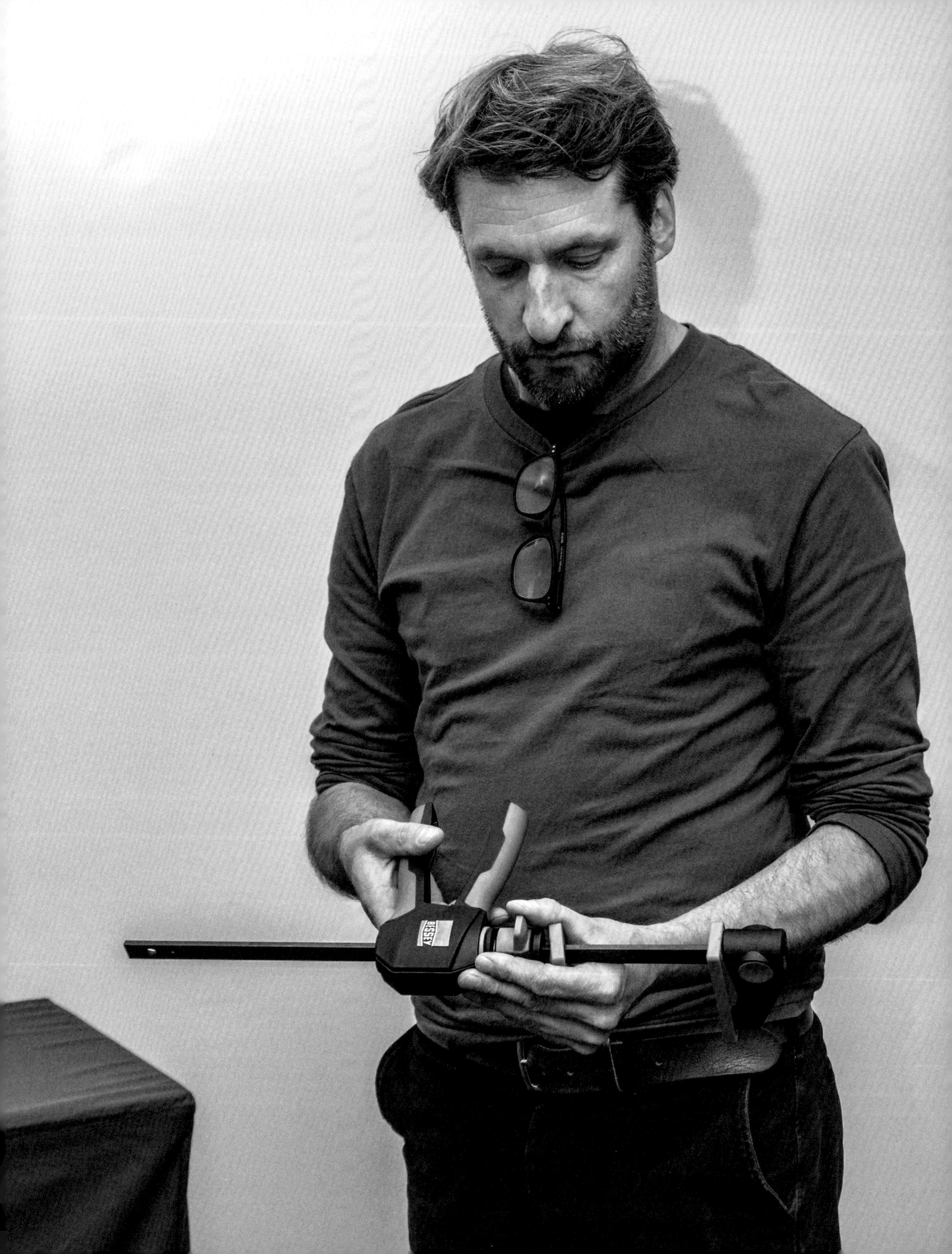

»Für mich war die Jurierung eine Gelegenheit, neue Design-impulse zu sehen und diese mit anderen Expertinnen und Experten zu diskutieren.«

»Personally speaking, judging was an opportunity to observe new design trends and discuss them with other experts.«

Nach einer Tischlerlehre und einem Studium für Bildhauerei an der Akademie der Bildenden Künste München studierte Julian Appelius Industrie- und Prozessgestaltung an der Berliner Universität der Künste, 2003 schloss er mit Diplom ab. Direkt im Anschluss gründet er sein eigenes Büro und gestaltet seitdem für namhafte Hersteller. Er entwickelt interdisziplinär in enger Zusammenarbeit mit Partnern, Kunden und Agenturen Produkte, Konzepte, Installationen, Präsentationen, Messeauftritte und Veranstaltungen.

After completing an apprenticeship as a cabinet-maker and studying sculpture at the Academy of Fine Arts in Munich, Julian Appelius moved to Berlin where he studied industrial and process design at the Berlin University of the Arts, graduating in 2003. He set up his own office immediately afterwards and has since undertaken design work for well-known manufacturers. He develops interdisciplinary concepts, installations, presentations, trade fair stands, and events in close cooperation with partners, clients and agencies.

www.julianappelius.de

www.julianappelius.de

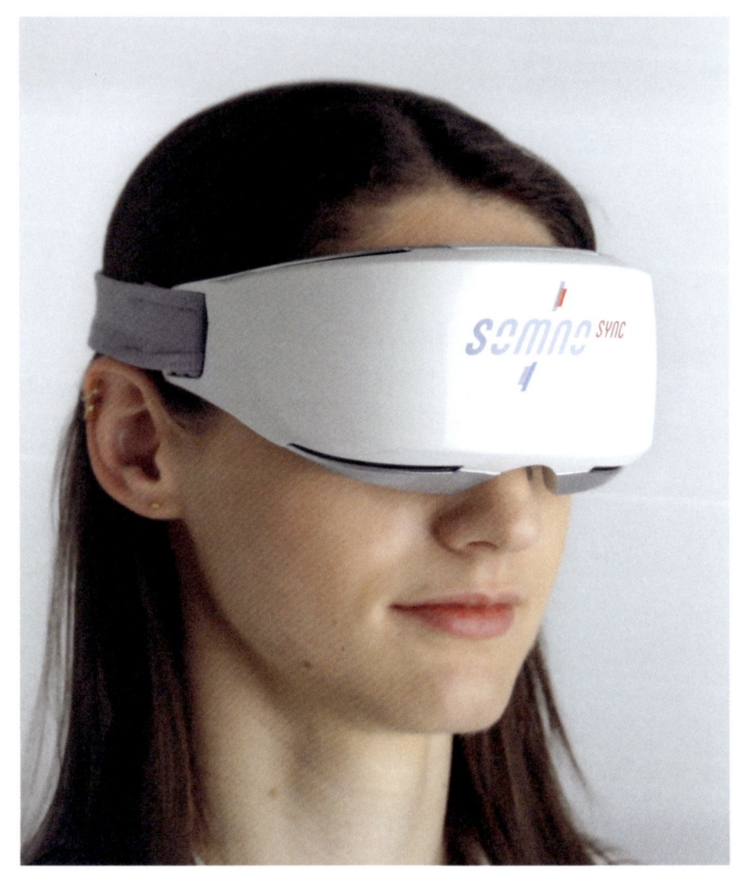

1 → SEITE/PAGE
56, 58

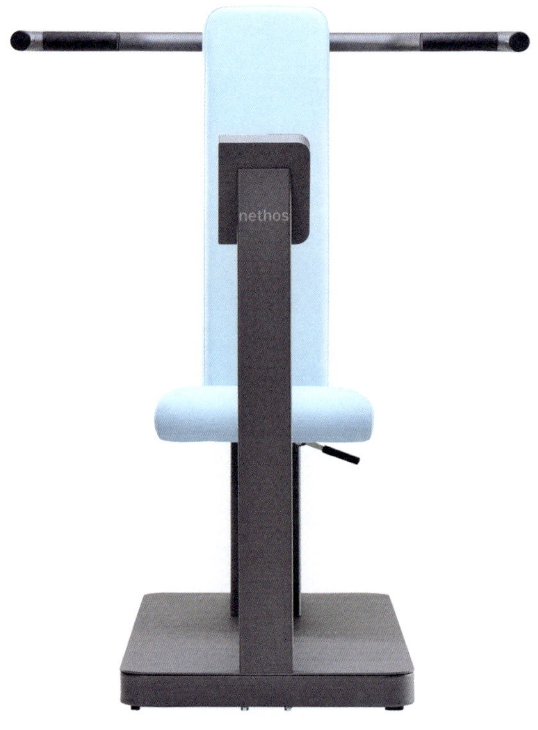

2 → SEITE/PAGE
57, 59

Wer medizinische Geräte gestaltet, bewegt sich in einem besonders sensiblen Bereich und übernimmt große soziale Verantwortung – für Patient:innen wie auch für das medizinische Personal. Design unterstützt die Implementierung neuer Diagnose- und Therapiemethoden, erhöht die Bediensicherheit und trägt so letztlich zu besseren Heilungs- und Vorsorgeprozessen bei.

Designers of medical equipment operate in a particularly sensitive area and have a high level of social responsibility towards patients and medical staff alike. Design supports the implementation of new diagnostic and therapeutic methods, increases operating safety and ultimately contributes to better healing and prevention processes.

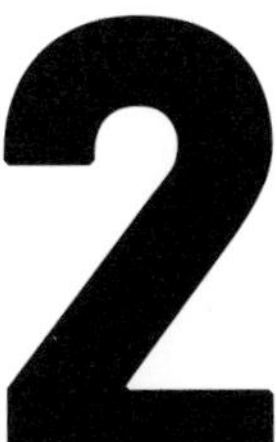

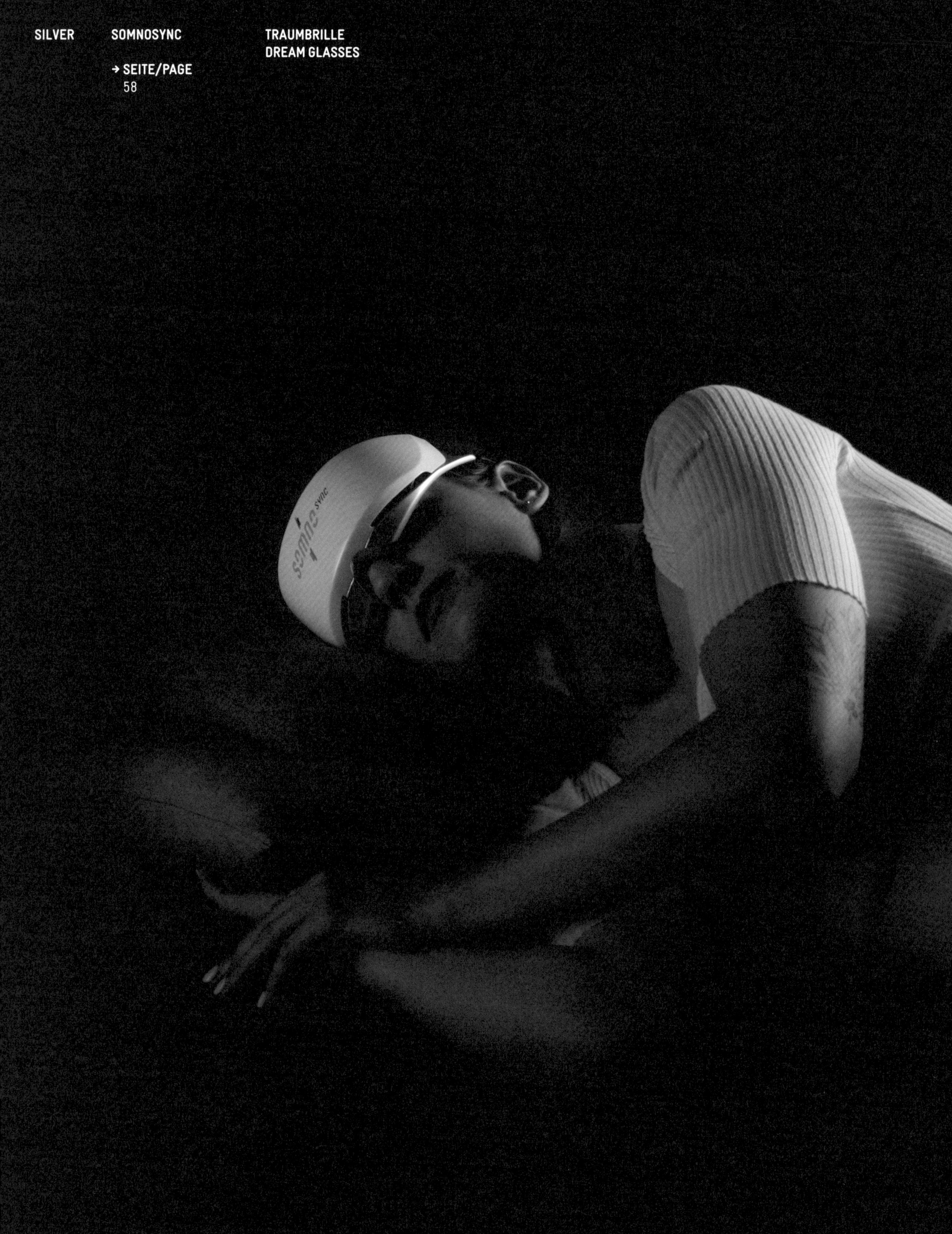

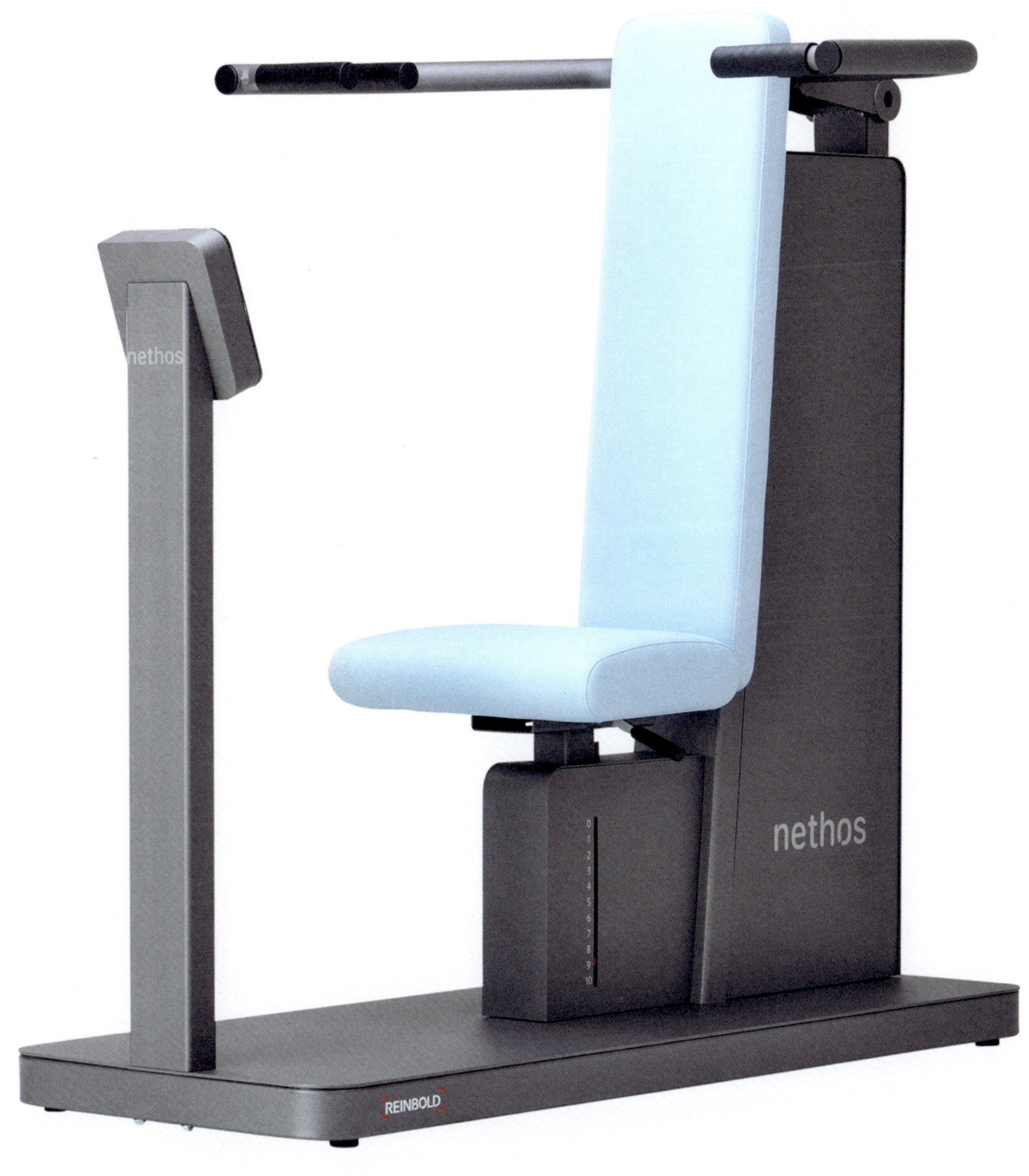

SILVER

SOMNOSYNC

TRAUMBRILLE
DREAM GLASSES

HERSTELLER/MANUFACTURER
Gemtec
Laseroptische Systeme GmbH
Winnenden

DESIGN
DQBD GmbH
Schorndorf

Wer an schwerwiegenden Schlafstörungen leidet, kommt meist nicht um den Besuch eines Schlaflabors herum. Die dort praktizierte Polysomnographie ist aber aufwendig in der Durchführung und lässt keine langfristige Analyse zu. Mit der im Rahmen eines Forschungsprojekts entwickelten Schlafbrille können die REM-Phasen auch im häuslichen Umfeld, also unter realistischen Rahmenbedingungen, erfasst werden – und das berührungslos sowie in Echtzeit. Die Brille lässt sich sowohl für die Diagnose als auch die Therapie von Narkolepsie oder Schlafstörungen gleichermaßen nutzen. Zu Beginn einer REM-Phase erhalten die Nutzer:innen ein visuelles oder auditives Signal, werden sanft geweckt und können den Zustand luziden Träumens erreichen.

Die Brille integriert alle notwendigen Sensoren samt Elektronik und benötigt nur fünf Auflagepunkte. Elemente wie der Nasenhöcker lassen sich per 3D-Druck personalisieren.

Most people suffering from a serious sleep disorder would benefit from visiting a sleep laboratory. The polysomnography conducted by sleep laboratories is time-consuming, however, and does not permit long-term analysis of the problem. These sleep glasses, which were developed as part of a research project, can record the user's rapid eye movements (REM) at home under realistic conditions – contactless and in real time. The glasses can be used both to diagnose and treat narcolepsy, or sleep disorders. At the beginning of a REM phase, the user receives a visual or auditory signal, is wakened gently and can reach the state of lucid dreaming.

All the necessary sensors and electronics are built into the glasses, which require only five contact points. Individual features such as the nose profile can be catered for via 3D printing.

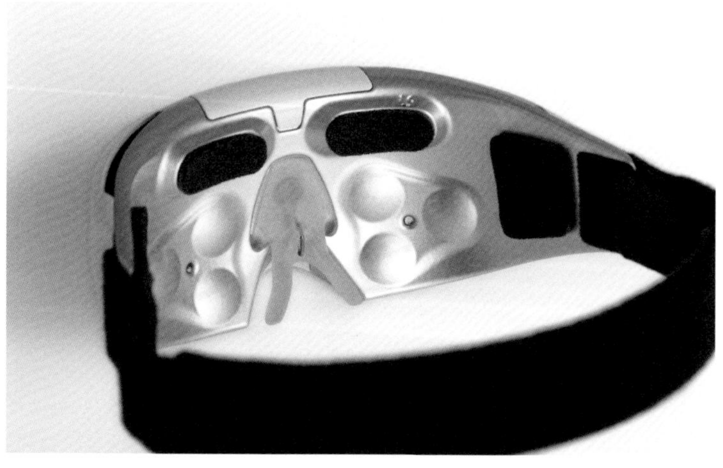

JURY STATEMENT

Ein sehr durchdachtes Trainings-
gerät, das auf einfachste Benut-
zung hin optimiert ist. Die Einstellungen sind leicht getätigt und
schnell variiert. Der monolithische
Designansatz unterstreicht den
Qualitätsanspruch und steht für
Zuverlässigkeit.

A very well-thought-out piece
of training equipment that has been
optimised for exceptional ease
of use. The settings are easy to con-
figure and can be altered quickly.
The monolithic design approach
conveys the product's reliability
and reinforces the company's
quality claim.

HERSTELLER/MANUFACTURER
Reinbold GmbH & Co. KG
Malterdingen

DESIGN
Inhouse / In-house

Dieser Schultertrainer ist Teil einer Gerätefamilie für die medizinische
Physiotherapie und Rehabilitation, die alle als hydraulische Kombinations-
trainer konzipiert sind. Das leise arbeitende Hydrauliksystem ist so ausgelegt, dass die Bewegung an jeder beliebigen Stelle beendet werden
kann, was Überbeanspruchungen vermeidet. Genauso lässt sich die Start-
position intuitiv wählen, die Widerstände beider Bewegungsrichtungen
sind separat vorwählbar.

Sämtliche Einstellungen werden am Bedienpanel vorgenommen,
das lediglich aus zwei Drehreglern mit hinterleuchteter Positionsanzeige
besteht. Das Interface ist formal so reduziert wie möglich gestaltet und
gibt auch Informationen zum Trainingsfortschritt. Seine Glasoberfläche
steht für Wertigkeit und Hygiene.

This shoulder trainer is part of a range of medical physiotherapy and rehabilitation equipment, all of which have been designed as hydraulic combination trainers. The quiet hydraulic system allows movement to be
stopped at any point, thereby avoiding the risk of overstraining. Selecting
the start position is intuitive and the resistance of both directions of
movement can be set separately.

All settings are made on the control panel, which comprises just
two rotary controls and a backlit position indicator. The streamlined interface also provides information on the subject's progress during training.
The glass surface emphasises the product's hygienic properties as well
as its inherent value.

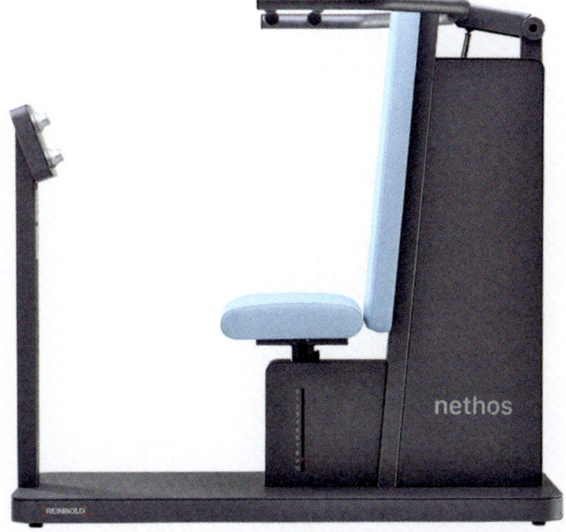

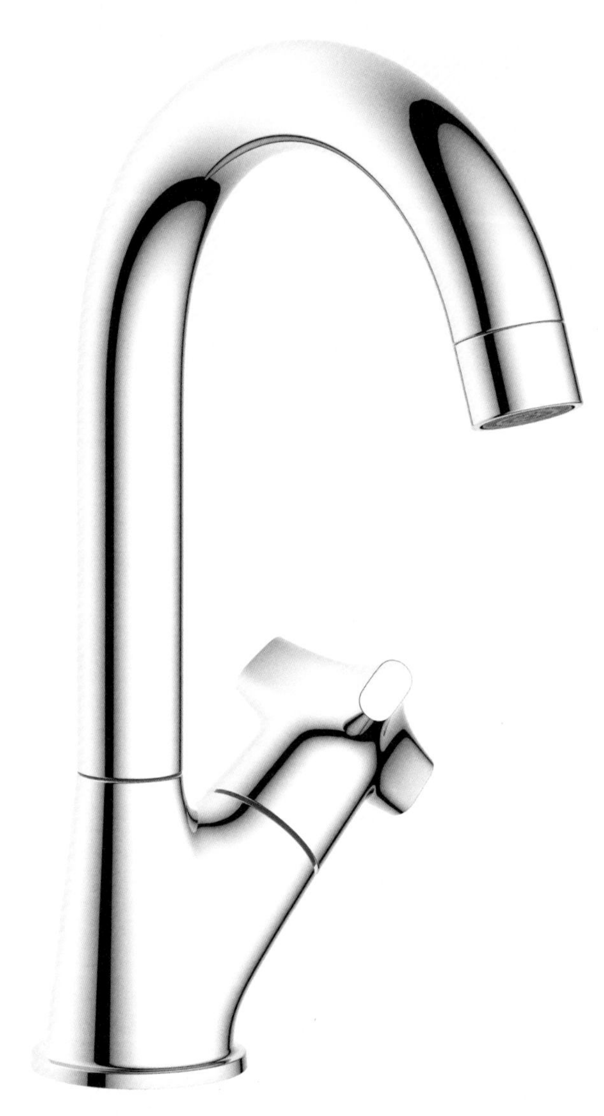

Schon lange sind die Zeiten vorbei, als das Badezimmer ein unkomfortabler Raum für die Körperreinigung war. Heute ist das Bad ein emotional und sinnlich aufgeladenes Wellness-Refugium, in dem sich höchste Anforderungen an Individualität, Ästhetik und Atmosphäre verwirklichen lassen. Besonders die Welt der Armaturen und Keramiken erstaunt durch ihre ästhetische und funktionale Vielfalt.

The days when the bathroom was an uncomfortable space reserved for personal hygiene are well and truly over. Today, the bathroom is an emotionally appealing and sensuous wellness retreat that meets the very highest standards of individuality, aesthetics and atmosphere. The world of bathroom fittings and ceramics is particularly impressive thanks to their aesthetic and functional diversity.

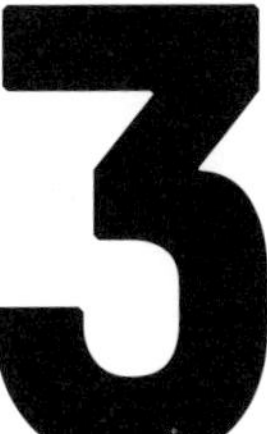

3

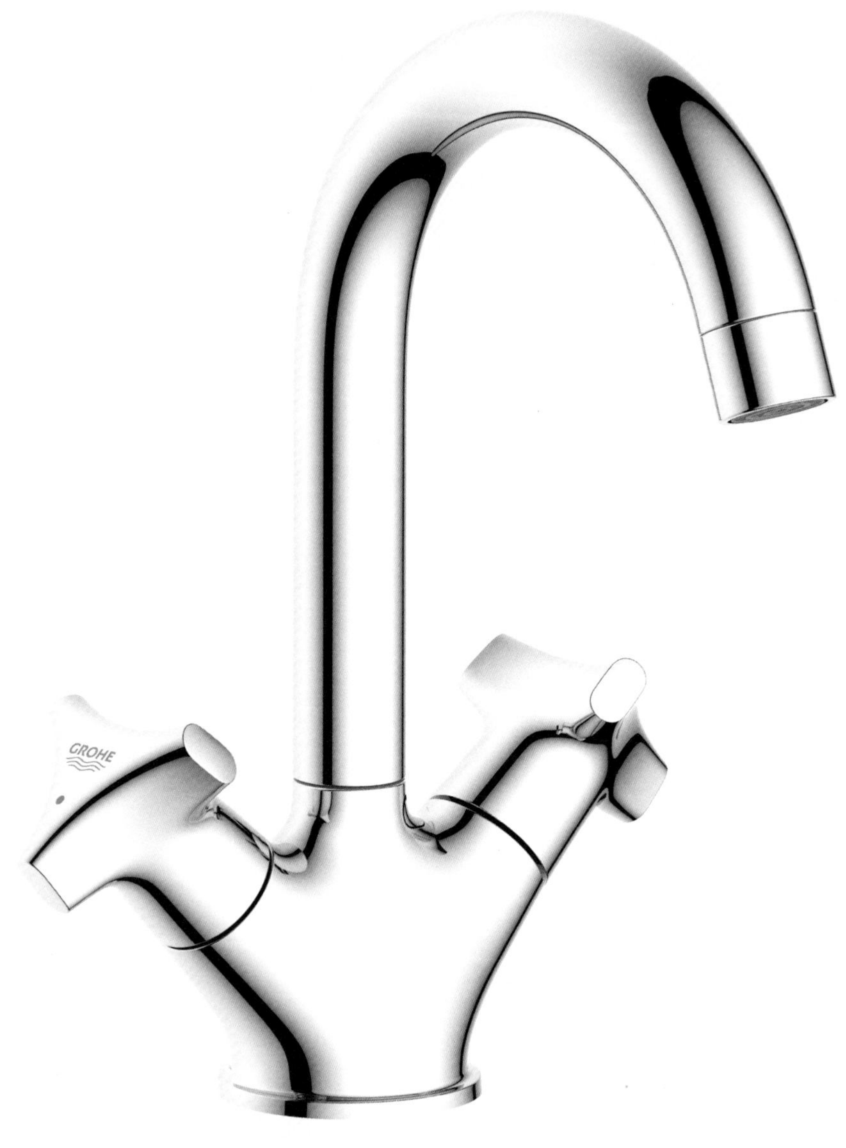

HERSTELLER/MANUFACTURER
Grohe AG
Düsseldorf

DESIGN
Lixil Global Design
Düsseldorf

Schon lange setzt die Armaturenserie Costa des Herstellers Standards
in Sachen Funktionalität und Langlebigkeit. Die Neuinterpretation der Pro-
duktlinie besitzt mit ihren präzisen Konturen einen hohen Wiedererken-
nungswert, führt den einstmals minimalistischen Ansatz aber weiter zu
einem skulpturalen Erscheinungsbild mit fließenden Übergängen. Damit
will sie einen neuen Typus von Nutzer:innen ansprechen: sowohl junge
Menschen, die erstmals eine eigene Wohnung oder ein eigenes Haus be-
ziehen, als auch Menschen, die einen urbanen und wandelbaren Lebensstil
pflegen. Die Produktpalette umfasst Lösungen für Bad und Küche und
punktet mit Funktionalität, hochwertigen Materialien und Langlebigkeit.

The manufacturer's Costa range of bathroom fittings has long been a
paragon of functionality and durability. The new interpretation of the product line with its precise contours is highly distinctive but takes the minimalist approach one step further and creates a sculpted appearance
with soft transitions. It aims to appeal to a new type of user: young people
moving into their first home as well as people who gravitate towards
a flexible, urban lifestyle. The product range includes solutions for bath-
rooms and kitchens and impresses with its functionality, high-quality
materials and durability.

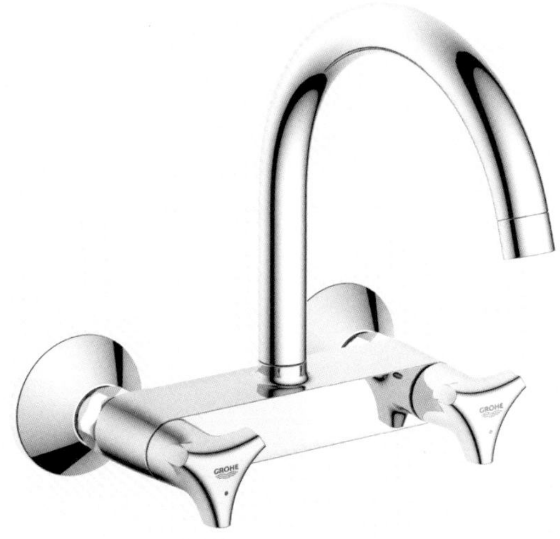

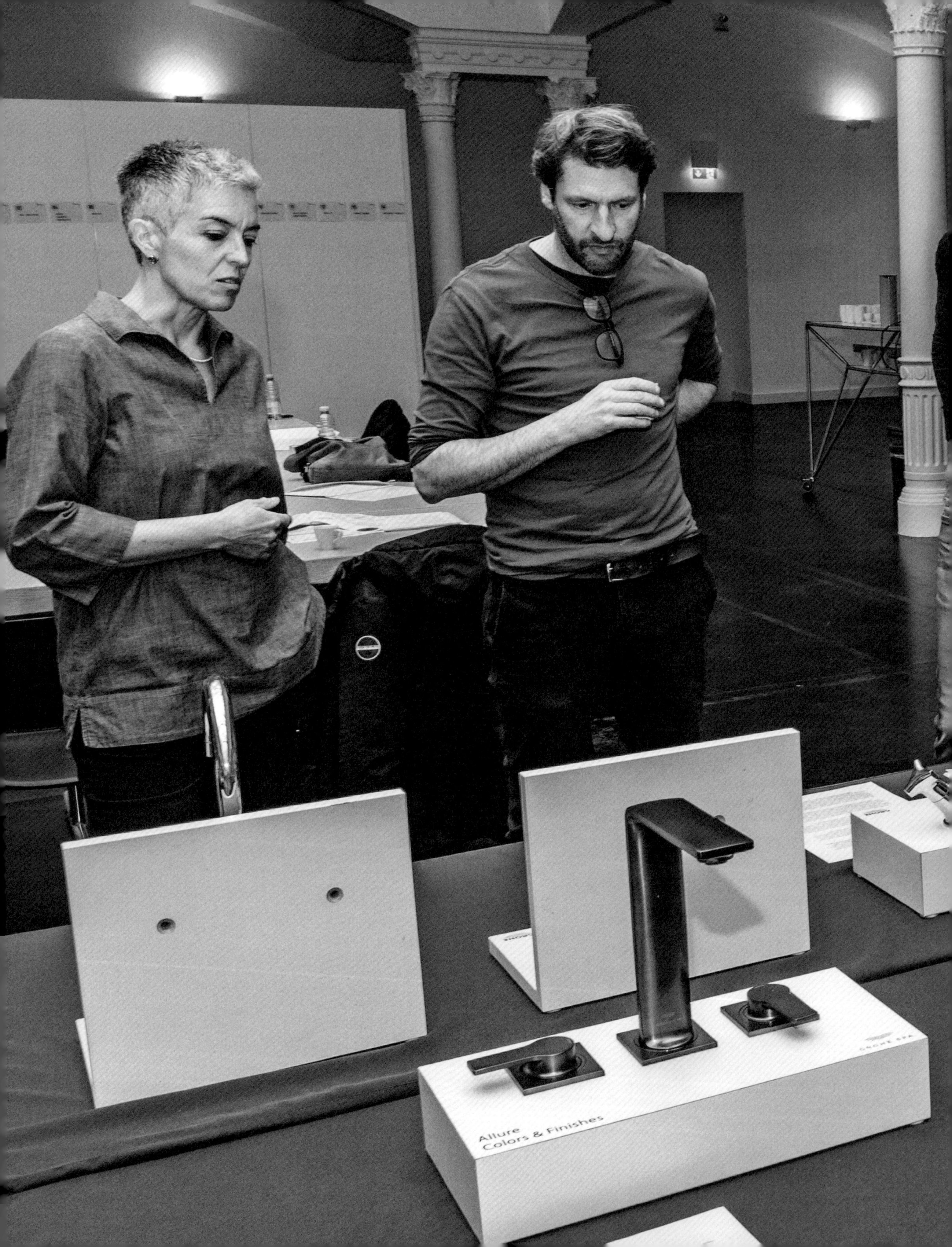

Allure
Colors & Finishes

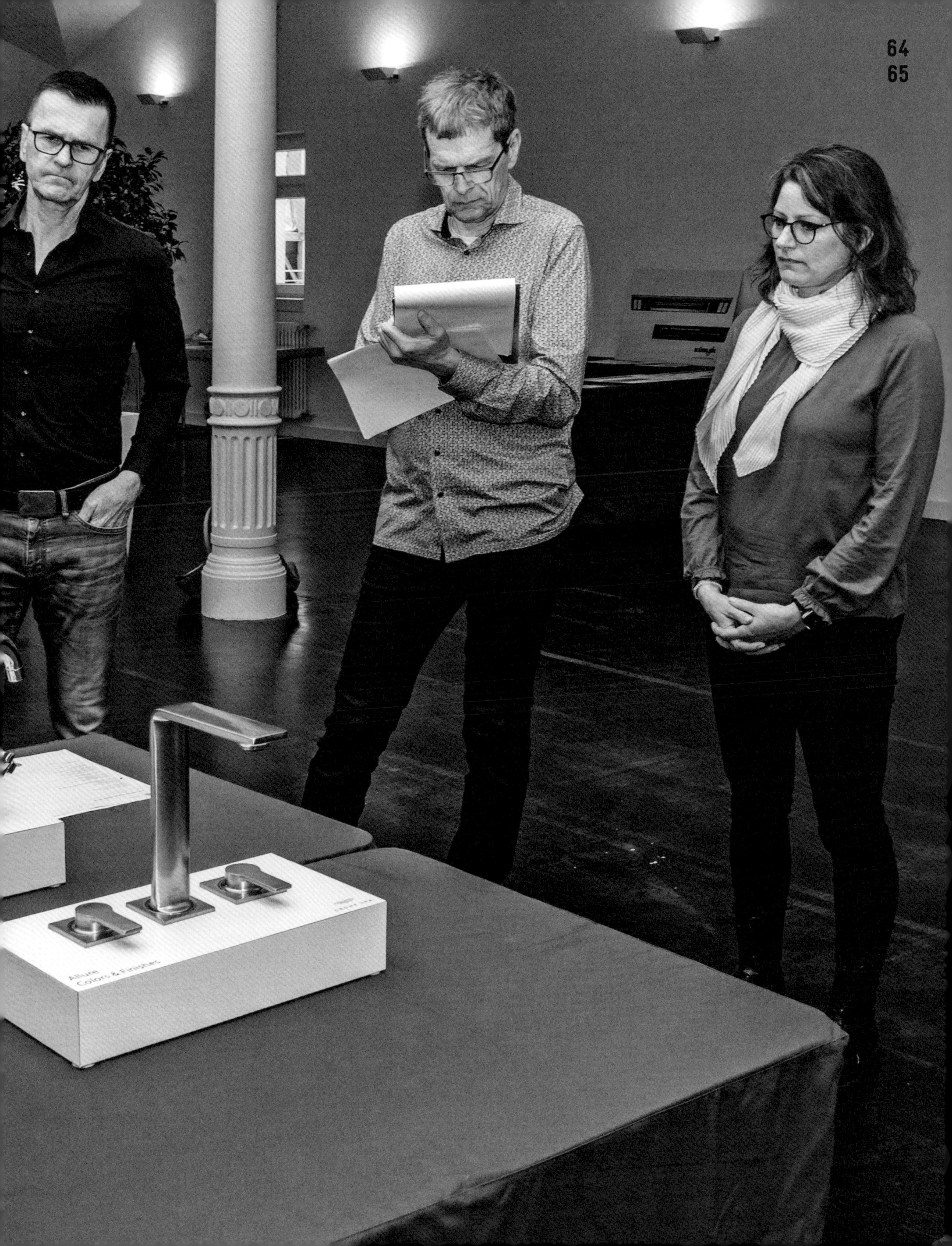
Allure
Colors & Finishes

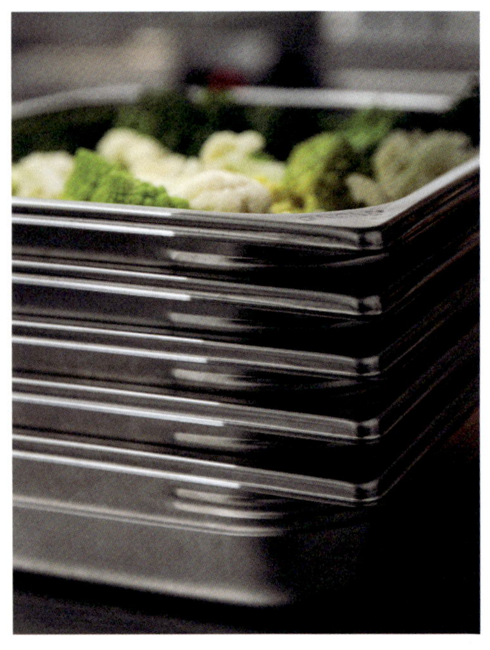

1 → SEITE/PAGE
68, 74

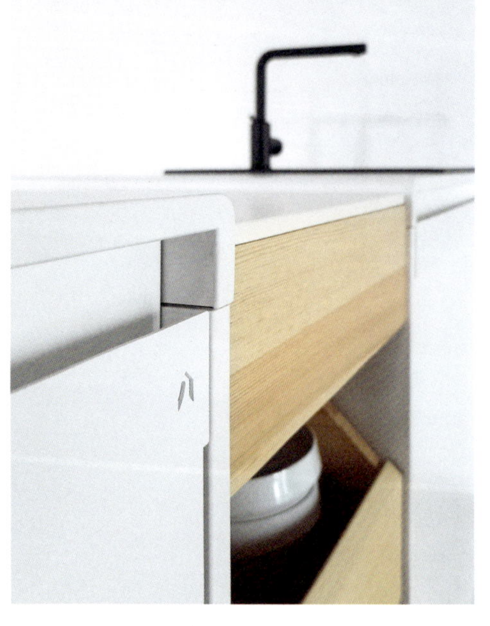

2 → SEITE/PAGE
69, 75

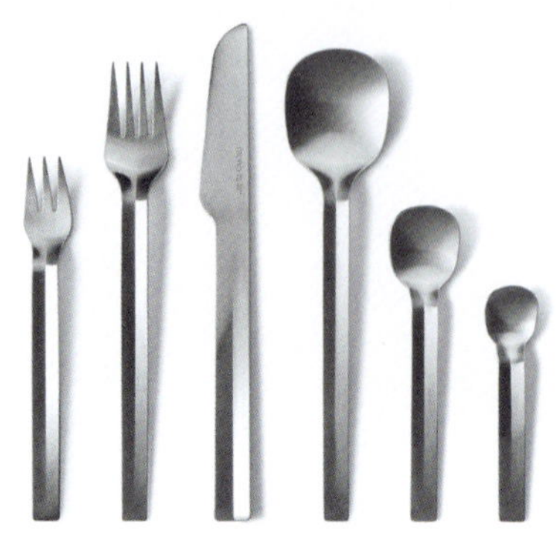

3 → SEITE/PAGE
70, 76

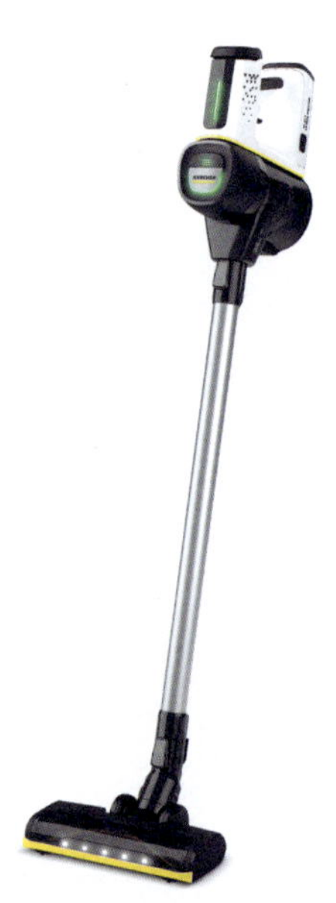

4 → SEITE/PAGE
71, 77

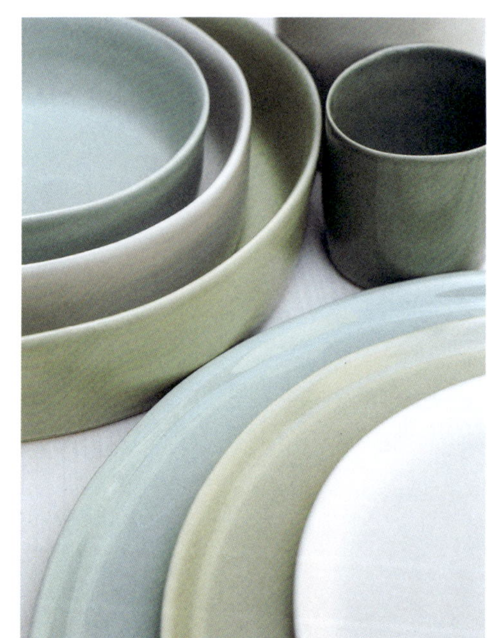

5 → SEITE/PAGE
72, 78

Die Technisierung des Haushalts schreitet weiter voran, dabei brillieren hier Produkte, die technologisch höchst durchdacht und nutzungsorientiert konzipiert sowie gestaltet sind. Daneben aber sind nach wie vor Produkte unverzichtbar, die ganz wichtige basale Funktionen übernehmen. Design sorgt hier für nutzungsorientierte Konzepte mit adäquater emotionaler Aufladung und Zugänglichkeit.

Technology continues to advance in the home, as the sector launches more and more thoughtfully designed, user-friendly technology products. At the same time, household products that perform very important basic functions remain indispensable. Here, design not only caters to user-focused ideas but also instils in them an effective emotional resonance while also ensuring accessibility.

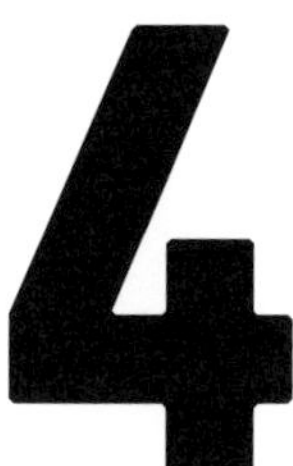

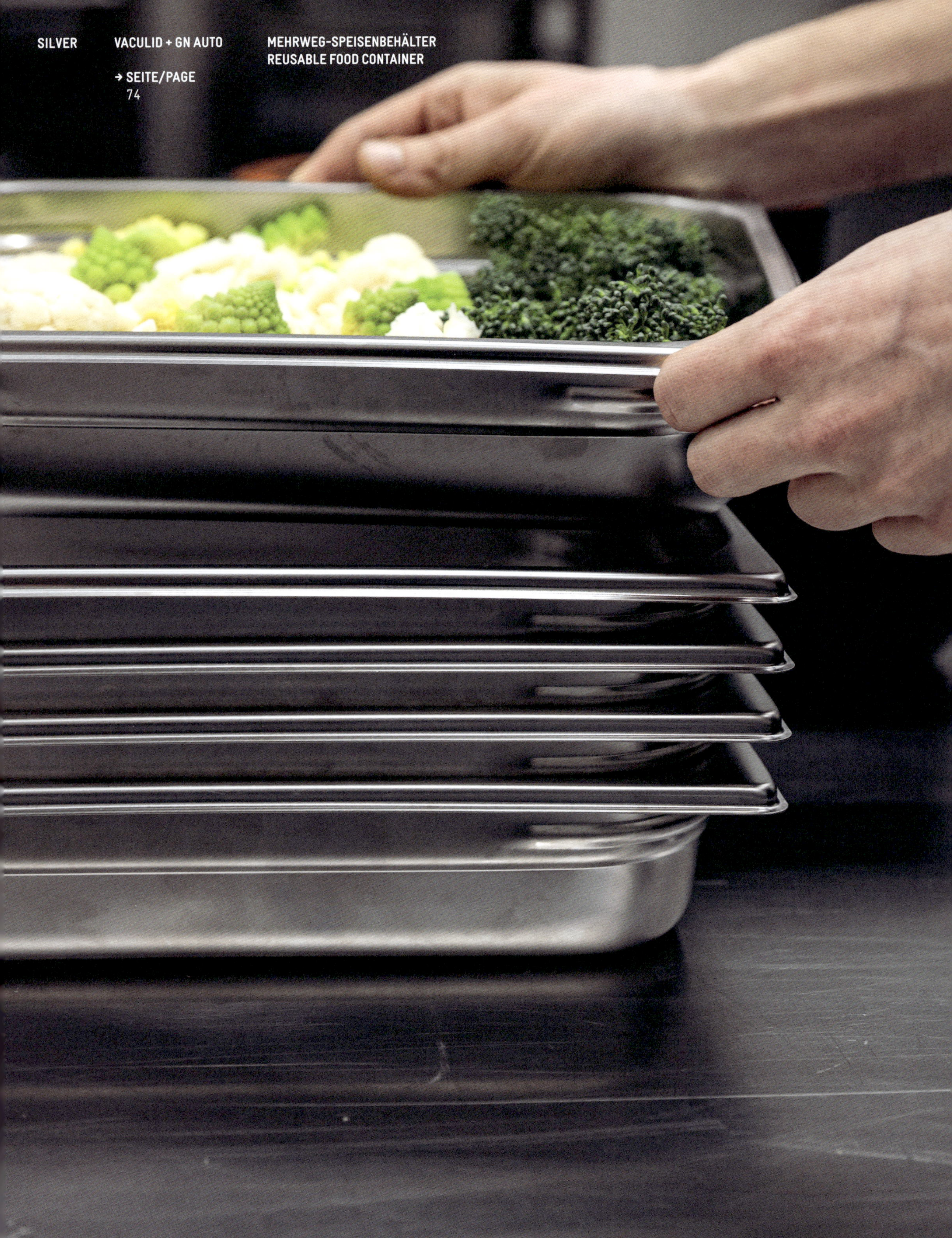

SILVER   VACULID + GN AUTO   MEHRWEG-SPEISENBEHÄLTER
REUSABLE FOOD CONTAINER
→ SEITE/PAGE
74

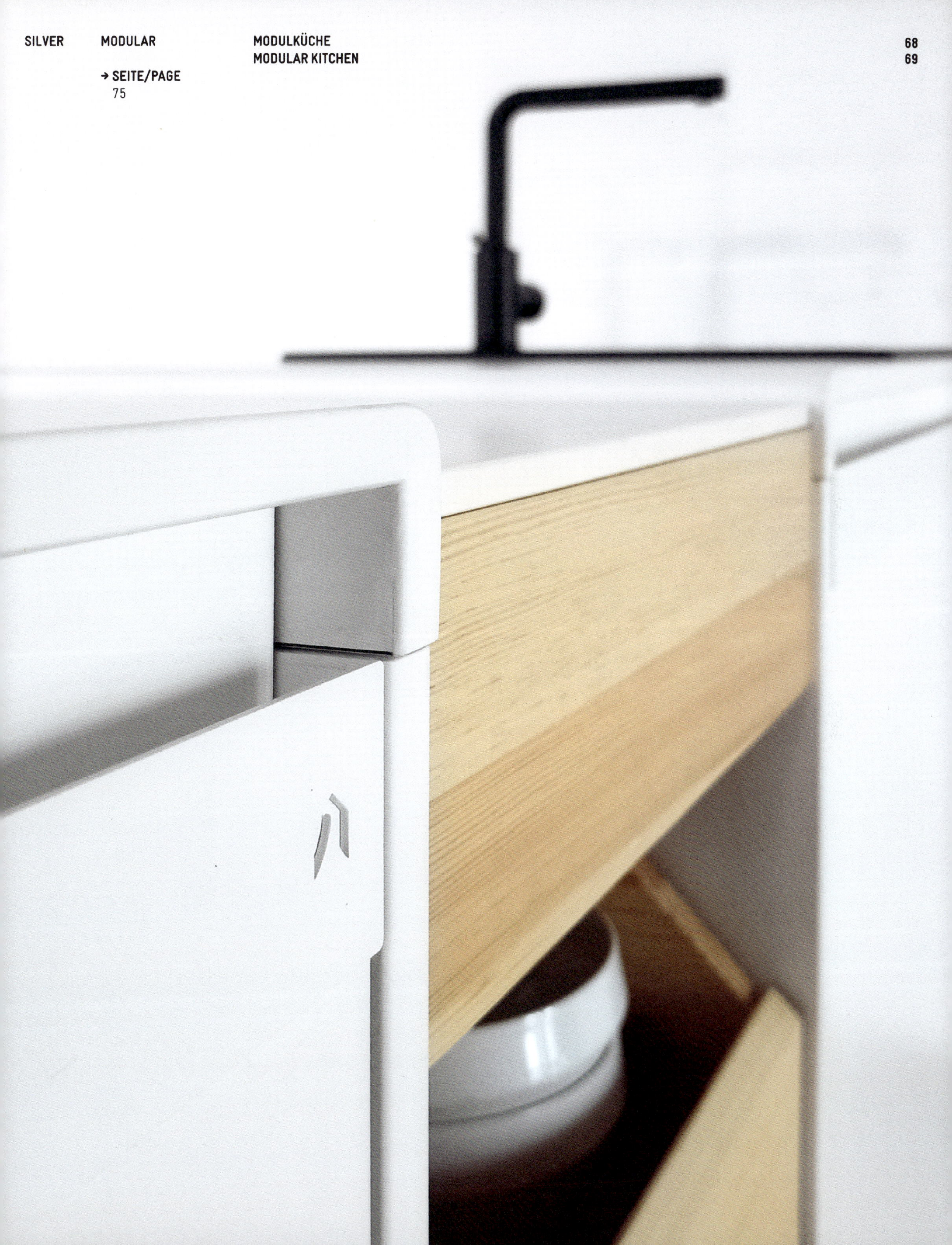

MONO V

→ SEITE/PAGE
76

BESTECKSERIE
CUTLERY SERIES

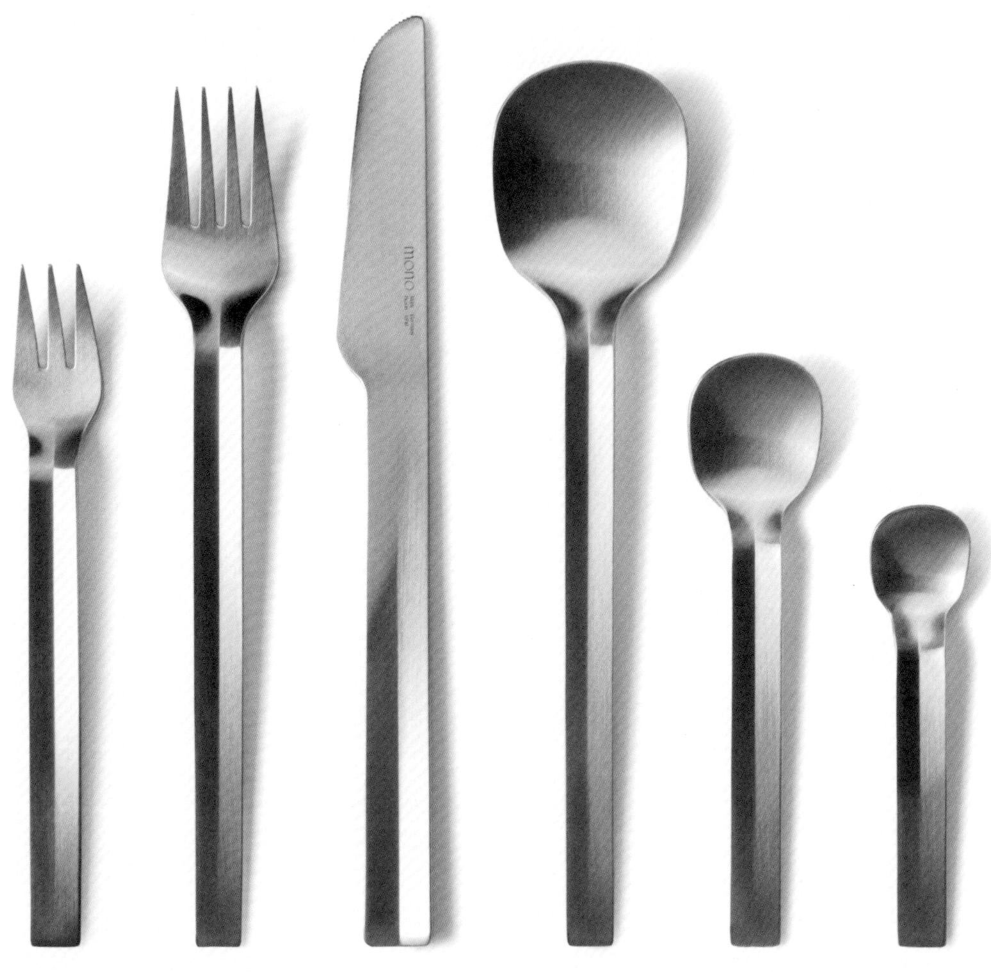

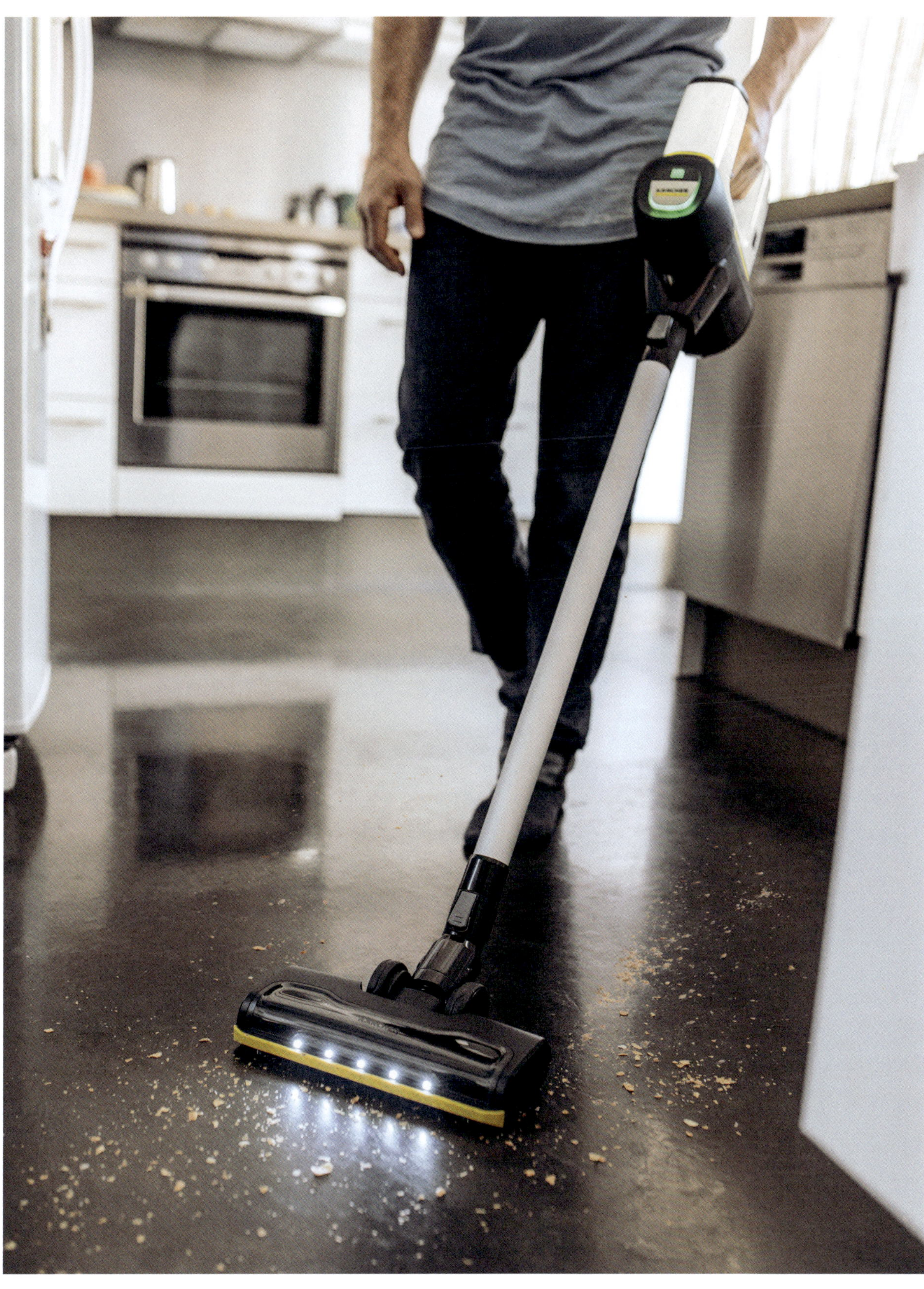

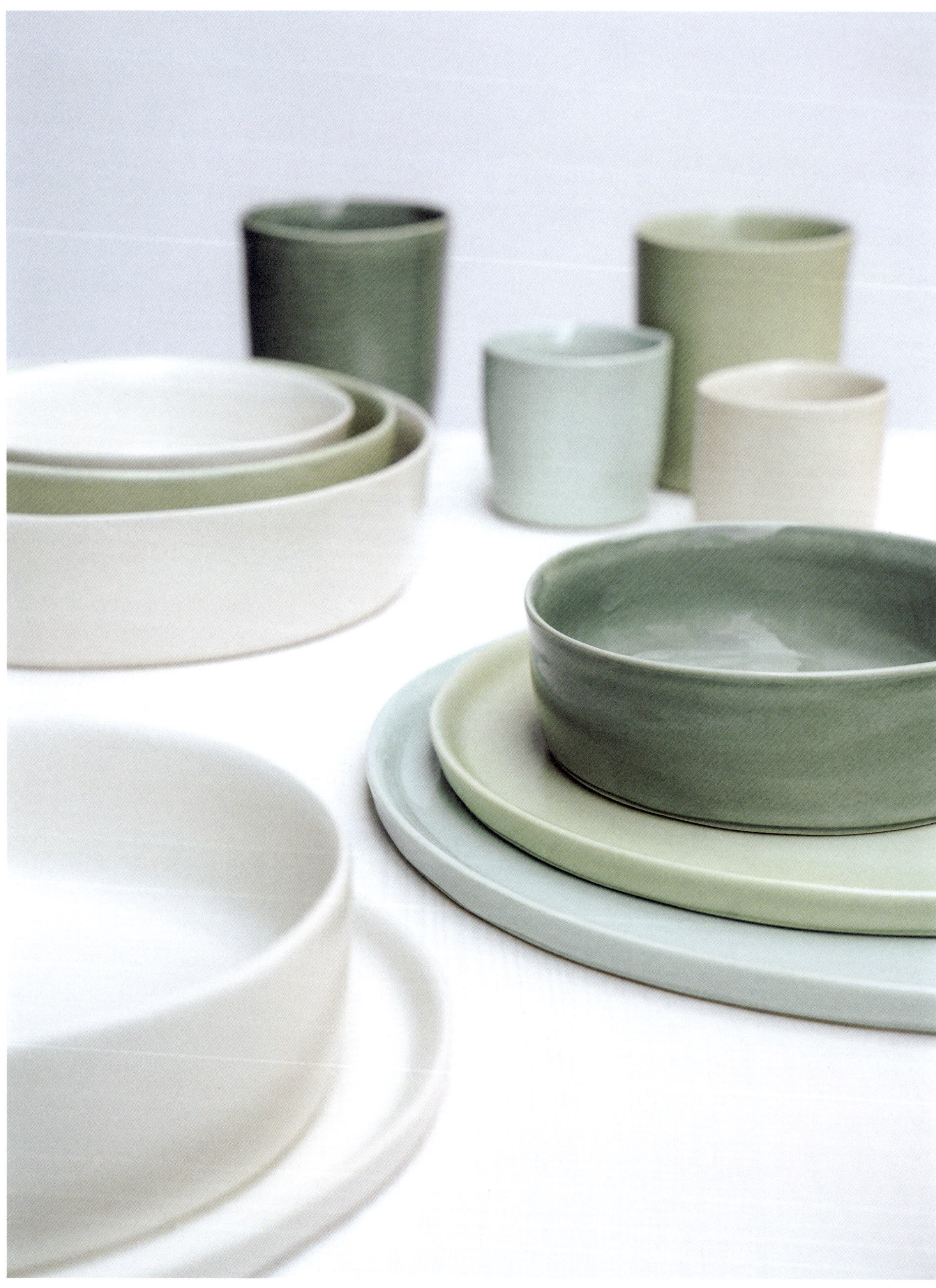

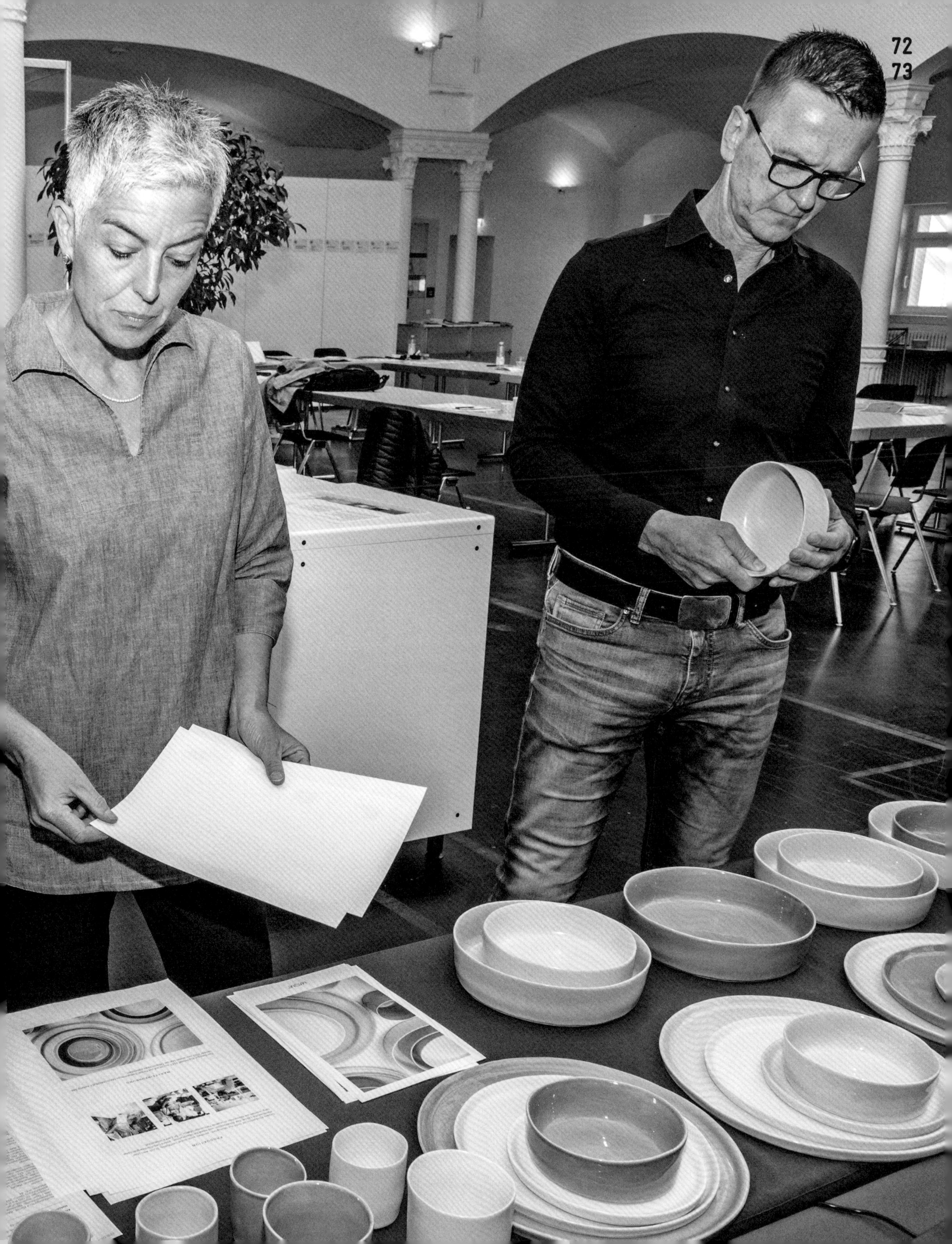

SILVER

VACULID LIGHT + GNONE AUTO

MEHRWEG-SPEISENBEHÄLTER REUSABLE FOOD CONTAINER

JURY STATEMENT

Ein überaus funktionales und bis ins Detail durchdachtes Produkt. Es lässt sich beispielsweise platzsparend stapeln und dennoch bestens greifen. Bestechend ist das Vakuumprinzip, das sich quasi selbst produziert – betätigt man das simple Ventil, kommt es zum Druckausgleich und der Behälter lässt sich einfach öffnen.

An extremely functional product that has been carefully thought through right down to the last detail. Although it has been designed for stacking in order to save space, for instance, it is nevertheless very easy to grip and separate. The principle of a self-generating vacuum is impressive – lifting the simple valve equalises the pressure and allows the container to be opened effortlessly.

HERSTELLER/MANUFACTURER
Rieber GmbH & Co. KG
Reutlingen

DESIGN
Inhouse / In-house

In Zeiten von Kosteneinsparungen und personellen Engpässen stehen auch Groß- und Cateringküchen vor der Herausforderung, ihre Prozessabläufe zu verschlanken und gleichzeitig die Effizienz zu steigern. Hier setzt das neuartige Vakuum-Konzept des Herstellers an: Die vorproduzierten Speisen müssen für den Transport nicht mehr zeitaufwändig umgefüllt werden, sondern verbleiben heiß im Edelstahlbehälter, werden mit dem neu entwickelten Vakuum-Deckel verschlossen und anschließend heruntergekühlt. Dadurch entsteht im Behälter ein Vakuum – ganz ohne den Einsatz von Vakuumpumpen oder vakuumierten Plastikbeuteln. Das Vakuum reicht bei sachgerechter Kühlung aus, um die Speisen auch über eine längere Zeitspanne zwischen Herstellung und Verzehr optimal frisch zu halten.

In times of cost savings and staff shortages, commercial and catering kitchens are faced with the challenge of streamlining their processes while simultaneously improving efficiency. This is where the manufacturer's innovative vacuum concept comes in: the time-consuming step of transferring the pre-produced meals to different containers for transport becomes superfluous. Instead, the hot food remains in its stainless steel container, is sealed with the newly developed vacuum lid and then cooled down. This creates a vacuum in the container – without the need for vacuum pumps or plastic bags. Proper cooling creates enough of a vacuum to ensure optimal freshness even in the case of longer intervals between the production of the food and its consumption.

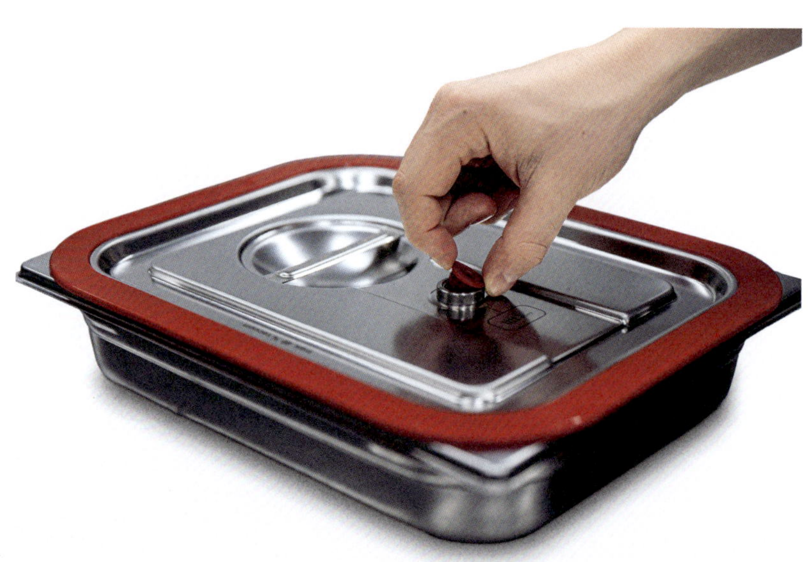

JURY STATEMENT

Die Küche muss nicht mehr
mit der Wohnung verheiratet sein:
Dieses modulare Konzept
macht die Kücheneinrichtung zu
einem jederzeit erweiterbaren
Solitär im Raum, die einzelnen
Elemente sind einfach kombi-
nierbar, die Gestaltung leitet sich
aus der Konstruktion ab – gut
erkennbar an der durchgehenden
Griffleiste.

The kitchen no longer needs
to be inseparably and inalterably
joined with the home: this
modular concept turns the kitchen
furnishings into a standalone
feature that can be extended
whenever required. Combining the
individual elements is simple
and the design is derived from the
construction – as is evident
from the continuous pull used to
open the cabinets.

HERSTELLER/MANUFACTURER
Stadtnomaden GmbH
Riedhausen

DESIGN
Inhouse / In-house

Heutige Küchen sind Lebensräume, die im besten Fall optimal auf die Bedürfnisse ihrer Nutzer:innen abgestimmt sind. Genau das ist der Ansatz des zerlegbaren Küchensystems Modular, das von der kleinen Apartment- oder Office-Küche bis zur großen Familienküche flexible und erweiterbare Zusammenstellungen erlaubt.

Die einzelnen Module, allseitig wie ein Möbelstück gestaltet, sind in zwei unterschiedlichen Modulbreiten und -höhen und verschiedenen Farben erhältlich. Bei geringem Platzangebot lassen sie sich per Magnetverbindung koppeln, sind Nischen oder Zwischenräume vorhanden, können diese durch einsetzbares Zubehör wie ein Schneidbrett oder ein Abtropfgitter clever genutzt werden. Abnehmbare Rückwände ermöglichen Installationen und Verkabelungen ohne handwerkliche Eingriffe.

Today's kitchens are living spaces and – at their best – optimally geared to the needs of their users. That's precisely the approach taken by the Modular kitchen system: because it can be taken apart and reassembled as required, it permits flexible and extendable combinations for rooms of any size – from the kitchen in a small apartment or office all the way to a big family space.

The individual modules, designed like a piece of furniture on all sides, are available in two different widths and heights and various colours. When space is in short supply they can be joined using magnetic connectors, and there are some clever options for making the most of recesses or gaps by inserting accessories such as a chopping board or draining rack. Thanks to removable back panels, no intervention or modifications are required to accommodate appliances or their cables.

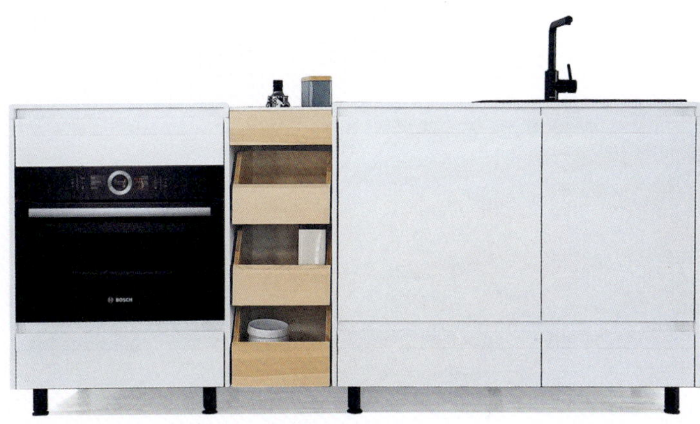

SPECIAL MENTION

MONO V

BESTECKSERIE
CUTLERY SERIES

HERSTELLER/MANUFACTURER
Mono GmbH
Mettmann

DESIGN
Studio Mark Braun
Berlin

Seit mehr als 60 Jahren ist die Firma Mono im Bereich Tableware eine feste Größe. Die bereits 1959 konzipierte Besteckserie Mono A ist mit ihrer radikal reduzierten Formensprache längst zum Designklassiker avanciert. Die sechs Teile umfassende Besteckserie Mono V setzt nun erneut Maß- stäbe – sowohl im Hinblick auf die Form als auch auf ressourcenschonen- den Materialeinsatz. Ideengeber war eine herkömmliche Einweggabel mit ihrer charakteristischen V-Prägung des Griffs, die dem Besteckteil Stabilität und Stapelbarkeit verleiht. Der Besteckrohling wird aus einem nur 1,5 Millimeter dünnen Edelstahlblech vorgestanzt – das erspart das sonst übliche, mehrgängige Walzen der Metallbleche. Anschließend wird das noch flache Besteckteil mit 120 Tonnen Drucklast in seine mar- kante Form gebracht, die ihre Spannung aus dem Wechselspiel zwischen kantiger Erscheinung und organischen Linien bezieht.

Mono has been a constant in the tableware sector for more than 60 years. Dating all the way back to 1959, the Mono A cutlery series speaks a radically pared down design language that has long since elevated it to classic status. Now the six-piece Mono V series is setting new standards too – in terms of both its form and its resource-friendly use of materials. The inspiration for the idea came from a conventional disposable fork and its characteristic handle: the V-shaped profile not only ensures stability but makes the cutlery stackable as well. The cutlery blanks are pre- punched out of a sheet of stainless steel with a thickness of just 1.5 milli- metres – thereby saving the entire process of rolling the metal in multi- ple steps. Then the cutlery – which is still totally flat at this stage – is pressed into its striking shape using a load of 120 tonnes. The combination of an angular aesthetic and organic lines is intriguing.

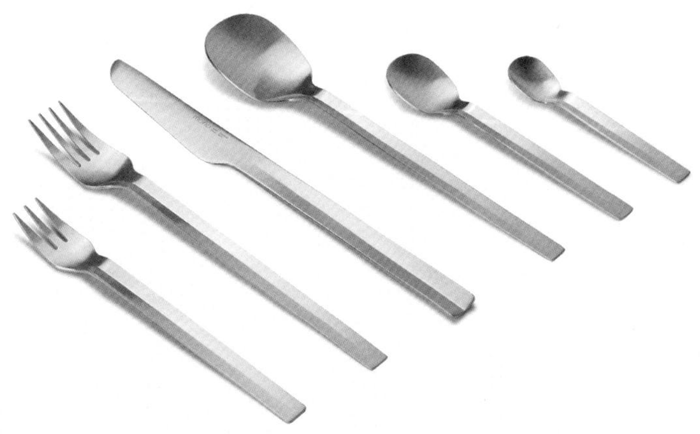

HERSTELLER/MANUFACTURER
Alfred Kärcher SE & Co. KG
Winnenden

DESIGN
Inhouse / In-house

Kabellose Staubsauger sind durch das fehlende Kabelgewirr angenehm im Handling und heutzutage sehr leistungsfähig. Bei diesem Modell entfällt zudem durch den komfortablen Caps Lock das permanente Drücken der Powertaste. Neben einer übersichtlichen Batteriestatusanzeige, die auch Störungen im System meldet, macht die LED-Beleuchtung an der Bodendüse auf versteckte Staubkonglomerate aufmerksam.

Der leistungsstarke 250-Watt-Motor ermöglicht in Kombination mit einer Akkulaufzeit von 50 Minuten müheloses Saugen auch größerer Wohnflächen. Nach dem Einsatz lässt sich der Akku-Sauger ganz einfach und platzsparend in eine Wandhalterung mit integrierter Ladeoption einhängen.

Besides being pleasant to handle due to the absence of cables, today's cordless vacuum cleaners also deliver a very powerful performance. And in the case of this model, you don't even have to keep the power button held down thanks to the convenient »caps lock«. In addition to a clearly designed battery status indicator that also signals any errors in the system, the LED lighting on the floor nozzle exposes any dirt or dust that might otherwise escape the user's attention.

In combination with a run time of 50 minutes, the high-performance 250-watt motor means that even larger floor areas can be effortlessly vacuumed on a single charge. After use, the cordless vacuum is simply hooked into a space-saving wall bracket with integrated charging option.

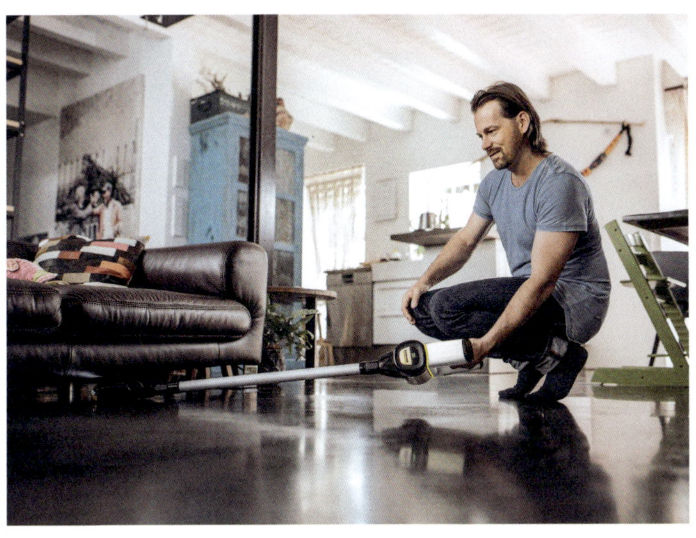

HERSTELLER/MANUFACTURER
Maomi
Mannheim

DESIGN
Inhouse / In-house

Keine Massenware, sondern sorgfältig von Hand gefertigte Unikate –
die Geschirrserie basiert auf traditioneller Handwerkskunst und auf der
Zusammenarbeit mit einem Künstler, der sich seit vielen Jahren mit
Celadonfarben befasst. Für den Herstellungsprozess werden seine von
Hand getöpferten Prototypen abgeformt, glasiert und anschließend gebrannt. Die Farbgebung der Serie – Weiß, zwei matte Grüntöne und ein
lichtes Blau – ist von der Celadonglasur des antiken China inspiriert. Die
Serie umfasst drei Tellergrößen, drei Schalenvarianten und zwei verschiedene Tassenformen, die sich spielerisch und individuell kombinieren lassen.

Produziert wird die Serie bei einem Partnerunternehmen in Sri
Lanka, das Teil einer internationalen Entwicklungskooperative ist, die sich
für sozial und ökologisch nachhaltige Produktionsbedingungen einsetzt.

Rather than being mass-produced, each item is meticulously produced
by hand and therefore unique: the series of tableware is based on traditional craftsmanship and results from the manufacturer's collaboration
with an artist who has been exploring celadon colours for many years.
For the production process, his hand-made prototypes are used to mould
the stoneware, which is then glazed and fired. The colours featured in
the series – white, two shades of matt green and a pale blue – are inspired
by the celadon glaze that originated in ancient China. The collection includes three sizes of plate, three bowl variants and two different cups for
playful, individual mix-and-match combinations.

The partner company that produces the series in Sri Lanka is
part of an international development cooperative that champions socially
and ecologically sustainable production conditions.

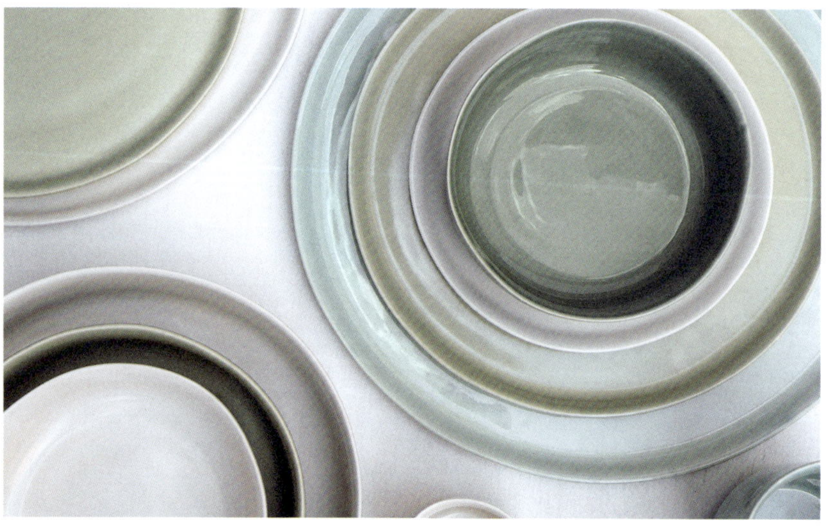

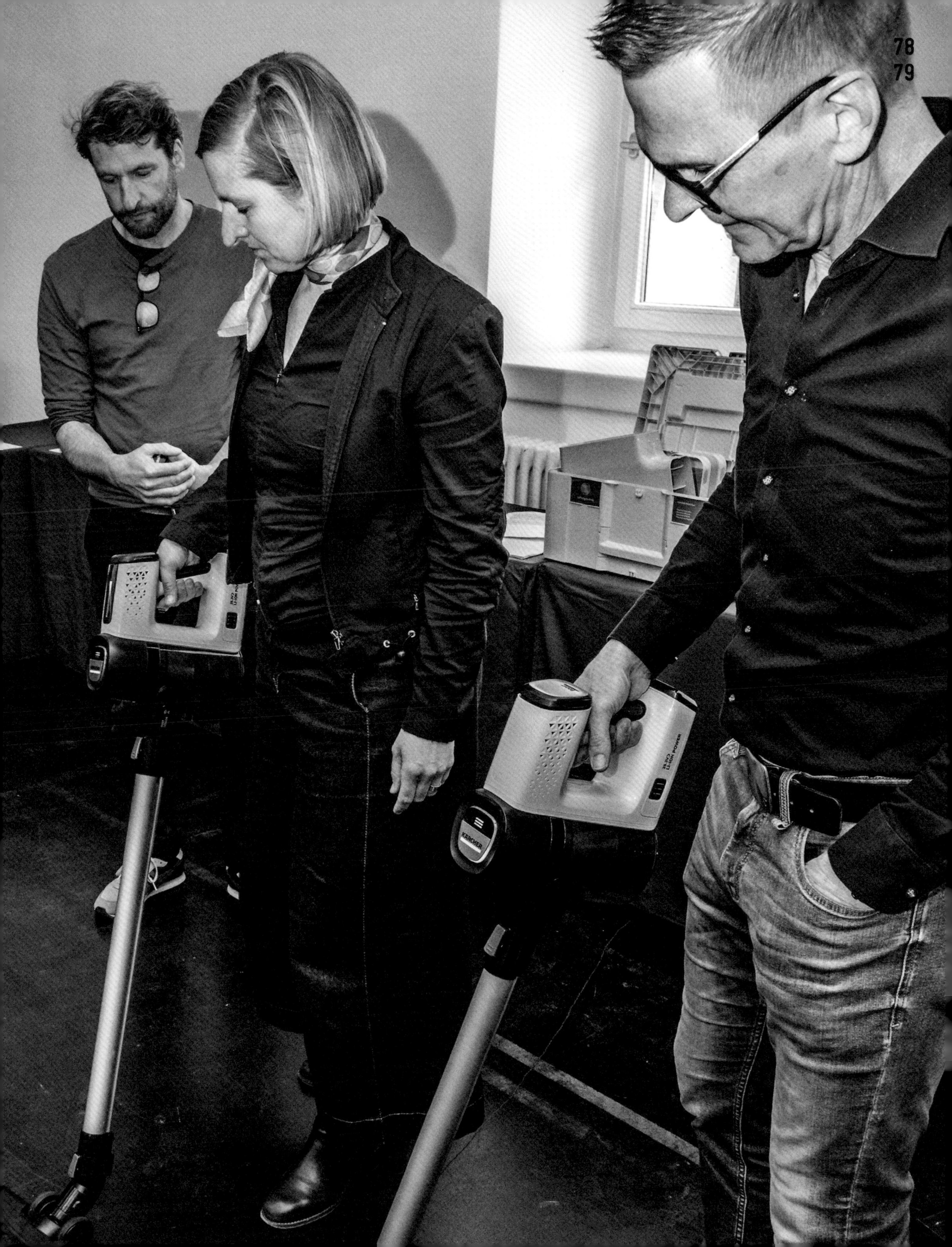

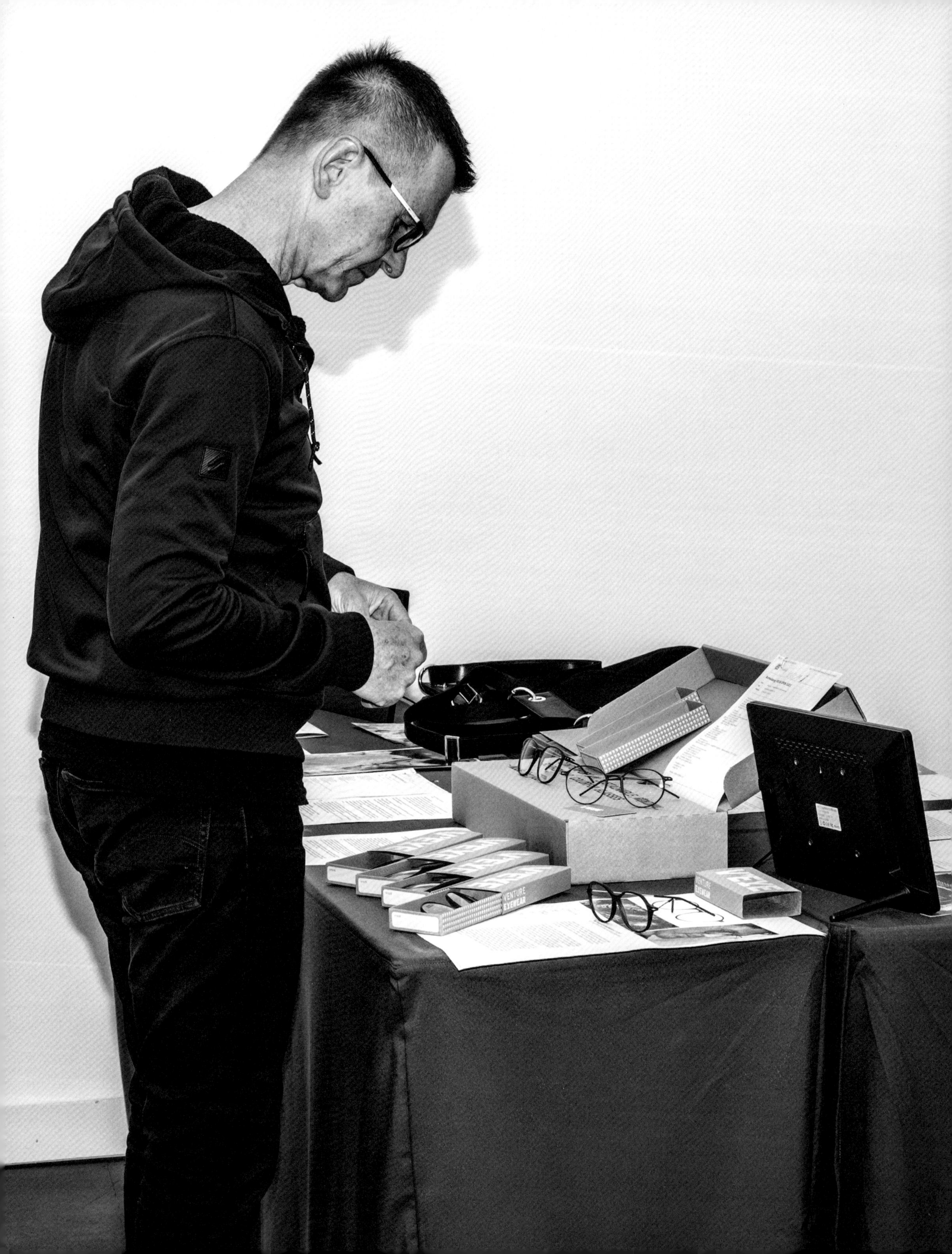

»Es ist entscheidend, Designer:innen schon in der Konzeptphase in gemischte Entwicklungsteams mit Ingenieur:innen einzubinden.«

»It's crucial to involve designers with engineers in mixed development teams right from the concept phase.«

Matthias Bohner studierte an der Stuttgarter Akademie der Künste Industrie- und Produktdesign, gründete zusammen mit zwei Partnern das Büro Bohner-Lippert-Bachmayer, dann sein eigenes Designbüro. Von 2007 bis Ende 2022 war er als Leiter Systementwicklung und Design bei der Ads-Tec GmbH angestellt, aktuell arbeitet er bei der Solarmax GmbH als CTO und Geschäftsführer.

www.solarmax.com

Matthias Bohner studied industrial and product design at the Stuttgart Academy of Arts. After establishing the Bohner-Lippert-Bachmayer design office with two partners, he proceeded to open his own design office. From 2007 until the end of 2022, he was the head of system development and design at Ads-Tec GmbH and currently works at Solarmax GmbH as CTO and Managing Director.

www.solarmax.com

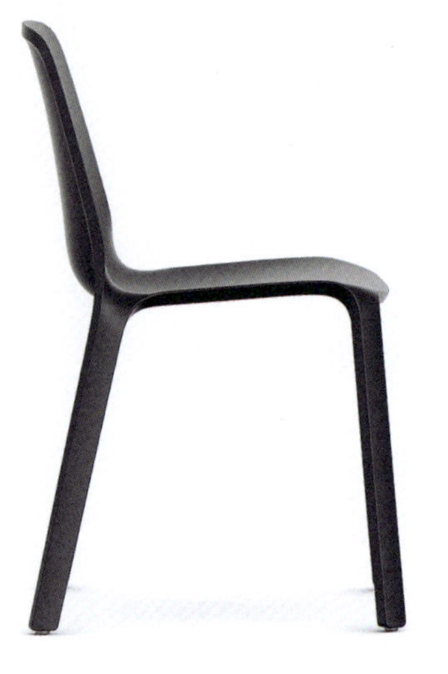

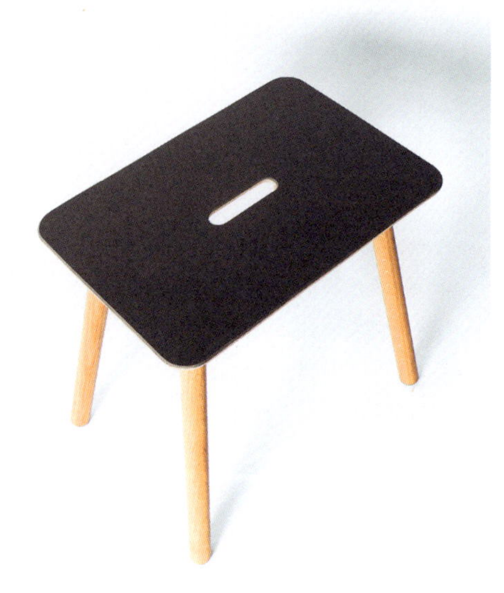

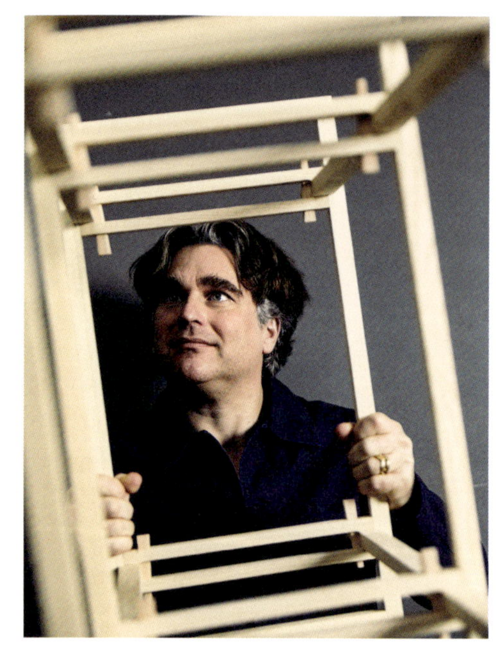

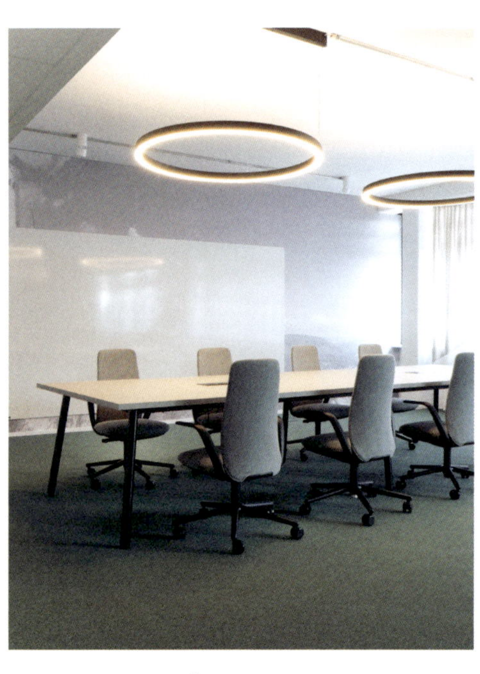

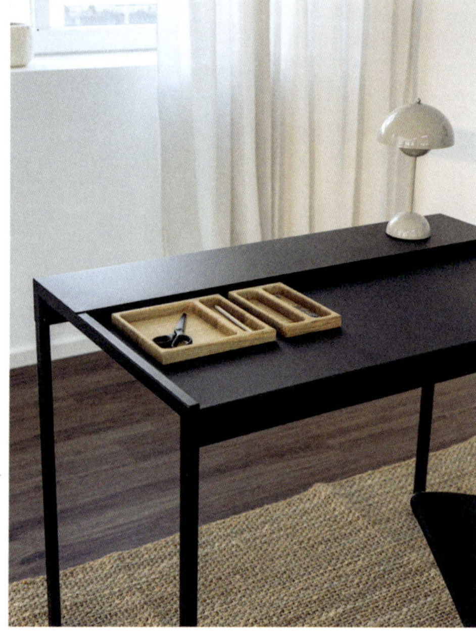

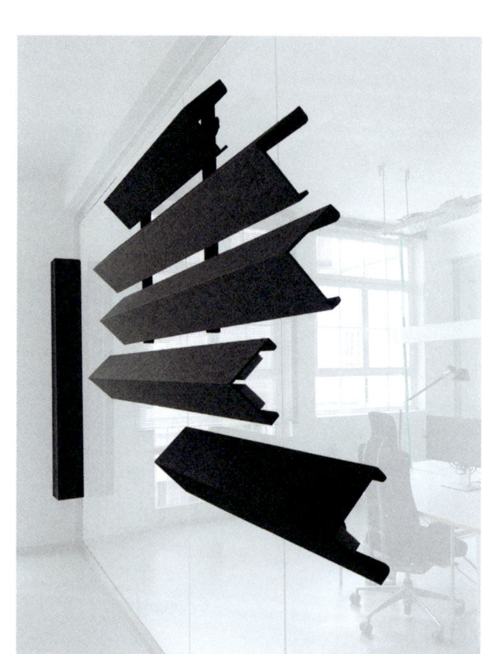

Ein Stuhl, ein Tisch, ein Bett und ein Regal – was braucht man mehr? Und doch ist das Universum der Möbel immens weit, wandelt sich stetig, erneuert sich und spielt mit Volumina, Materialien, Oberflächen, Farben. Möbeldesign ist eine der populärsten Gestaltungsdisziplinen, die gerade in Zeiten des Homeoffice ganz neu durch die Prämissen Flexibilität und Funktionalität gefordert wird.

A chair, a table, a bed and a shelf – what more could anyone want? And yet the world of furniture is huge, changes constantly, reinvents itself and plays with volumes, materials, finishes and colours. Furniture design is one of the most popular design disciplines of all – and in the era of the home office, it is facing totally new challenges in terms of flexibility and functionality.

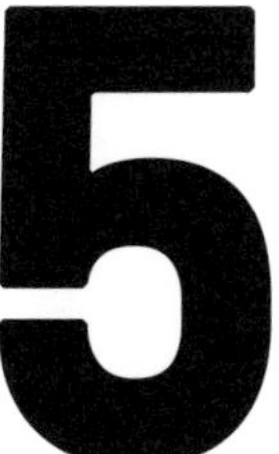

MONOIS1

STUHL

FOCUS GOLD

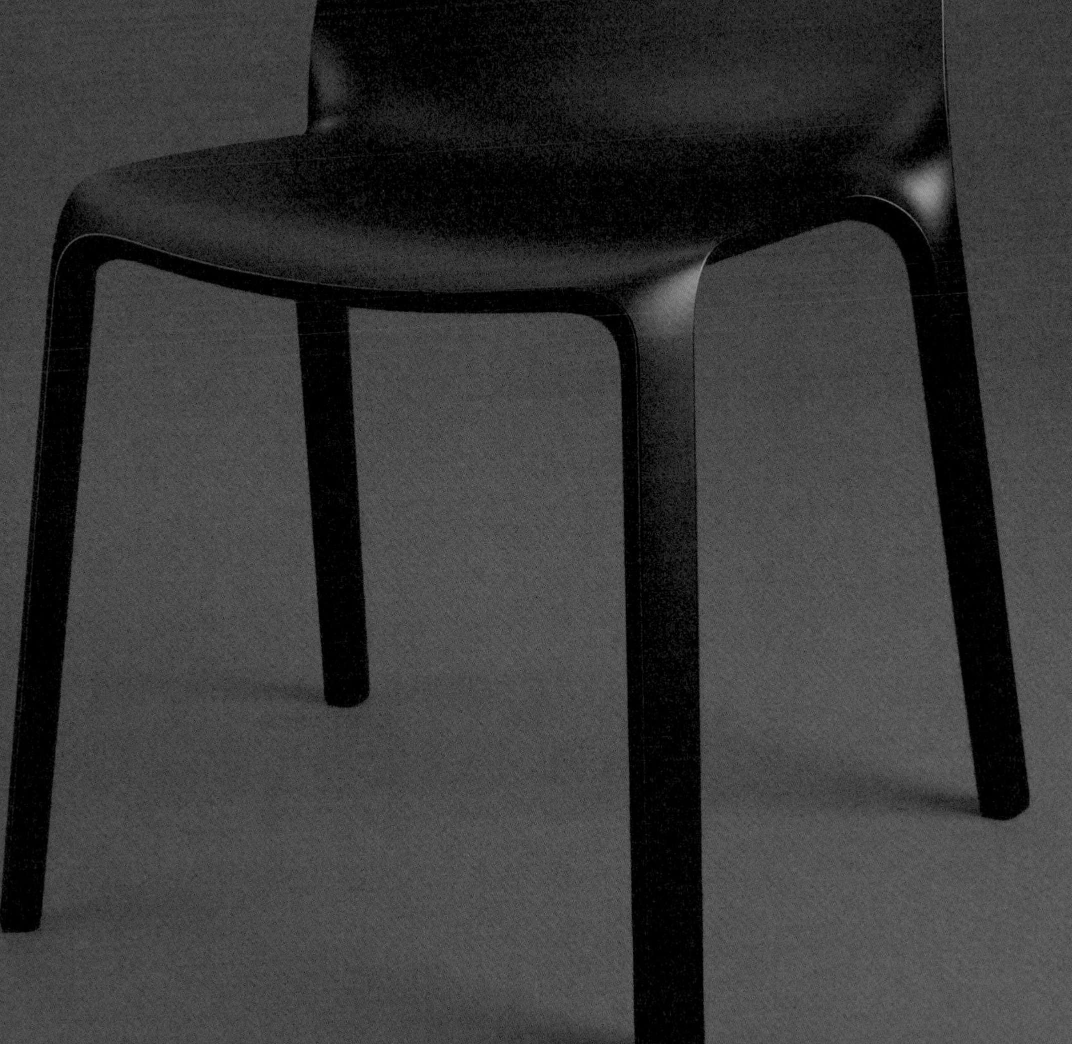

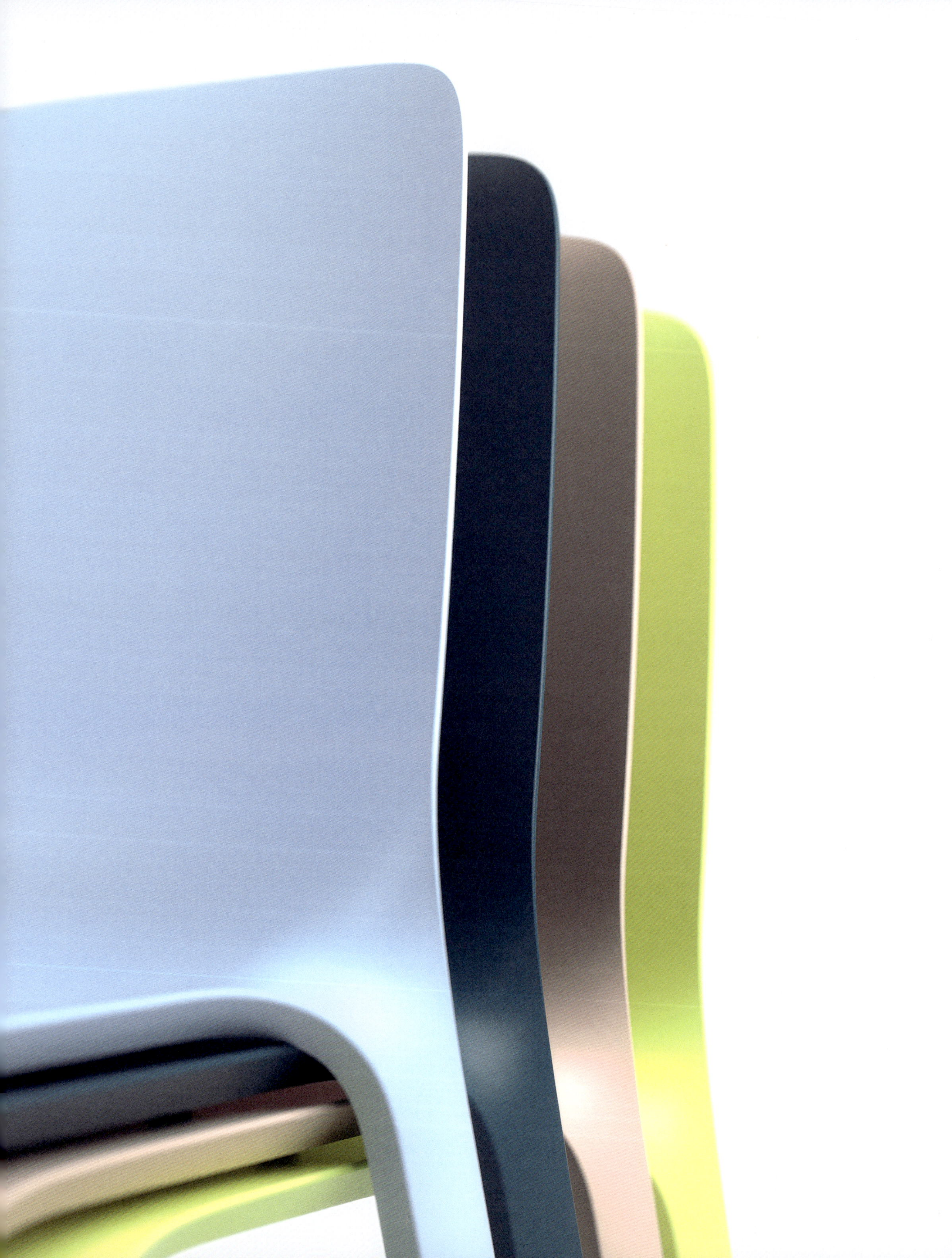

JURY STATEMENT

Bequem ist er auf jeden Fall, gut
stapelbar obendrein und dank
seiner fließenden Formensprache,
der Detaillierung sowie den gut
abgestimmten Proportionen visuell
sehr gut gelungen. Auch vor dem
Hintergrund der Einschränkungen,
die das Prinzip des Monomaterials
mit sich bringt. Letztlich setzt
der Stuhl wichtige Zeichen für den
künftigen und nachhaltigen industriellen Umgang mit Kunststoffen.

Besides being extremely comfortable, the chair is easy to stack and
very attractive to look at thanks
to its fluid design language, detail-
ing and harmonious proportions.
Even given the limitations that the
mono-material principle entails,
the chair points the way ahead
in terms of how industry can take
a more sustainable approach to
plastics in future.

HERSTELLER/MANUFACTURER
Interstuhl
Büromöbel GmbH & Co. KG
Meßstetten-Tieringen

DESIGN
ID Aid GmbH
Stuttgart

Auf den ersten Blick entspricht der Stuhl dem klassischen Vierfuß-Kon-
zept, entpuppt sich aber schnell als eine eigenständige Weiterentwicklung.
Erkennbar wird dies an den spannungsvollen Flächen, den prägnanten
Linienführungen und den fließenden Formübergängen. Diese stehen auch
mit dem Produktionsverfahren in Verbindung, denn der Stuhl entsteht in
einem Stück per Spritzgussverfahren. Zusätzlich wurden die Querschnitte
aller Bereiche auf minimalen Materialeinsatz hin optimiert, ohne dabei
Komfort oder Robustheit einzuschränken. Der sogar für den Außenbereich
geeignete Stuhl ist fünffach stapelbar und mit einem Gewicht von 4,3
Kilogramm noch gut beweg- und tragbar.

Und weil komplett aus sortenreinem Polypropylen bestehend, fällt
das Recycling am Ende des Life-Cycles leicht – vorausgesetzt, der Stuhl
findet den Weg zurück in den Kreislauf.

Although at first glance the chair conforms to the classic four-legged
concept, it quickly reveals itself to be a distinctive development in its own
right, as is evident from the attractive surfaces, striking lines and fluid
transitions between forms. The latter are due in part to the production process, because the chair is injection moulded in a single piece. In addition,
the cross-sections of all areas have been optimised to keep the amount
of material used to a minimum without sacrificing comfort or sturdiness.
The chair is even suitable for outdoor use, can be stacked in fives and is
easy to move and carry thanks to a weight of just 4.3 kilograms.

What's more, because it's made entirely of a mono-material
(polypropylene), the chair is easy to recycle at the end of its useful life –
provided of course that it's returned to the loop.

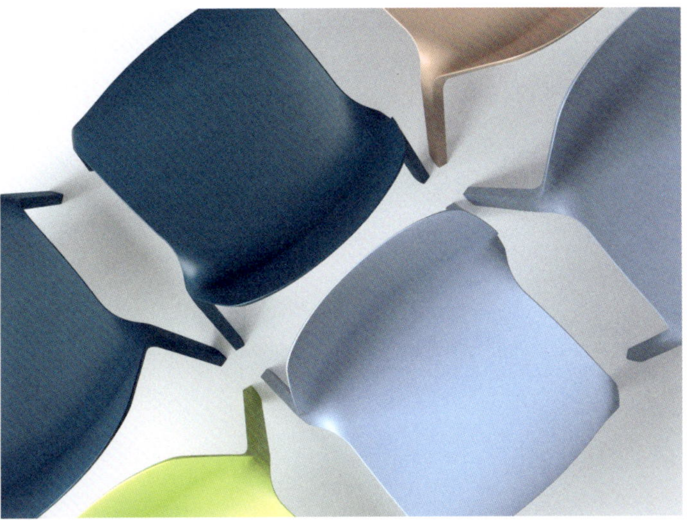

SVEN VON BOETTICHER   GESCHÄFTSFÜHRER, ID AID GMBH

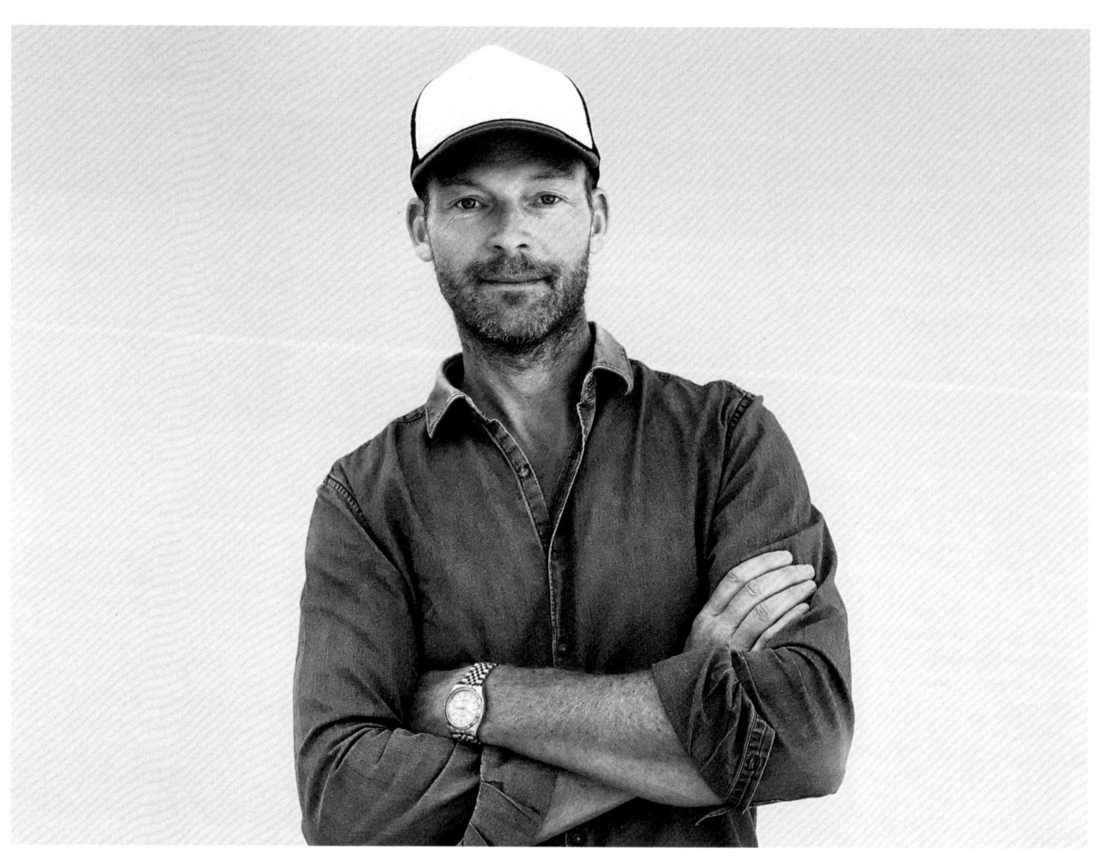

»Design und Engineering optimierten sich in Schleifen sozusagen gegenseitig.«

»Design and engineering worked closely together here.«

→ **Eigentlich gibt es bereits Stühle für fast alle Gelegenheiten – was hat Sie dazu bewogen, einen weiteren zu entwerfen?**
Wir arbeiten schon geraume Zeit für den Hersteller und haben eine Lücke im Portfolio identifiziert, die nach einem universell nutzbaren Stuhlmodell rief. Ein Stuhl, der in der Kantine, in Vortragsräumen, auf Terrassen funktioniert. Die ersten Ideen und Studien haben wir auf eigene Initiative entwickelt. Interstuhl hat das dann aufgegriffen.

Wie verlief dann der Weg von der Studie zum Projekt?
Unsere Intention war ja, einen Monoblock-Stuhl zu schaffen, der einfach zu produzieren ist, neuartig und ästhetisch ansprechend wirkt. Im Verlauf des Entwicklungsprozesses erkannten wir, dass die Sache doch komplexer als zunächst angenommen war. Es kamen schnell weitere Vorgaben hinzu, beispielsweise die Stapelbarkeit, die statischen Anforderungen, die Materialreduktion und logistische Aspekte. Da der Stuhl als Ganzes in den Versand geht, galt es, die Transportvolumina optimal zu nutzen. All das wirkte auf den Entwurfsprozess zurück.

Wie intensiv war die Kooperation mit dem Engineering?
Sehr intensiv und deutlich stärker als üblich. Da der Stuhl in einem Schuss per Spritzguss produziert wird, wurde das Fließverhalten des Materials immer wieder simuliert. Darauf haben wir in bestimmten Bereichen, zum Beispiel an Formübergängen, reagiert. Design und Engineering optimierten sich in Schleifen sozusagen gegenseitig. Auch der Prototypenbau war aufwendiger als sonst, wir haben dabei Originalmaterial verwendet, also faserverstärktes Polypropylen, um das Sitzgefühl sowie den Flex der Rückenlehne so seriennah wie möglich zu testen.

Polypropylen lässt sich eigentlich gut recyceln. Wie steht es um diesen Aspekt?
Das stimmt, das Material ist gut für ein Recycling geeignet. Daher arbeitet der Hersteller auch an einem entsprechenden Verfahren für die systematische Rückführung.

War das auch der Grund für die Entscheidung für Polypropylen?
Nicht nur, ein wesentlicher Grund war der berührungsfreundliche Charakter der PP-Oberfläche. Zudem verhält sich PP flexibler als Polyamid, das sonst oft genutzt wird. Wir haben dann die Wandstärken und Dimensionierungen materialspezifisch angepasst. Letztlich spielte auch die UV-Beständigkeit eine Rolle, denn der Stuhl soll ja auch im Außenbereich stehen können.

Ein Stuhl sollte zum einen leicht sein, wegen des Handlings. Auf der anderen Seite darf er schon etwas wiegen, der Wertigkeit wegen. Ist das ein Zielkonflikt?
Die Gewichtsoptimierung war vor allem von den Aspekten Transport und Materialreduktion getrieben. Die Wertigkeit haben wir nicht über die Masse des Stuhls abgebildet, sondern über seine formale Ausdifferenzierung.

Sven von Boetticher gründete das Studio ID AID im Jahre 2011. Der Schwerpunkt liegt auf den Bereichen Produktgestaltung und Branding sowie auf der Entwicklung innovativer Designkonzepte. Interior-Design sowie Architektur ergänzen die Kernaktivitäten des Stuttgarter Büros.

www.idaid.com

→ **There are already chairs for almost every occasion. Why did you feel the need to design another one?**
We had been working for the manufacturer for some time when we identified a gap in the product range for a chair that could be used universally – one that would work equally well in a cafeteria, a lecture room or a patio. We took the initiative and developed the initial ideas and studies, which Interstuhl subsequently adopted.

How did you transition from the study phase to the project phase?
Our idea was to create a monobloc chair that was easy to produce, novel and aesthetically pleasing. We realised during the development phase that the task was more complex than we had originally thought. We promptly incorporated additional specifications, such as stackability, minimum structural requirements as well as strategies for minimising material usage and logistical considerations. Since the chair would be shipped fully assembled, optimising the use of transport space was another priority. All of this had an impact on the design process.

How close was the partnership with engineering?
Very close and much more intensive than usual. As the chair is manufactured in a single injection moulding process, we conducted multiple iterations of material flow behaviour. We paid attention to certain areas such as shape transitions, for example. Design and engineering worked closely together here. Building the prototype was also more complex than usual. We used original material (fibre-reinforced polypropylene) to ensure that the feel of the seat and the flexibility of the backrest would be as close as possible to the manufactured product.

Polypropylene is actually easy to recycle. What are your views on this?
That's right – the material is well suited to recycling. The manufacturer is in fact also working on a process for end-of-life recycling.

Was that one of the reasons for choosing polypropylene?
Not only that – a key reason was the user-friendly nature of the PP surface. PP is also more flexible than polyamide, which is often used. We then adapted the wall thicknesses and dimensions to suit the material. UV resistance was another factor in our decision to use PP, because we wanted a chair that could be left outdoors.

A chair needs to be lightweight for ease of handling, yet adding weight can also enhance its perceived value. Is there a potential conflict between these two objectives?
Weight optimisation was driven mainly by the transport and material reduction requirements. We communicate the chair's value not through its weight, but rather through its distinct design and aesthetic features.

Sven von Boetticher founded the ID AID design studio in 2011, focusing on product design and branding as well as on the development of innovative design concepts. The Stuttgart-based office also offers expertise in interior design and architecture.

www.idaid.com

TAU
HOCKER

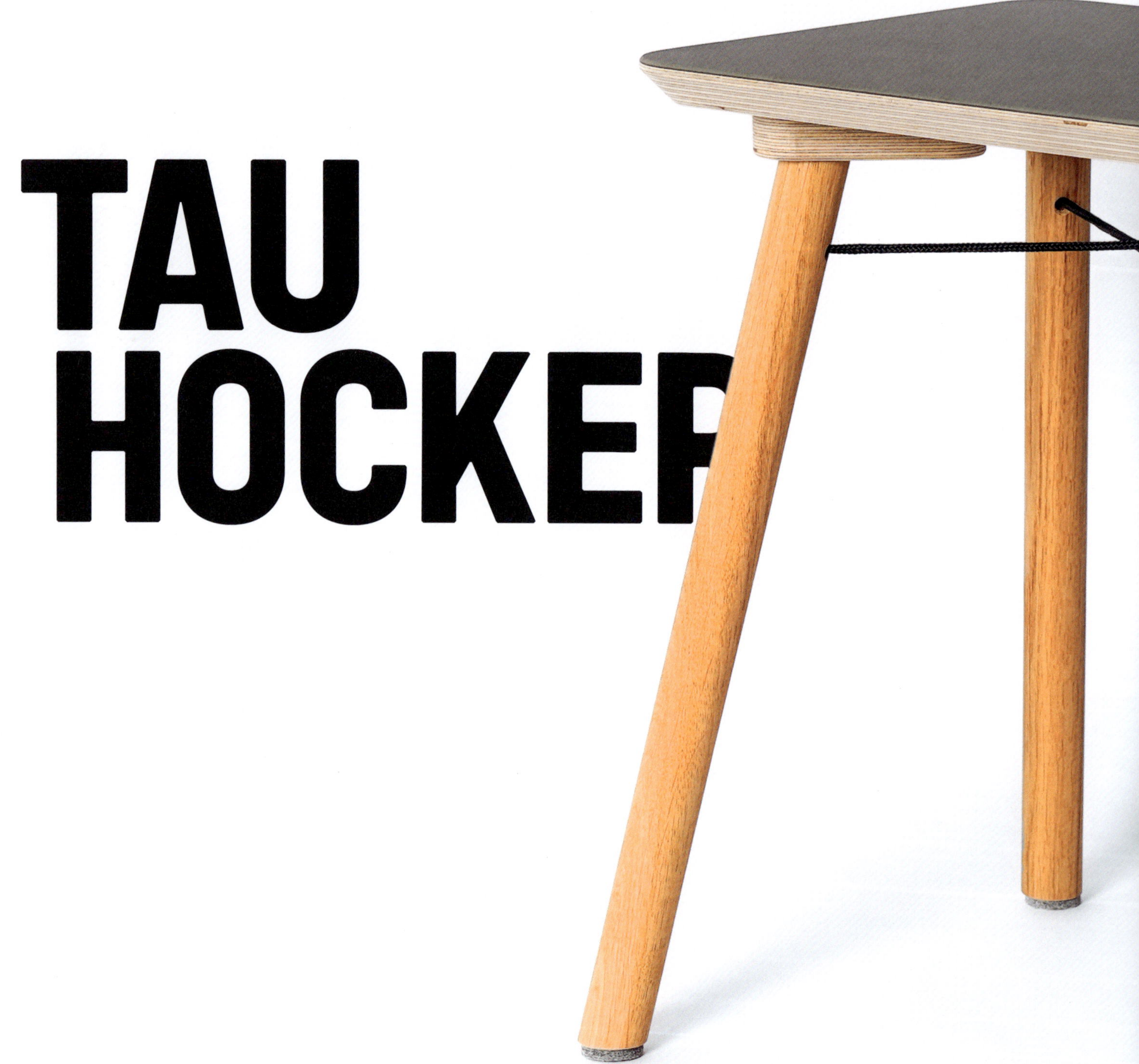

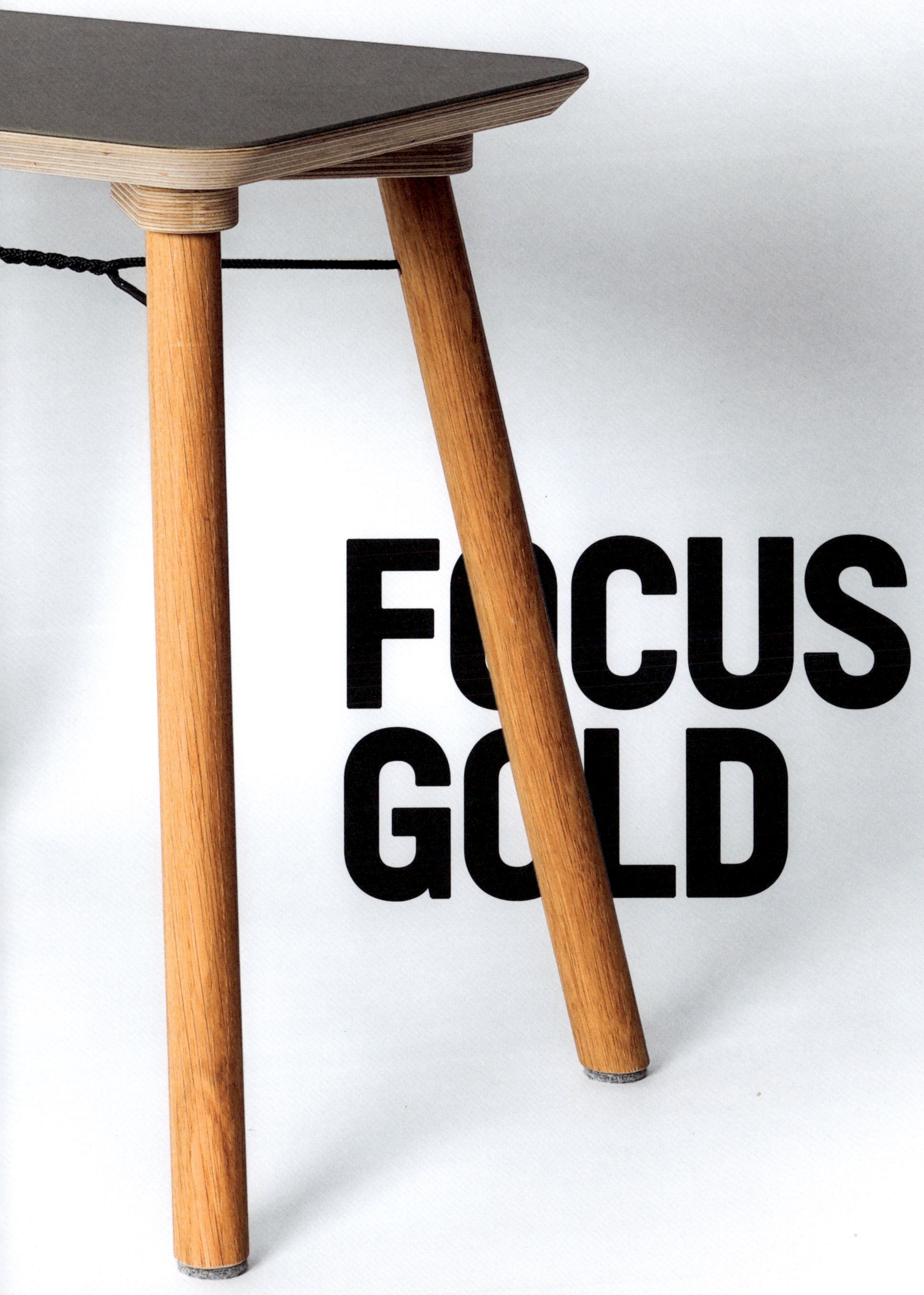
FOCUS
GOLD

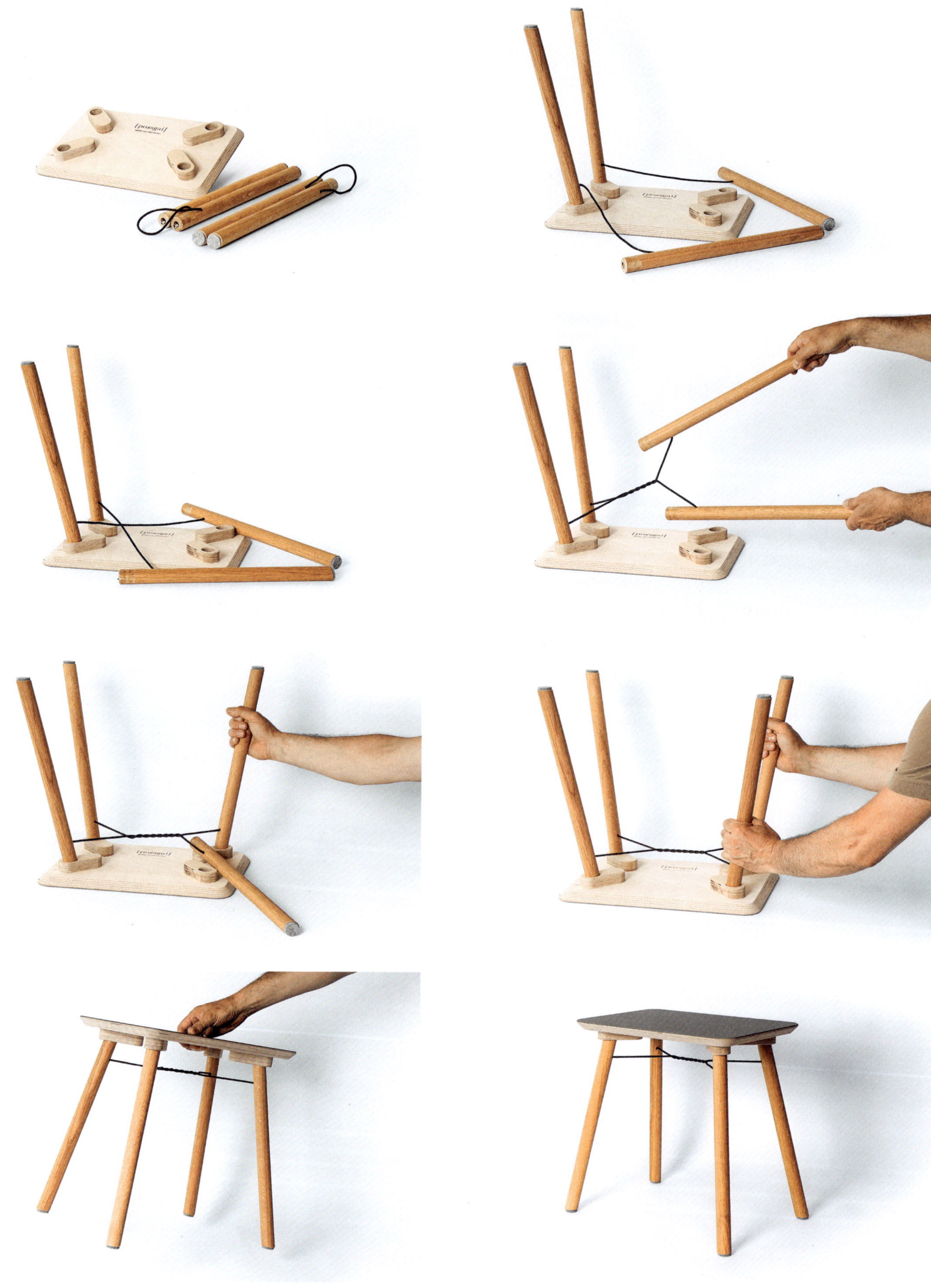

JURY STATEMENT

Ein durch die Verschnürung
genial simples Produkt, handwerklich gedacht und konzipiert, extrem
modern und in sich wunderbar
stimmig. Mit seiner Vielseitigkeit
ist der Hocker eine Art Gegenent-
wurf zu den vielen spezialisierten
Produkten, die uns angeboten
werden. Anders als bei den meisten
Möbeln ist auch die Ansicht von
unten erfreulich gestaltet.

The twisted cord makes this an
ingeniously simple product based
on an artisanal approach and
concept, yet extremely modern
and wonderfully consistent all the
same. Because of its versatility,
the stool represents a convincing
alternative to the many specialised
products that surround us. And
unlike most furniture designs, the
underside is just as attractive as
the rest.

HERSTELLER/MANUFACTURER
Pozsgai Möbelschreinerei
Heitersheim

DESIGN
Inhouse / In-house

Ein Hocker ist meist nicht nur ein Sitzmöbel, sondern viel mehr. Er kann als Ablage dienen, als Leiterersatz, als Spieltisch, als Nachttisch – um nur einige Optionen zu nennen. Es handelt sich um eine Art Universalmöbel, das sich auf unterschiedlichste Weise aneignen lässt, im besten Sinne multifunktional ist.

Tau ist die zeitgemäße Interpretation eines ganz traditionellen Möbels und in zwei Größen erhältlich, also mal eher Schemel, mal Hocker. So vereinfacht das Möbel an sich ist, so einfach ist auch der Zusammenbau. Die Beine aus geölter Eiche werden lediglich in die Sitzfläche eingesteckt. Für Fixierung und Aussteifung sorgt ein Polypropylen-Seil: in sich verdrillt, verspannt es die Beine gegeneinander und verhindert so deren Herausfallen. Dank dieses fast schon spielerischen Prinzips kann der Hocker werkzeuglos von den Nutzenden selbst montiert werden – und lässt sich platzsparend lagern sowie versenden.

A stool is usually far more than just a seat. It can be used as a shelf, a ladder substitute, a games table, a nightstand – to name just a few of the options. You could say it's a piece of universal furniture that can serve all sorts of purposes and is multifunctional in the best possible sense.

Tau is a contemporary interpretation of a very traditional item of furniture and available in two sizes, the smaller of which is more like a footstool. What's more, the simplicity of the furniture itself means it's easy to put together as well: the oiled oak legs are simply inserted into the seat. A polypropylene rope is used to hold them securely in place and reinforce the construct: twisted around itself, it braces the legs against one another and prevents them from falling out of the seat. This almost playful principle provides a space-saving solution for storage and transport and means the stool can be assembled without the need for tools.

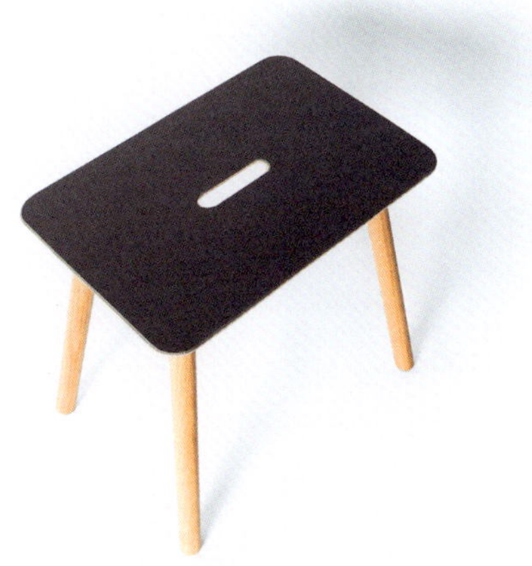

RAPHAEL POZSGAI   INHABER,
POZSGAI MÖBELSCHREINEREI

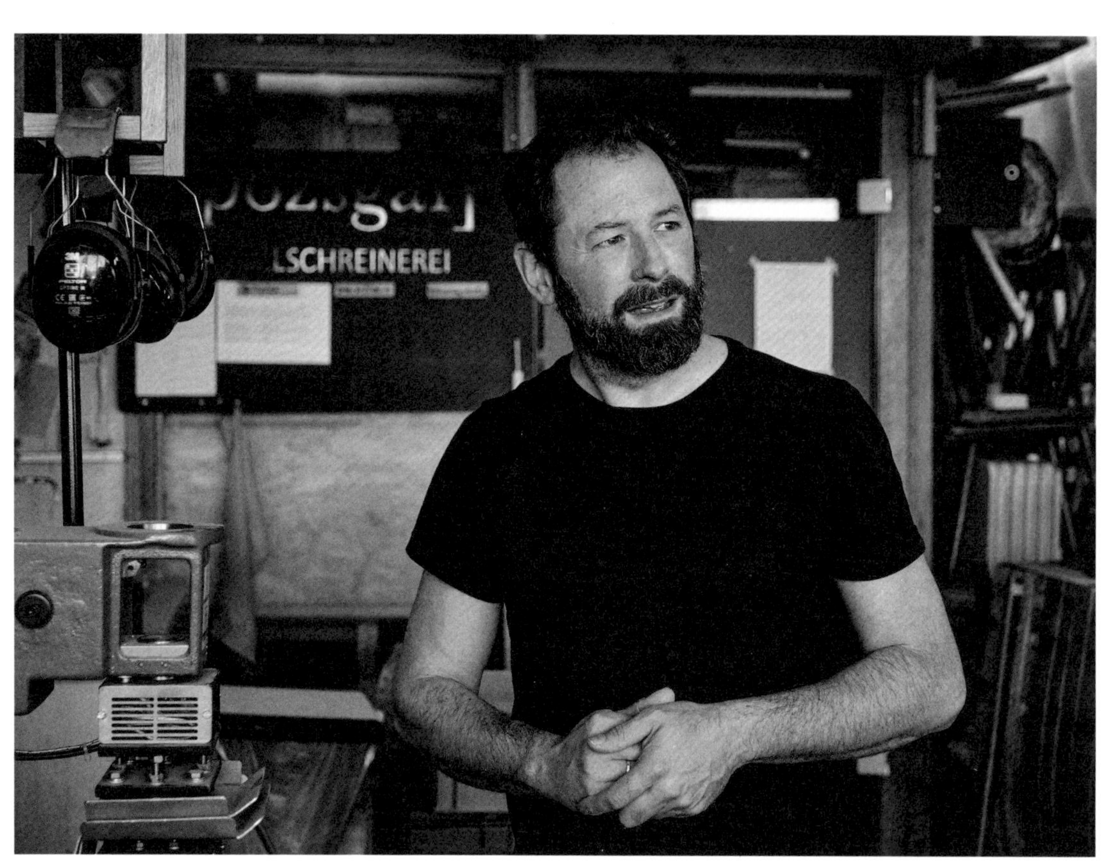

»Für mich ist das Handwerk die Grundlage für jede Gestaltung.«

»For me, craftsmanship is the foundation of any design.«

→ **Ein Hocker ist ein sehr mini-
malistisches Möbel – wieso haben
Sie den Typus aufgegriffen?**
In Sachen Sitzkomfort ist ein Stuhl
dem Hocker zwar dank seiner Rückenlehne deutlich überlegen. Kommen jedoch Aspekte wie Platz, bes-
ser gesagt Platzmangel, oder eine
Mehrfachnutzung als Beistellmöbel,
Nachtkästchen oder Trittschemel
hinzu, dann wird der Hocker zum
echten Helfer im Haushalt. Und beim
kurzzeitigen Sitzen wird die Rückenlehne sowieso überflüssig. Kurze
Besprechungen gehen dann tatsächlich locker vom Hocker.

**Was hat Sie eigentlich auf
die geniale Idee der
Verschnürung gebracht?**
Die Not, eine Lösung zu finden. Denn
wir wollten einen Hocker bauen, der
wenig Lagervolumen in Anspruch
nimmt und von den Kund:innen einfach zusammengebaut werden kann.
Und klar, wir wollten auch etwas
Cooles und Neues.
Die Verwendung eines Seils im
Möbelbau war uns bereits bekannt.
Beim Experimentieren haben wir
dann auf spielerische Art und Weise
herausgefunden, dass man die Ho-
ckerbeine wie Klüpfel oder Schlägel
verwenden und so die notwendige
Spannung aufbauen kann. Es war also Zufall.

**Tau fertigen Sie – wie alle Ihre
Produkte – im handwerk-
lichen Maßstab. Welchen Ein-
fluss hat das auf das Design?**
Für mich ist das Handwerk die Grundlage für jede Gestaltung. Ich ent-
werfe nur, was ich in unserer Werk-
statt auch handwerklich herstellen
kann. Außerdem bin ich bemüht,
einen roten Faden sichtbar zu machen,
der sich durch meine Produkte zieht.

**Und wie würden Sie diesen
roten Faden beschreiben?**
Hm, gute Frage. »Reduce to the max«
hieß es mal in der Smart-Werbung.
Dieses Motto passt für mich sehr gut
in viele Lebensbereiche und ist zur
Richtschnur in Sachen Gestaltung ge-
worden. Ich versuche, traditionelles
Handwerk mit zeitgemäßem Design
zu kombinieren. Konkret heißt das,
ich verbinde ein markantes hand-
werkliches Detail mit einer reduzierten Form. Außerdem reizt mich die
Kombination eines Holzwerkstoffs
mit Farbe und Massivholz. Bei Tau
ist das Linoleum auf Multiplex und
Eichenholz.

**Was bedeutet eine Aus-
zeichnung wie der FOCUS Gold
für Ihre Arbeit?**
Ich denke mir als Gestalter etwas
aus, weil ich meine, dass es gut wird.
Ich gehe einen Weg, um am Ende
irgendwo anzukommen. Das Ende ist
zunächst nicht in Sicht, also ima-
ginär. So weiß ich nie, ob die Idee am
Ende des Wegs Murks oder Gold ist.
Wichtig ist dabei die Intuition, aber
auch der Rat meiner Frau. Der FOCUS
OPEN Gold ist für mich deshalb eine
sehr große Würdigung meiner Arbeit.
Ich hatte zwar auf einen Preis ge-
hofft, aber ganz sicher nicht mit Gold
gerechnet!

Raphael Pozsgai entwickelt
und produziert in seiner Heiters-
heimer Schreinerei Möbel, die
traditionelle Vorbilder mit zeitge-
mäßen Elementen verbinden.
Bereits 2020 wurde er mit dem
FOCUS Special Mention für den
Tübinger Stuhl 2.0 ausgezeichnet
.

**www.pozsgai.de
www.weisstannenraum.de**

→ **A stool is a very minimalist
piece of furniture – what made
you turn your attention to
this particular type of seating?**
Thanks to its backrest, a chair is
far superior to a stool when it comes
to comfort. But when you factor in
aspects like space, or to be more precise a lack of space, and its multiple
potential uses as occasional furniture, a night stand or a step stool, you
start to see this type of seating as
a really useful household helper. And
if you only sit on it for a short time, a
backrest is superfluous anyway, so
it's actually great for a quick meeting.

**What prompted the ingenious
idea of the twisted cord?**
The necessity of finding a solution: we
wanted to build a stool that doesn't
take up much storage space and is
easy for the customer to put together.
And obviously we wanted to come
up with something new and cool as
well.
We were already familiar with
the idea of using rope or cord in furniture construction. And then, while
we were playing around and experi-
menting, we realised that you can
use the legs of the stool like mallets,
and then create the necessary ten-
sion by bracing them with the cord.
So it was actually pure chance.

**You make rope – like all your
products – on an artisanal scale.
What influence does that have
on your designs?**
For me, craftsmanship is the foundation of any design. I only design
what can actually be hand-produced
in our workshop. I also try to give
our designs a visible common thread,
a connecting link that's evident in
all my products.

**And how would you describe
that common thread?**
Hmm, good question. In the Smart ad
they used to say »Reduce to the
max«, and as a motto I'd say that's a
very good fit with quite a few areas
of my life. When it comes to design,
it's become my guiding principle. I
try to combine traditional craftsmanship with contemporary design. In
concrete terms, that means I use a
striking handcrafted detail together
with an understated form. The idea
of combining engineered wood with
colour and solid wood also appeals
to me. In the case of the Tau stool,
that translates as linoleum on multiplex plywood and oak.

**What does an award like the
FOCUS Gold mean for your work?**
As a designer, I come up with something because I think it will be good.
I set out on a journey so that I even-
tually arrive somewhere. To begin
with the destination isn't in sight, it's
imaginary. So I never know whether
the idea will end up being rubbish
or gold. Intuition plays an important
role, but so does my wife's advice.
That's why, for me, the FOCUS OPEN
Gold is a huge acknowledgement of
my work – it means it's appreciated.
Although I'd hoped to get an award,
I certainly wasn't counting on Gold!

At his cabinetmaking workshop
in Heitersheim, Baden-Württemberg, Raphael Pozsgai produces furniture that combines
traditional role models with
contemporary elements. In 2020,
he won a FOCUS Special Mention
for his Tübinger Stuhl 2.0 chair
design.

**www.pozsgai.de
www.weisstannenraum.de**

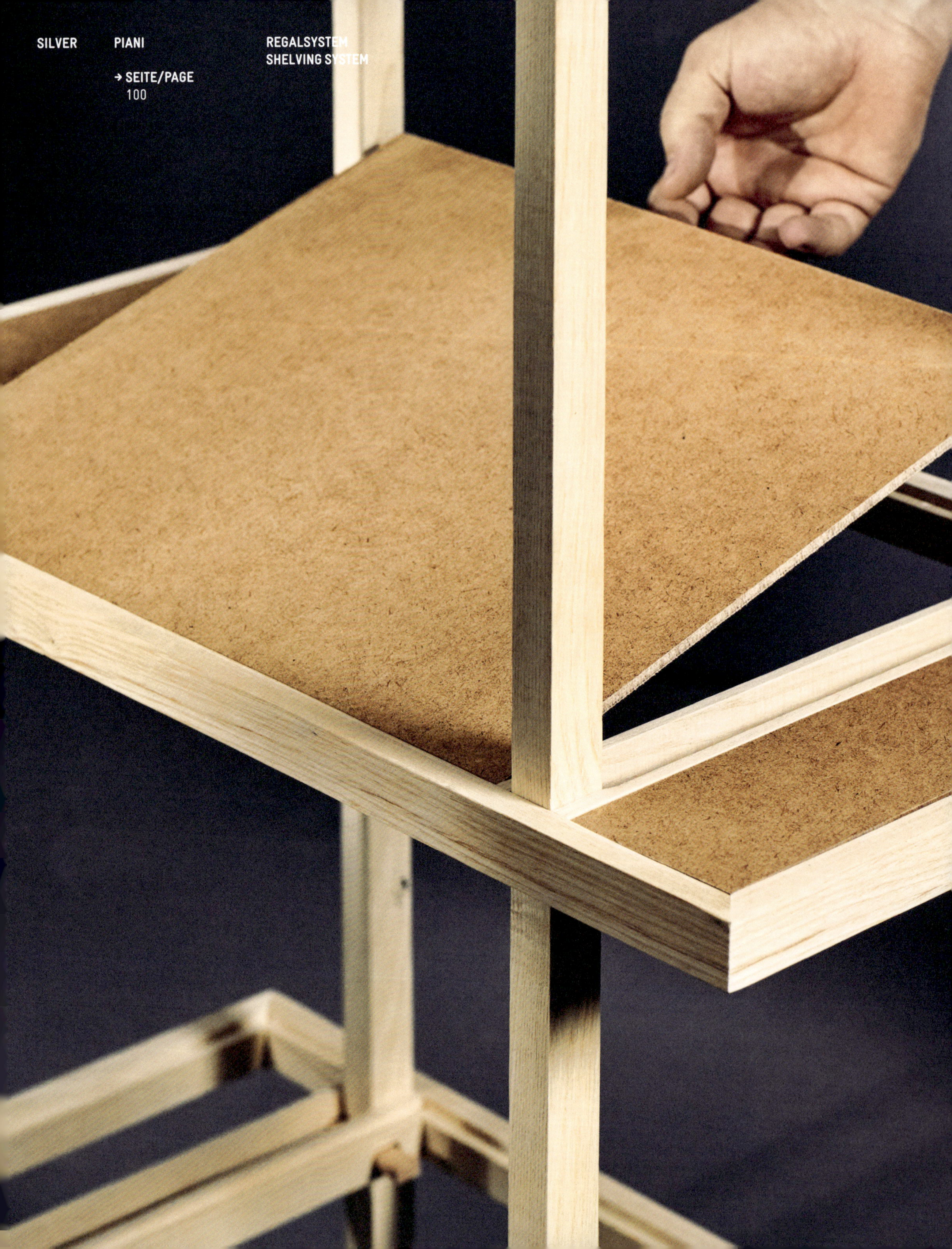

SILVER
PIANI
REGALSYSTEM
SHELVING SYSTEM
→ SEITE/PAGE
100

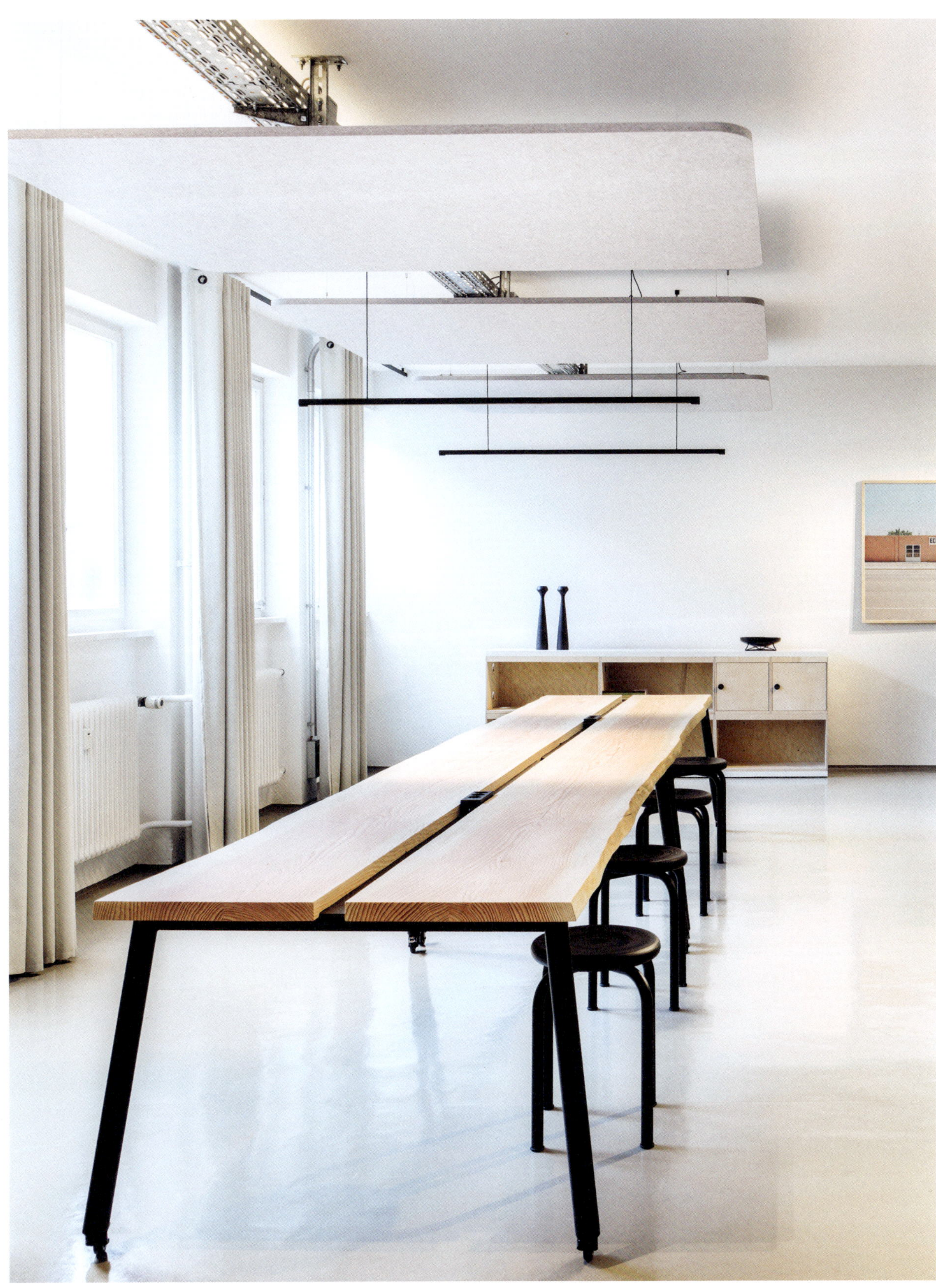

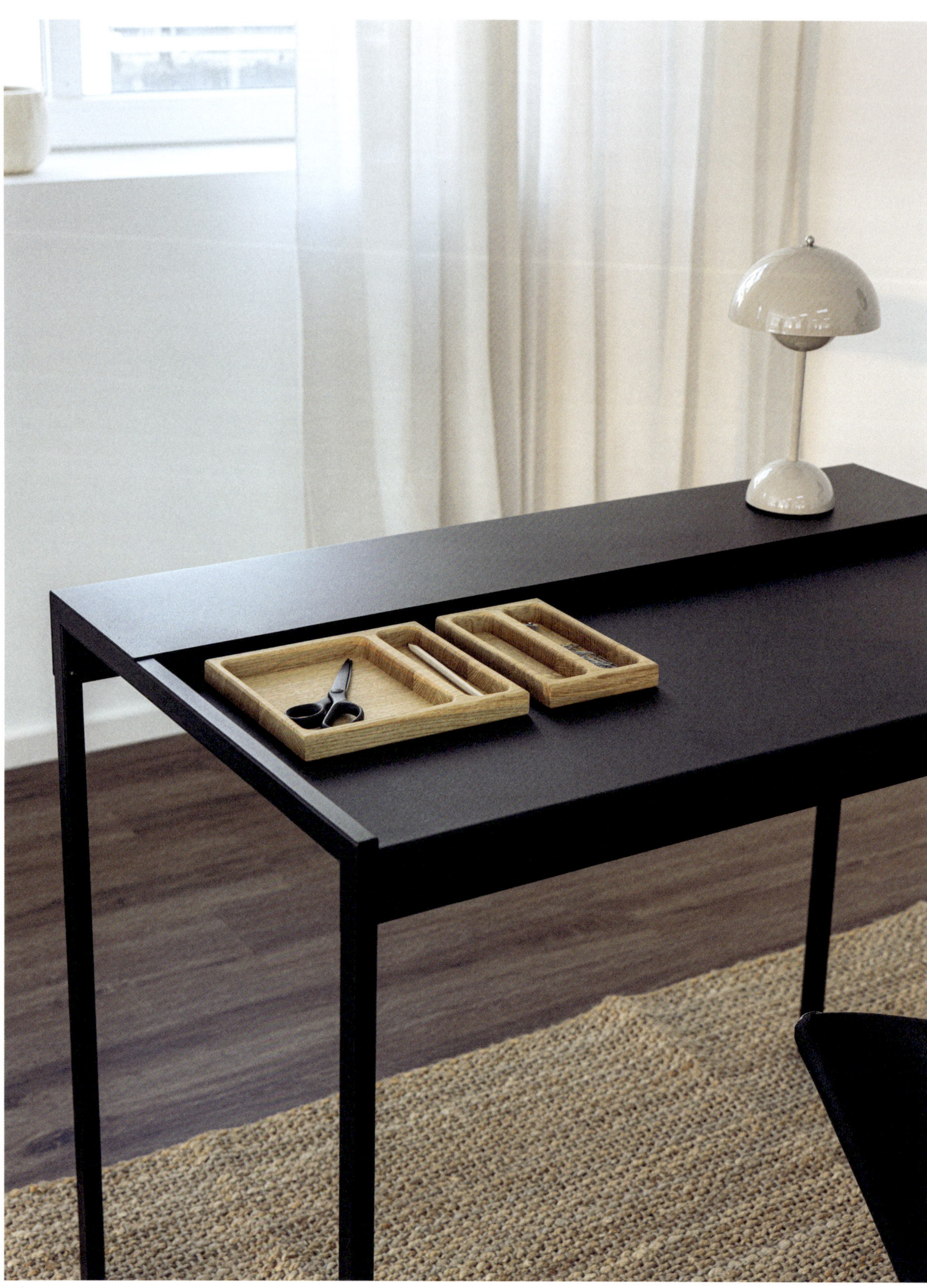

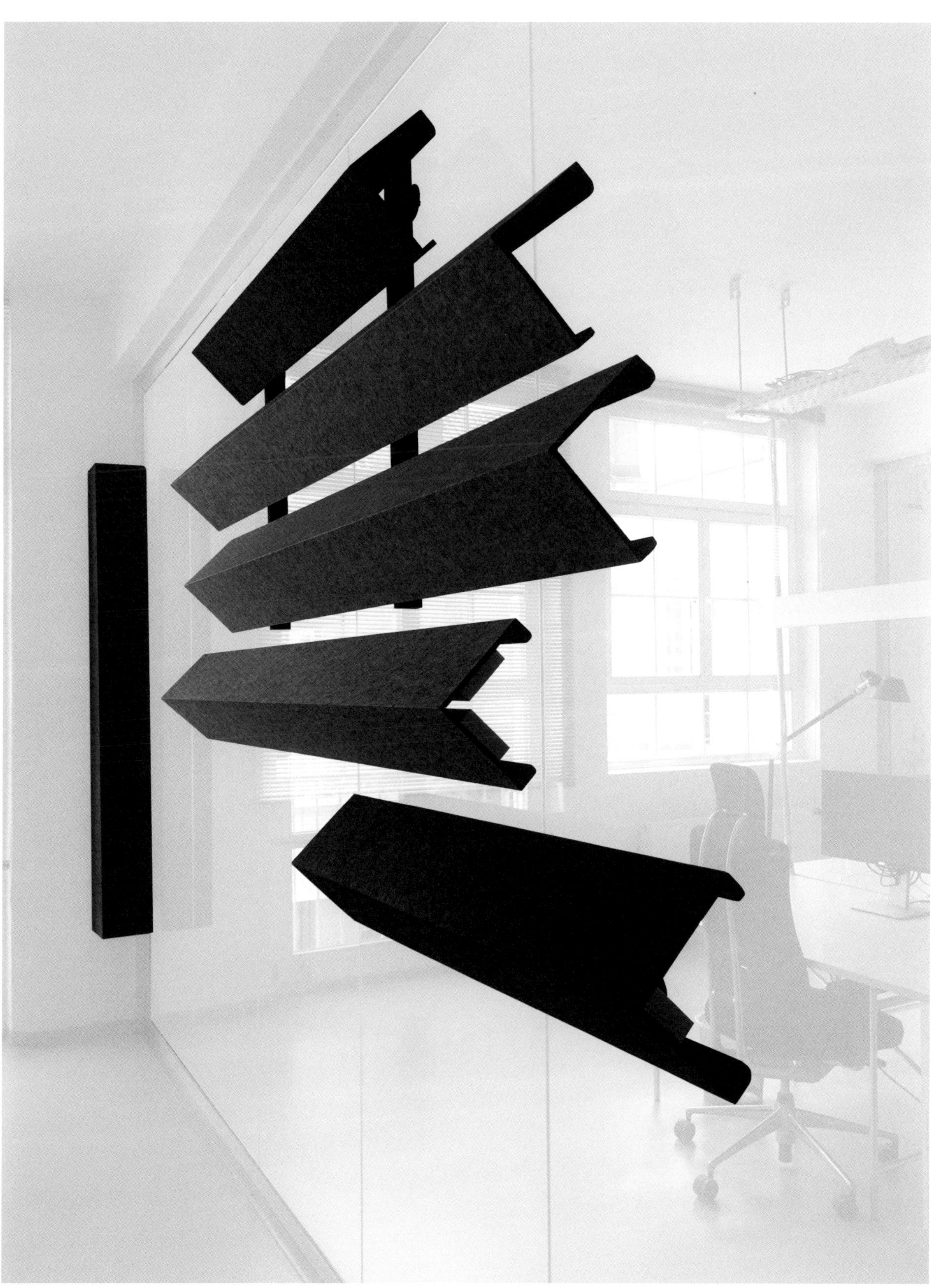

SILVER

PIANI

REGALSYSTEM
SHELVING SYSTEM

JURY STATEMENT

Ein extrem materialreduziertes Produkt, ausgesprochen nachhaltig gedacht, langlebig, stabil und durch den Austausch der Böden individualisierbar. Gut gelöst ist das keilbasierte Verbindungsprinzip für die schnelle und wiederholte Montage.

Extremely pared down in terms of material input, the product takes a thoroughly sustainable approach: it is made to last, sturdy and easy to customise thanks to the removable shelves. The wedge-based connection principle provides a good solution for fast and repeated assembly and disassembly.

HERSTELLER/MANUFACTURER
BFGF GmbH & Co. KG
Hamburg

DESIGN
Inhouse / In-house

Rund ein Fünftel weniger Material benötigt dieses feingliedrige Regal im Vergleich zu einem Pendant in massiver Bauweise. Es besteht aus einem filigranen Rahmentragwerk sowie dünnen Einlegeböden, für die sich ganz unterschiedliche Werkstoffe nutzen lassen, auch kleinformatige Reststücke. Die Böden liegen lose in einer exakten Rahmennut, die Rahmen bestehen aus unbehandeltem Eschenholz und werden lediglich mit Hilfe von Holzdübeln und -keilen zusammengebaut. So kommt das komplette Regal – abgesehen von den leicht abnehmbaren Stahlfüßen – ganz ohne Metallteile aus. Trotz der leichten Bauweise zeichnet sich das System durch hohe Steifigkeit und Stabilität aus, es ist variationsfähig und physisch auf ein Minimum reduziert.

This finely structured shelving system uses around 20% fewer materials compared to an equivalent product based on a solid construction. It consists of a structural frame and thin removable shelves that can be made out of a wide variety of materials, including small offcuts. The shelves sit loosely in a meticulously executed groove in the frames, which consist of untreated ash and are assembled using nothing but wooden pegs and wedges. As a result, there isn't a single metal part in the entire shelving system – with the exception of the steel feet, which are easy to remove. Despite its lightweight construction, the system is extremely rigid and stable, designed for variability and reduced to a physical minimum.

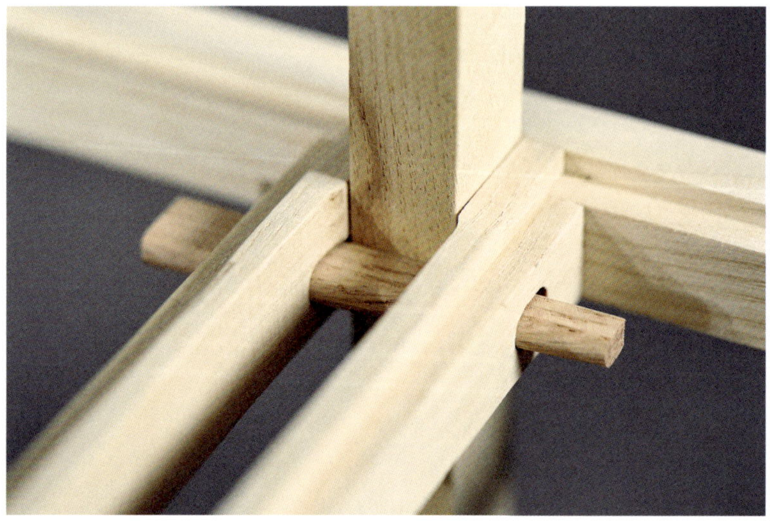

HERSTELLER/MANUFACTURER
UnternehmenForm GmbH & Co. KG
Stuttgart

DESIGN
Inhouse / In-house

Wer bereits auf der Suche nach einem individuellen Arbeitstisch war,
weiß um die Schwierigkeit, einen solchen zu finden. Oft bleibt nur die
handwerkliche Maßanfertigung. In diese Lücke springt nun dieses Tisch-
system: Es umfasst drei verschiedene Tischhöhen, unterschiedlichste
Traversenanordnungen, Beine und Plattengrößen, -formen sowie Platten-
werkstoffe. Auf diese Weise lassen sich sowohl kleine Dreibein-Beistell-
tische mit organischen Plattenformen realisieren als auch höhenverstell-
bare Arbeitsplätze und sogar mobile oder miteinander kombinierbare,
elektrifizierte Konferenztische. Die Unterbauten nehmen sich formal stark
zurück und sind pulverbeschichtet.

Anybody who has ever set out in search of an original table for a work
setting knows how difficult it is to find one. A hand-crafted custom-made
solution is often the only answer. This table system is intended to fill
that gap: it consists of three different table heights, all sorts of different
crosspiece arrangements and legs, as well as a wide range of tabletop
shapes, sizes and materials. As a result, the options range all the way from
small three-legged side tables with organically shaped tops to height-
adjustable workstations and even mobile or combinable conference
tables with integrated power supply. The design of the powder-coated
frames is deliberately understated.

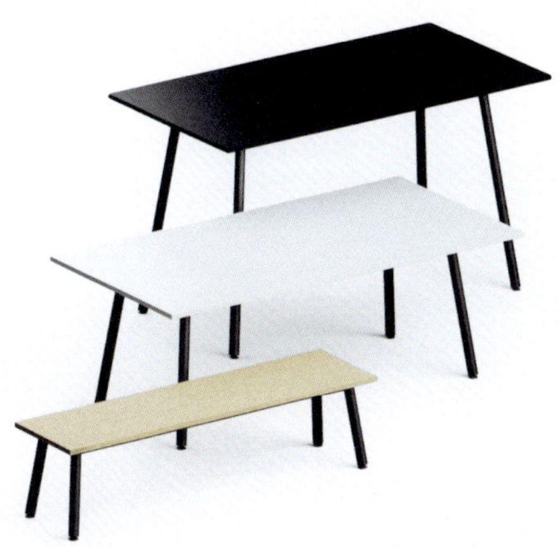

JURY STATEMENT

Simpel und schlicht ist nicht nur
der konstruktive Aufbau dieses
Möbels, sondern auch seine formale
Erscheinung. Damit eignet es
sich bestens für das Homeoffice.
Magnete halten die zusätzliche
Ebene an der Tischfront.

In terms of both construction and
appearance, the design of the
metal desk is simple and straight-
forward in every respect – making
it an excellent choice for the
home office. The shelf that provides
the additional level is attached
to the tabletop with magnets.

HERSTELLER/MANUFACTURER
Metallbude SK GmbH
Detmold

DESIGN
Prieler Design
Lage

Ein Sekretär war lange Zeit eine Art Statussymbol des Bürgertums, geriet
aber über die Jahre hinweg unmerklich aus dem Fokus der Begehrlichkeiten. Jetzt, da das Homeoffice fast zum Standard wird, erlebt der Möbel-
typus eine Renaissance – allerdings formal zeitgemäß interpretiert und
für das mobile Arbeiten optimiert. Denn das braucht weniger Stauraum,
weniger Ausstattung, dafür ein Mehr an verfügbarer Fläche. Diesen Aspekten folgt das komplett aus Metall aufgebaute, sehr stabile Arbeitsmöbel.
Es ist schlank, integriert sich in jeden Raum und bietet mit der L-förmigen
Ablage an der Vorderseite eine abbaubare zweite Ebene mit Organisati-
onsraum darunter. Der Sekretär passt sich in unterschiedlichste Interiors
bestens ein, ob zu Hause, im Büro oder im Hotel.

For a long time, a bureau was a kind of middle class status symbol but
gradually lost its desirability over the years. However, now that a home
office is almost the norm, the category is experiencing a renaissance –
albeit interpreted in a far more contemporary way and optimised for
mobile working. As a result, today's designs take up less room and come
with fewer features but also provide more in the way of surface space – as
exemplified by the design of this extremely sturdy work table, which is
made entirely of metal. It's slender, can be integrated into any room and,
thanks to an L-shaped shelf, has a second, removable level with space
for storing and organising utensils and necessities. Consequently, the
bureau blends in with a wide range of settings – not just private homes but
actual offices and hotels as well.

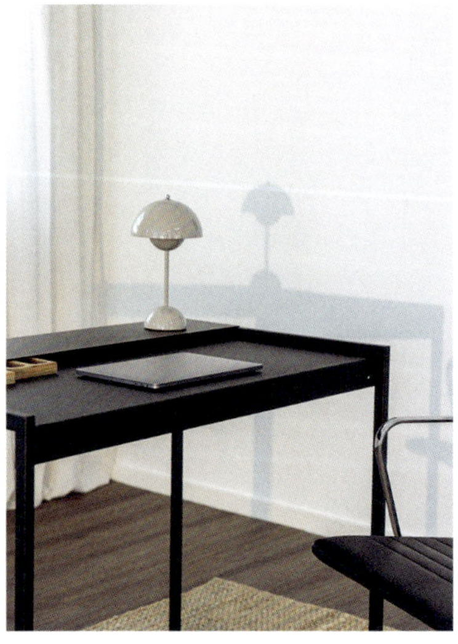

JURY STATEMENT

Ein überaus flexibel einsetzbares System, das sich zudem selbst aufbauen und verändern lässt. Überwiegend aus Recyclingfasern bestehend, zeigt es, dass auch hochwertige Produkte aus kreislauffähigen Materialien produzierbar sind.

An extremely flexible system with the added benefit that users can set it up and vary it themselves. Consisting largely of recycled fibres, it demonstrates that even top-quality products can be produced out of circular materials.

HERSTELLER/MANUFACTURER
Recytex GmbH & Co. KG
Viersen

DESIGN
wd3 GmbH
Stuttgart

Bedarfsgerecht die Raumakustik dort verbessern, wo es gerade nötig ist – das ist das Prinzip dieses Baukasten-Akustiksystems. Die Elemente finden an Wand, Decke oder in Raumecken ihren Platz, das fahrbare Tower-Element lässt sich zudem völlig frei im Raum platzieren. Das schwer entflammbare System nutzt werkzeuglos montier- und demontierbare Filzplatten, die zu 60 Prozent aus PET-Recyklat bestehen und sich sortenrein trennen lassen.

Die neu entwickelte Bassfalle wirkt bei tiefen Frequenzen besonders effektiv: Die Anordnung der gekanteten Platten sowie das weichere Vlies im Kern sorgen dafür, dass Schall zunächst gestreut, dann durch die Spaltöffnungen gefangen und im Inneren durch das Vlies absorbiert wird.

Mit Lichtelementen ergänzt, können die als Breitbandabsorber ausgelegten Elemente die Raumatmosphäre zusätzlich modifizieren.

The modular system's needs-based approach to room acoustics permits improvements wherever they happen to be required at any given time. The elements can be placed on the wall, ceiling or in a corner, while the mobile tower can be positioned anywhere in the room. The flame-retardant system uses felt panels that can be assembled and removed without the need for tools, consist of 60% PET recyclate and can be separated into monomaterials.

The newly developed bass trap is particularly efficient at low frequencies: the arrangement of the angled panels in combination with the softer fleece in the core ensures that sound is first scattered, then captured through the pores of the felt and then absorbed by the inner fleece.

When equipped with lighting elements, the broadband absorbers can be used to modify the room's atmosphere as well.

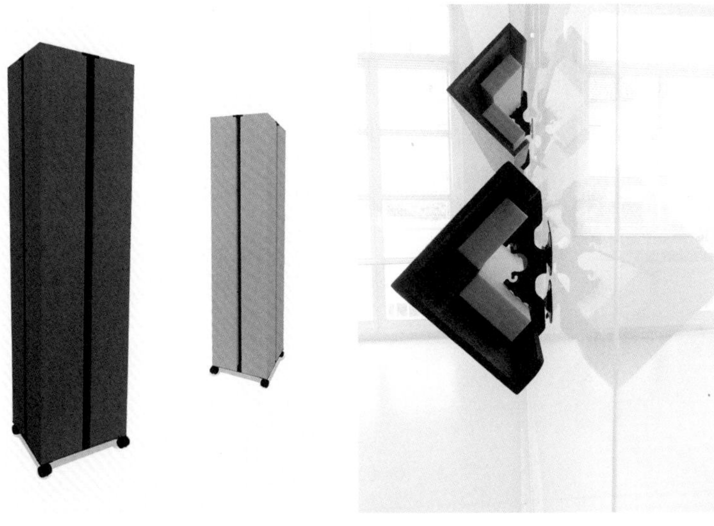

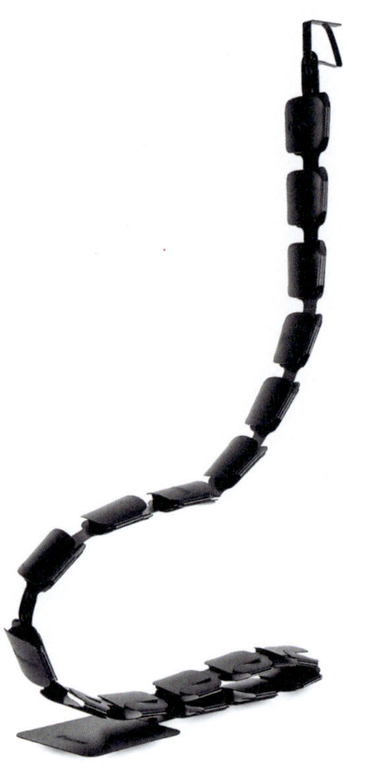

1 → SEITE/PAGE
106, 110

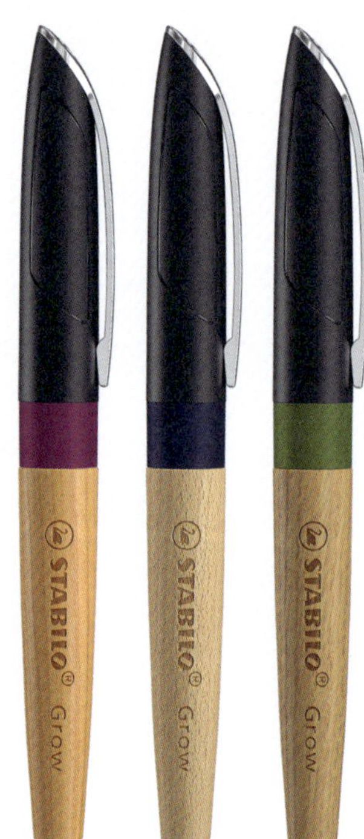

2 → SEITE/PAGE
107, 111

3 → SEITE/PAGE
108, 112

SPECIAL MENTION:
1 **CABLE HUGS**
Iceberg Gmbh
Aalen

2 **GROW**
Stabilo International GmbH
Heroldsberg

3 **V'EYE**
V'Eye
Wuppertal

Sich mit positiven, sinnlich anregenden oder funktional durchdachten Dingen zu umgeben, macht den Alltag einfacher, facettenreich und inspirierend. Das gilt insbesondere für die kleinen Produkte, die uns durch den ganzen Tag begleiten, uns in bestimmten Situationen unterstützen, das Leben erleichtern oder ganz einfach zur Freude gereichen.

Surrounding yourself with positive things that appeal to the senses or are equipped with clever functions makes everyday life easier, more varied and more inspiring. This applies in particular to the small products that accompany us throughout the day, help us in certain situations, make life easier or simply give us pleasure.

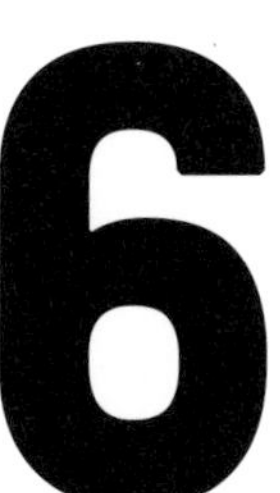

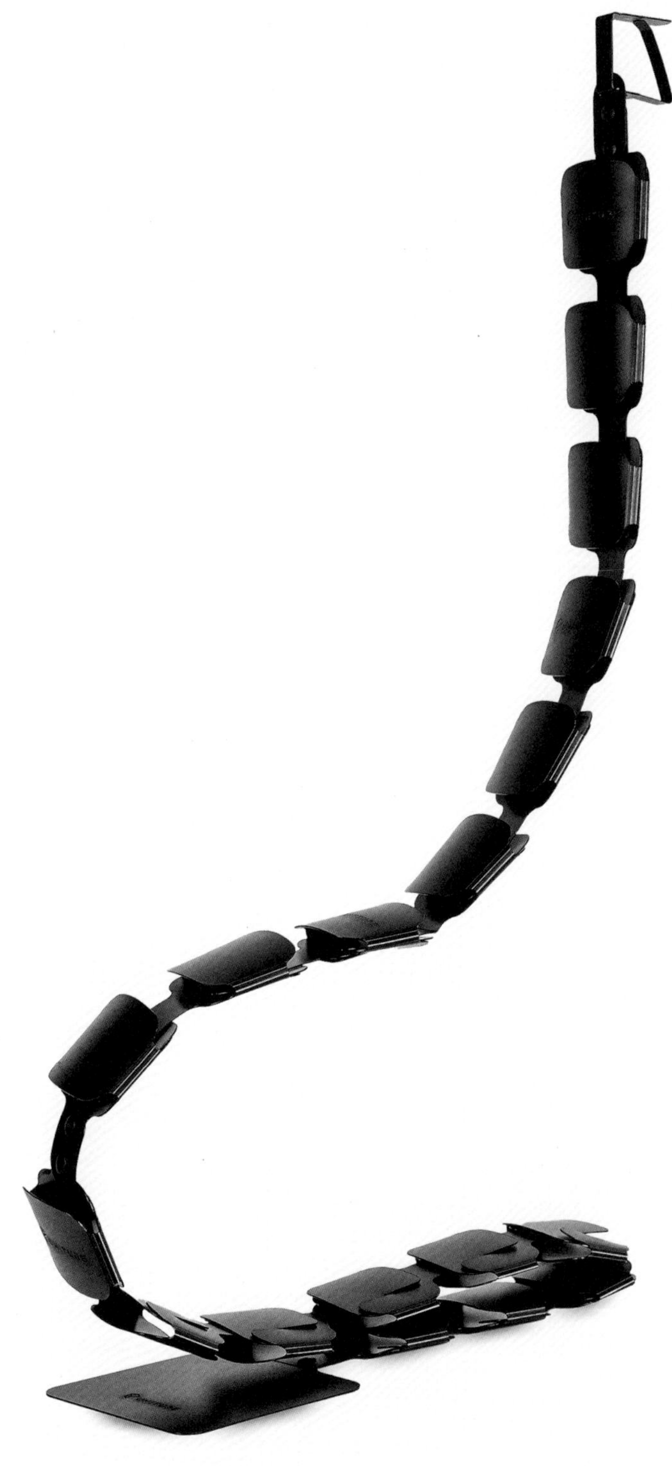

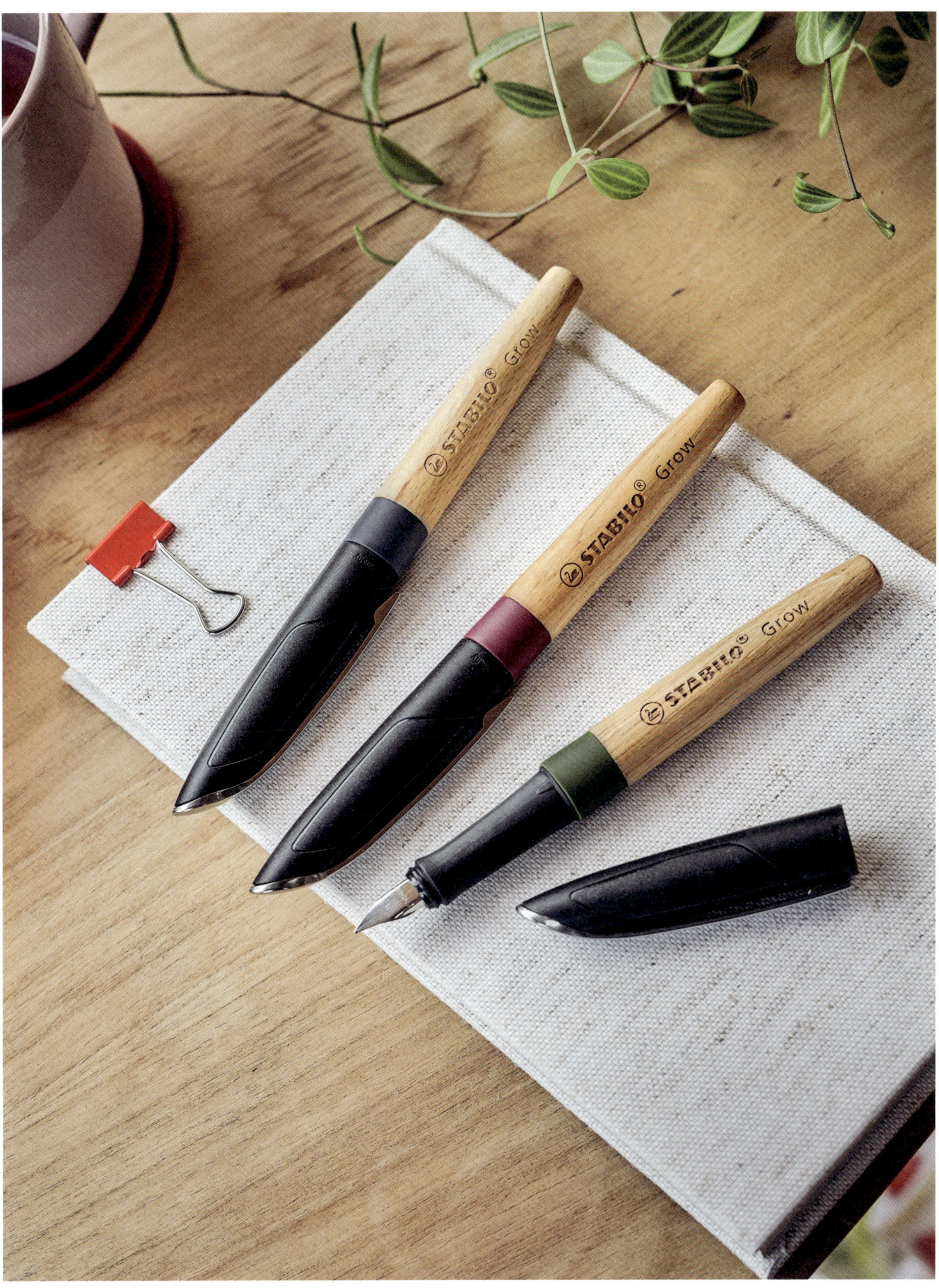

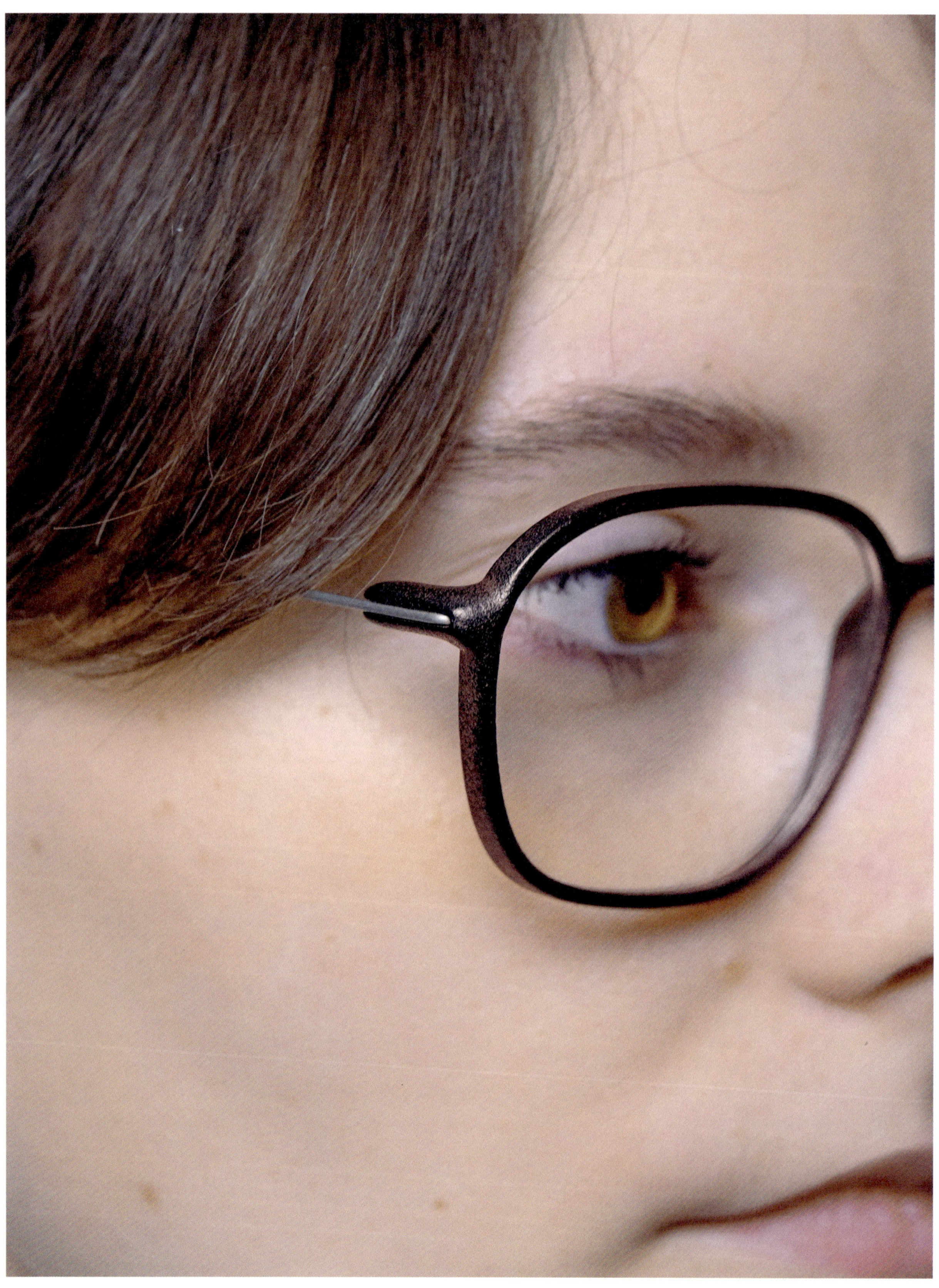

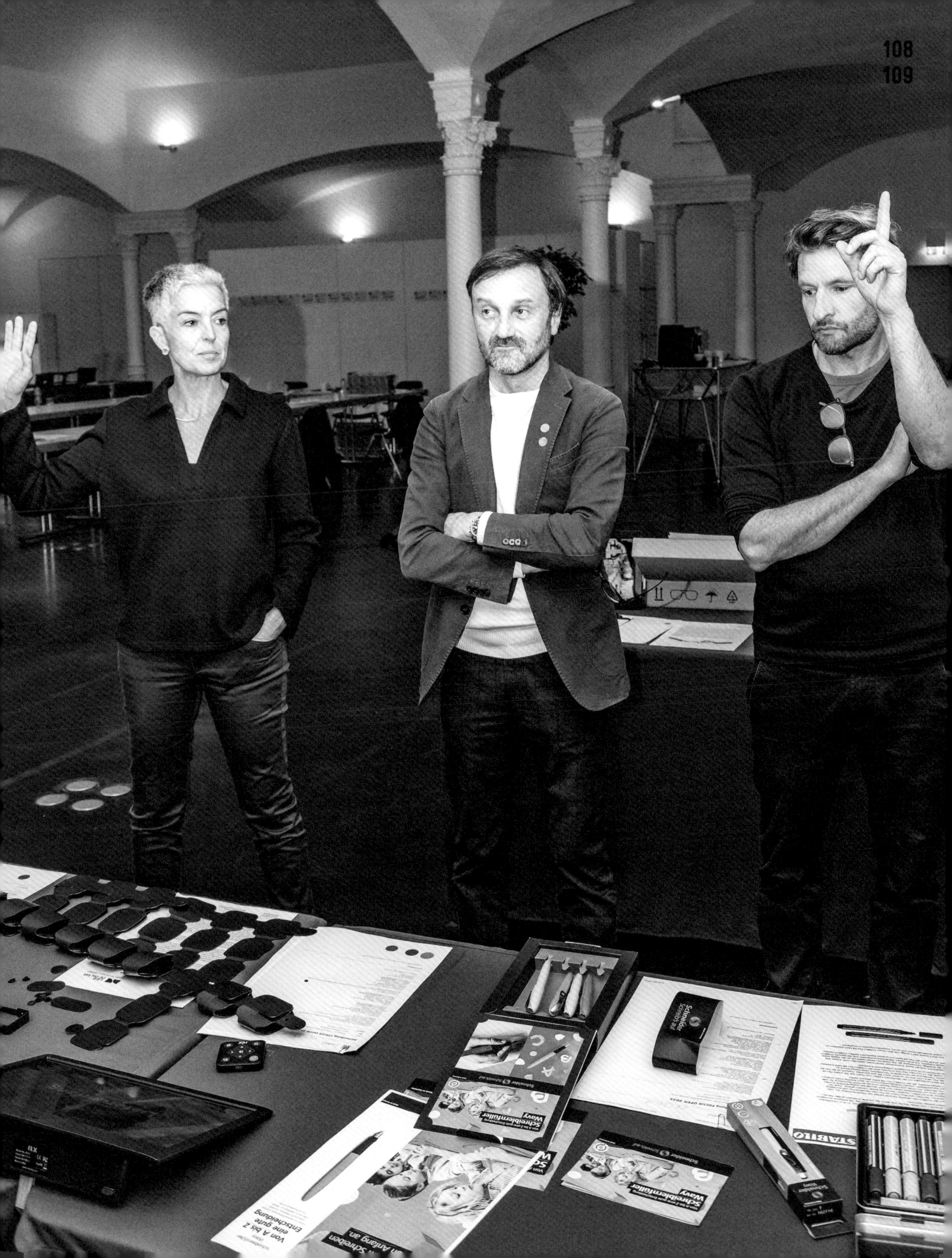

Schreibmüller
Wavy
Schneider Schreib.auf
STABILO
Von A bis Z
eine gute
Entscheidung

HERSTELLER/MANUFACTURER
Iceberg GmbH
Aalen

DESIGN
Lieb De Palma GmbH
Ludwigsburg

Immer mehr Menschen arbeiten zumindest tageweise im Homeoffice.
Doch auch für das heimische Büro gilt: Moderne Arbeitsgeräte verursachen
oft Kabelsalat, der sich am Boden schnell zur Stolperfalle entwickelt.
Abhilfe verspricht hier das flexible und vor allem für höherverstellbare
Schreibtische geeignete Kabelmanagementsystem. Einzelne Laschen aus
dünnem, zu 90 Prozent recyceltem Polypropylen lassen sich werkzeuglos um die Kabel schließen und verbinden. Die Anbringung am Tisch erfolgt
mittels Klemme oder klebender Klettpunkte. Am Boden wird das System
über eine Lasche am Tischbein befestigt, wahlweise mündet es in eine
kleine Bodenplatte, die beispielsweise mit einer Pflanze beschwert werden
kann. Weiterer Pluspunkt: Der Versand der in den Niederlanden produ-
zierten Kabelführungen erfolgt im flachen DIN-A4-Umschlag und spart
somit Verpackungsmaterial und Kosten.

More and more people are working from their home office, at least some
of the time. However, just like in a normal office, the modern office equipment used in a home office often leads to cable clutter, which can pose
a serious trip hazard on the floor. This flexible cable management system,
which is also suitable for height-adjustable desks, promises a solution
to the problem. Individual tabs made from thin, 90 percent recycled polypropylene can be closed and connected around the cables without the
need for tools. The system is attached to the desk with a clamp or adhesive
Velcro dots. On the floor, the system is attached to a table leg with a tab
and may be fitted with a small optional base plate that can be weighted
down with a plant pot, for example. Another benefit is that the cable management system, which is manufactured in the Netherlands, is shipped
in a flat DIN A4 envelope, which saves on packaging and shipping costs.

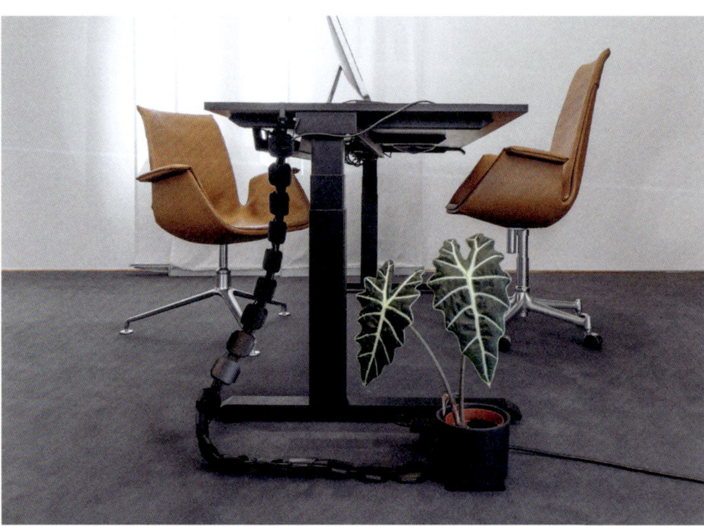

HERSTELLER/MANUFACTURER
Stabilo International GmbH
Heroldsberg

DESIGN
Inhouse / In-house

Wer gern mit einem Füllfederhalter schreibt, sich aber kein Produkt der
Premiumklasse anschaffen will, landet schnell bei Schreibgeräten mit
Kunststoffkorpus und -kappe. Hier bietet der Füller des Herstellers eine
solide Alternative: Der Schaft besteht wahlweise aus Eiche, Buche oder
Kirschholz aus nachhaltiger, deutscher Forstwirtschaft, bei der Kappe
werden etwa 35 Prozent des herkömmlichen Kunststoffs durch den Natur-
stoff Sonnenblumenkernschalen ersetzt.

Für das ergonomisch gestaltete, farbige Griffstück kommt ein
nachwachsender Biokunststoff zum Einsatz. Eine Edelstahlfeder sorgt für
ein angenehmes Schreibgefühl, für den Tintenfluss sorgen Standard-
Tintenpatronen.

If you enjoy writing with a fountain pen but would rather not spend your
money on an expensive product, you usually have little choice but to buy a
writing instrument with a plastic barrel and cap. This manufacturer's
fountain pen offers a clear alternative. The barrel is made of either oak,
beech or cherry wood from sustainable German forests, and about 35 percent of the plastic in the cap has been replaced with natural fibres (sun-
flower seed hulls).

A renewable bioplastic is used for the ergonomically designed,
coloured grip. A stainless-steel nib offers a pleasant writing feel and standard ink cartridges ensure a reliable flow of ink.

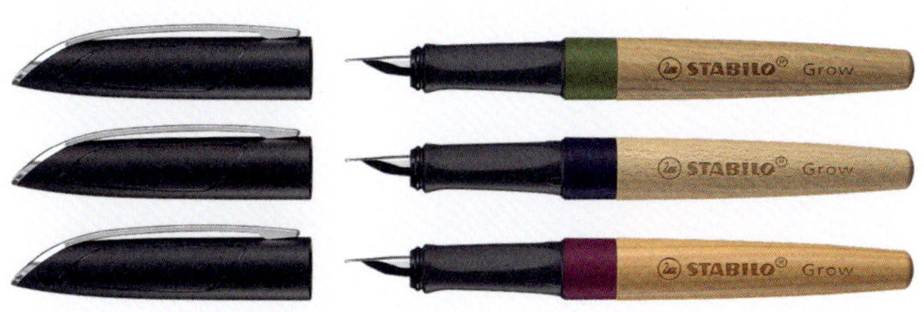

HERSTELLER/MANUFACTURER
V'Eye
Wuppertal

DESIGN
Id Aid GmbH
Stuttgart

Less is more: Diesem Grundsatz folgt die auf lediglich zwei Elemente –
Brillenfront und Bügel – reduzierte Brille kompromisslos. Der 3D-Druck der
Brillenfront im Multi-Jet-Fusionsverfahren produziert darüber hinaus
weder Verschnitt noch Abfall. Das Basismaterial besteht aus einem Pulver,
das aus Rizinussamen gepresst und zu einem nachhaltigen, biobasierten
Kunststoff verarbeitet wird. Das kostengünstige Druckverfahren erlaubt
sowohl Brillenserien als auch individuelle Einzelanfertigungen. Eine
»lokale Produktionskette« stellt sicher, dass die Herstellung der Brillen-
fronten, das Biegen der Bügel und das Herstellen der Verpackung von
Unternehmen in einem Umkreis von 50 Kilometern bewerkstelligt wird.

These glasses are ingeniously designed with only two component parts —
the frame and the temples— and perfectly embody the principle of »less is
more«. Moreover, the frames are produced using a 3D printing process
known as multi-jet fusion, which generates zero waste. The base material
is a powder made from crushed castor bean seeds that have been pro-
cessed into a sustainable, bio-based plastic. The cost-effectiveness of the
printing process makes custom one-offs a viable option as well as series
production. A »local production chain« ensures that the production of
the frames, the bending of the temples and the manufacture of the packaging are all carried out by companies located within a radius of 50 kilo-
metres.

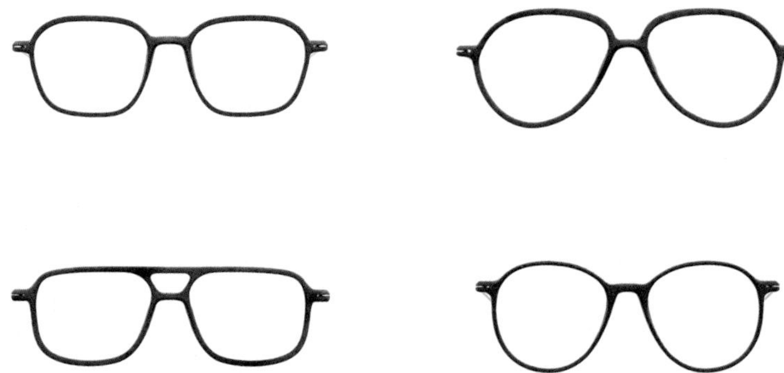

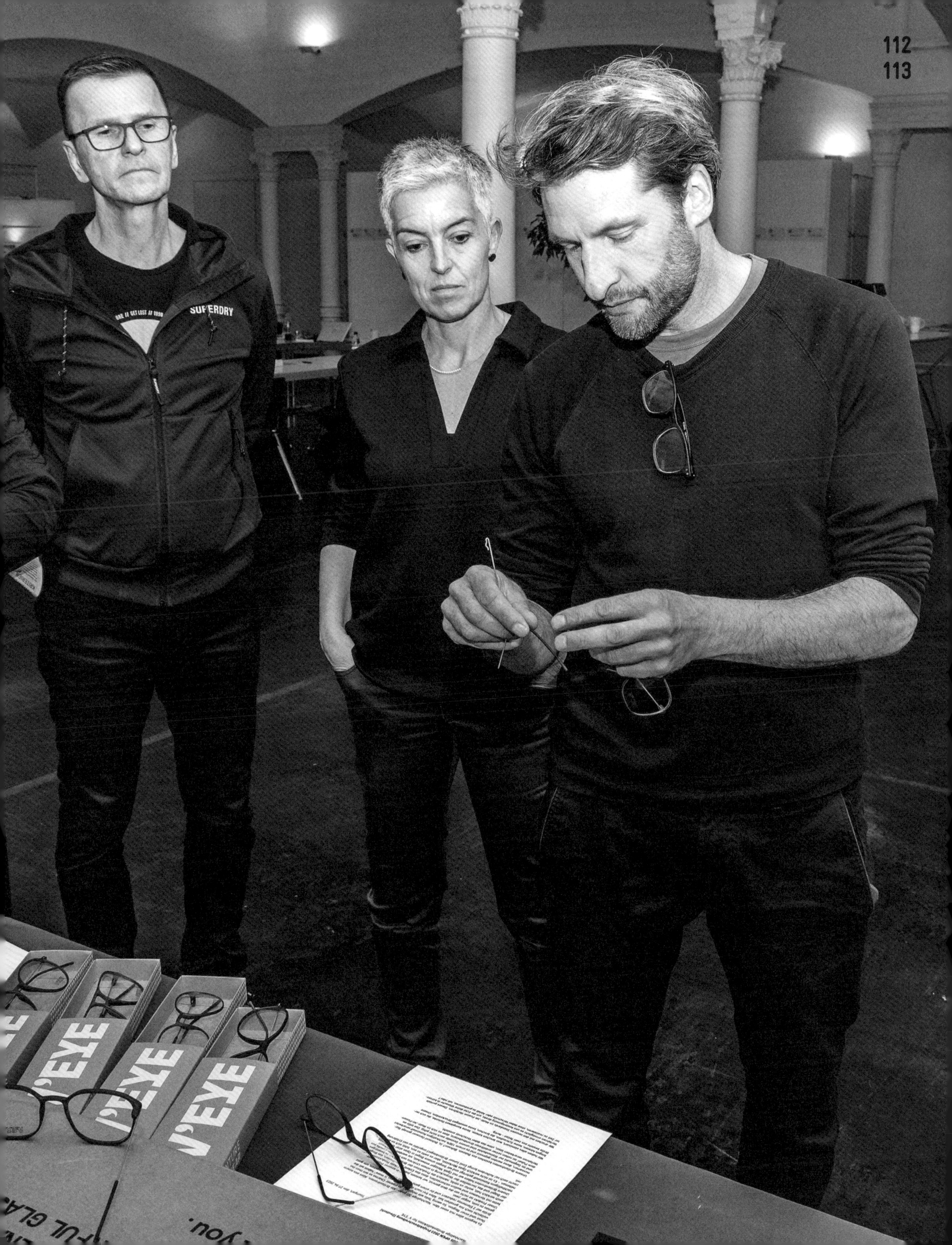

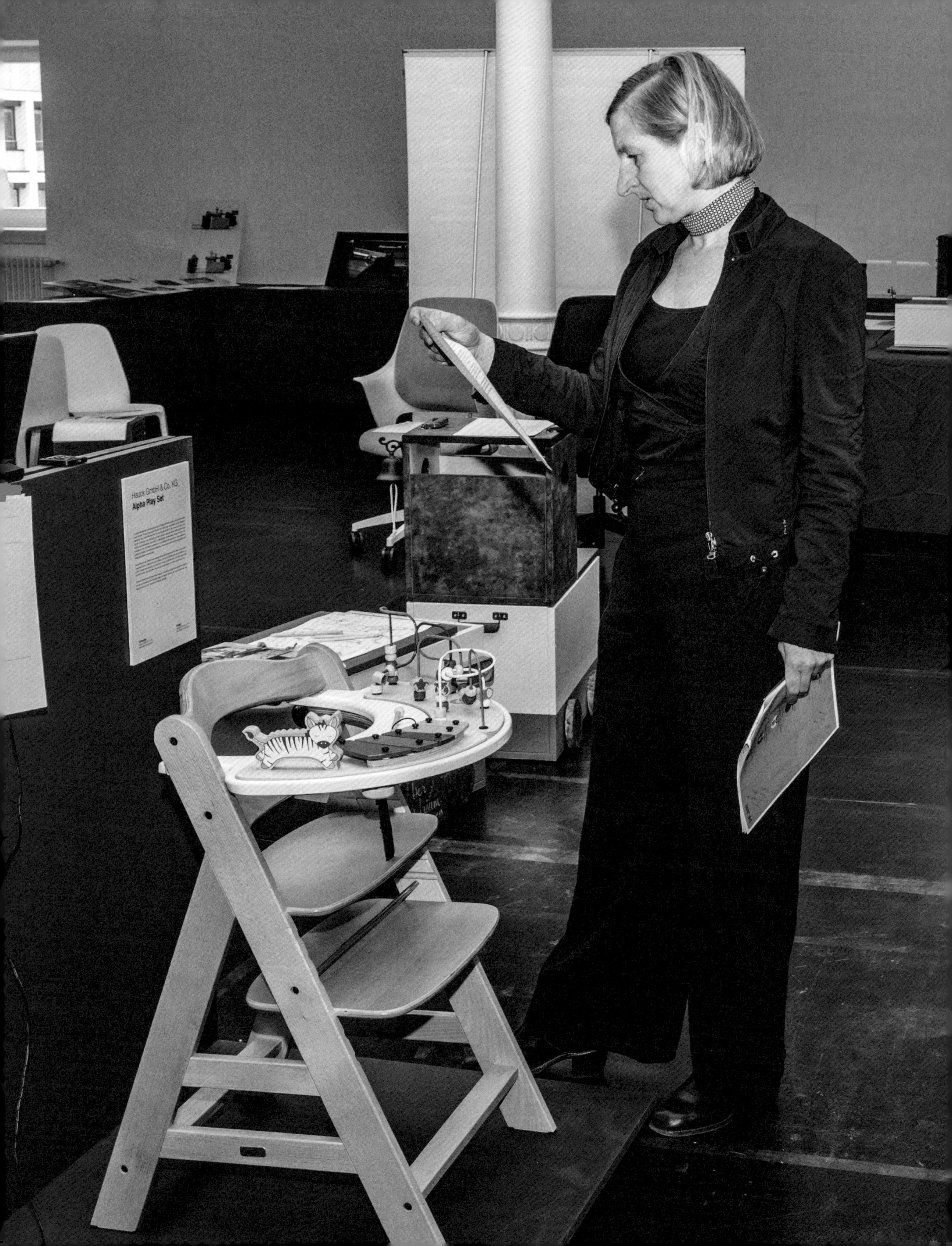

Hauck GmbH & Co. KG
Alpha Play Set

»Hard- und Software müssen immer gemeinsam betrachtet werden und zusammen funktionieren. Es geht dabei um ganzheitliche Gestaltung.«

»Hardware and software must always be considered together and must always work together. We also need to look at design holistically.«

Claudia S. Friedrich ist Geschäftsführerin der Business Unit Interface Design und Partnerin bei zweigrad Industrial Design. Sie hat in verschiedenen Designagenturen gearbeitet und verfügt über mehr als 20 Jahre Erfahrung in der Entwicklung von UX-Strategien und Designsprachen im Rahmen eines ganzheitlichen Ansatzes für Produkt-Ökosysteme. Sie hat an der Muthesius Kunsthochschule in Kiel Industriedesign studiert und engagiert sich als Vorstandssprecherin beim DDC – Deutscher Designer Club.

Claudia S. Friedrich is managing director of the interface design business unit at zweigrad Industrial Design. She has worked in several design agencies and has over 20 years of experience developing UX strategies and design languages as part of a holistic approach to product ecosystems. She studied industrial design at the Muthesius Academy of Fine Arts and Design in Kiel and is the board spokesperson for the DDC (Deutscher Designer Club).

www.zweigrad.de

www.zweigrad.de

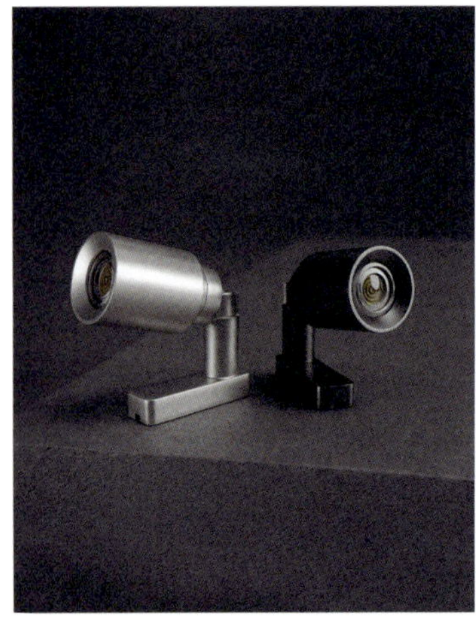

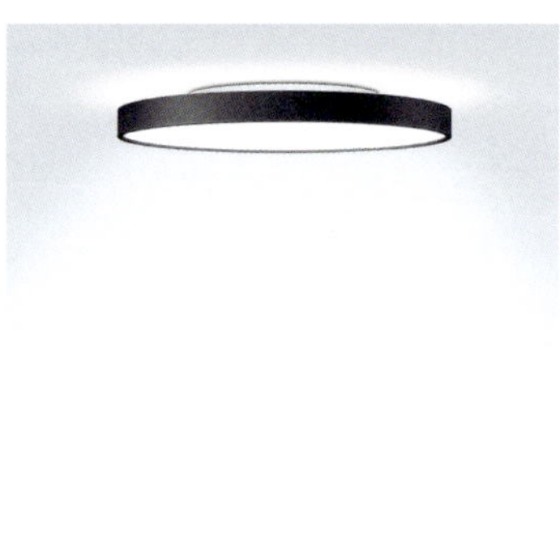

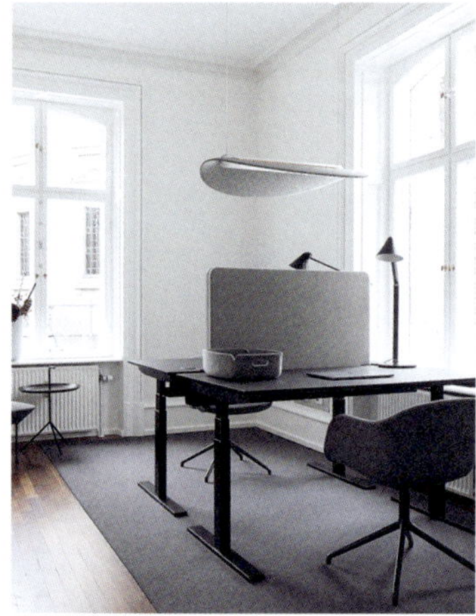

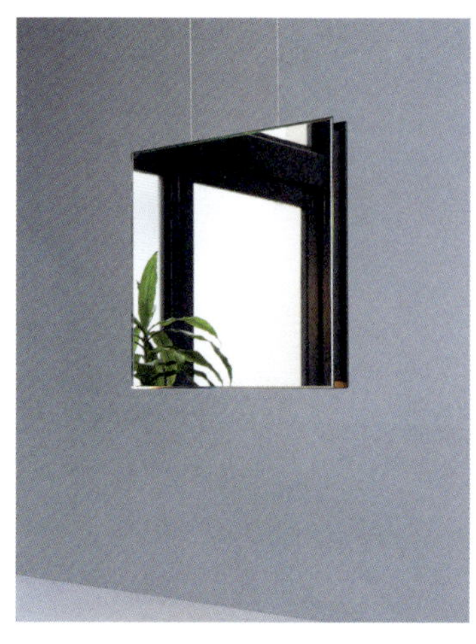

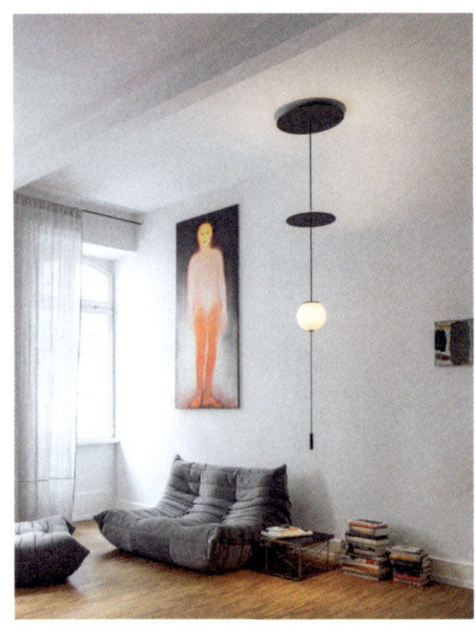

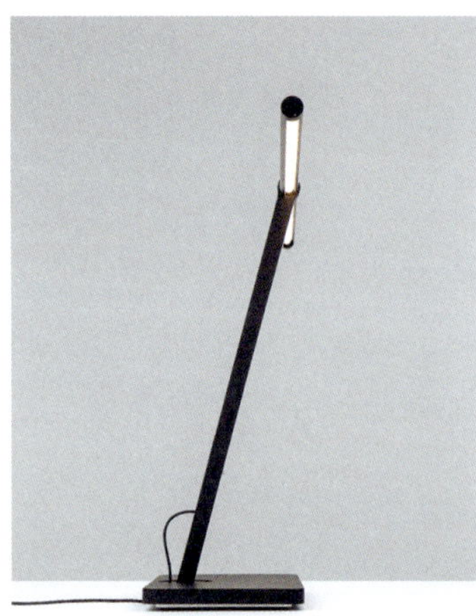

Licht aus der Leuchtdiode ist längst Standard – denn sie bietet nicht nur Energieeffizienz, sie ermöglicht auch ganzheitlich konzipierte Leuchtensysteme. Neben der Ergänzung mit zusätzlichen Features oder der faszinierenden Miniaturisierung bietet das Halbleiter-Leuchtmittel die Möglichkeit, auch einzelne Leuchten in digitale Steuerungssysteme zu integrieren.

Light-emitting diodes have long been a standard light source. Not only are they highly efficient but they also make it easier to design integrated lighting solutions. Besides enabling additional features and a fascinating degree of miniaturisation, the semiconductor light source also provides the option of integrating individual luminaires into digital control systems.

7

GOLD
LED Y-2
LED SPOTLEUCHTE
LED SPOTLIGHT
LED Y-2 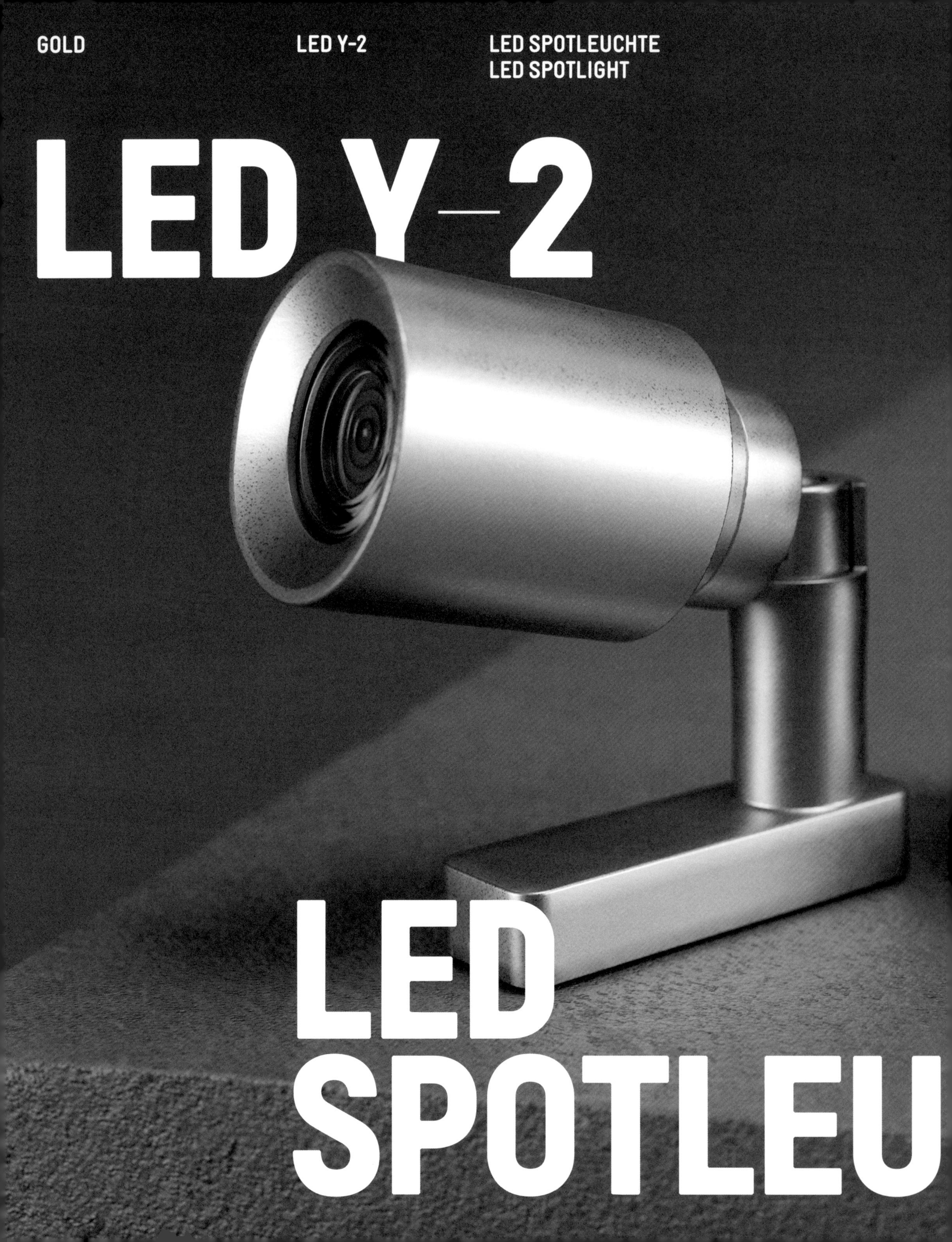
LED
SPOTLEU

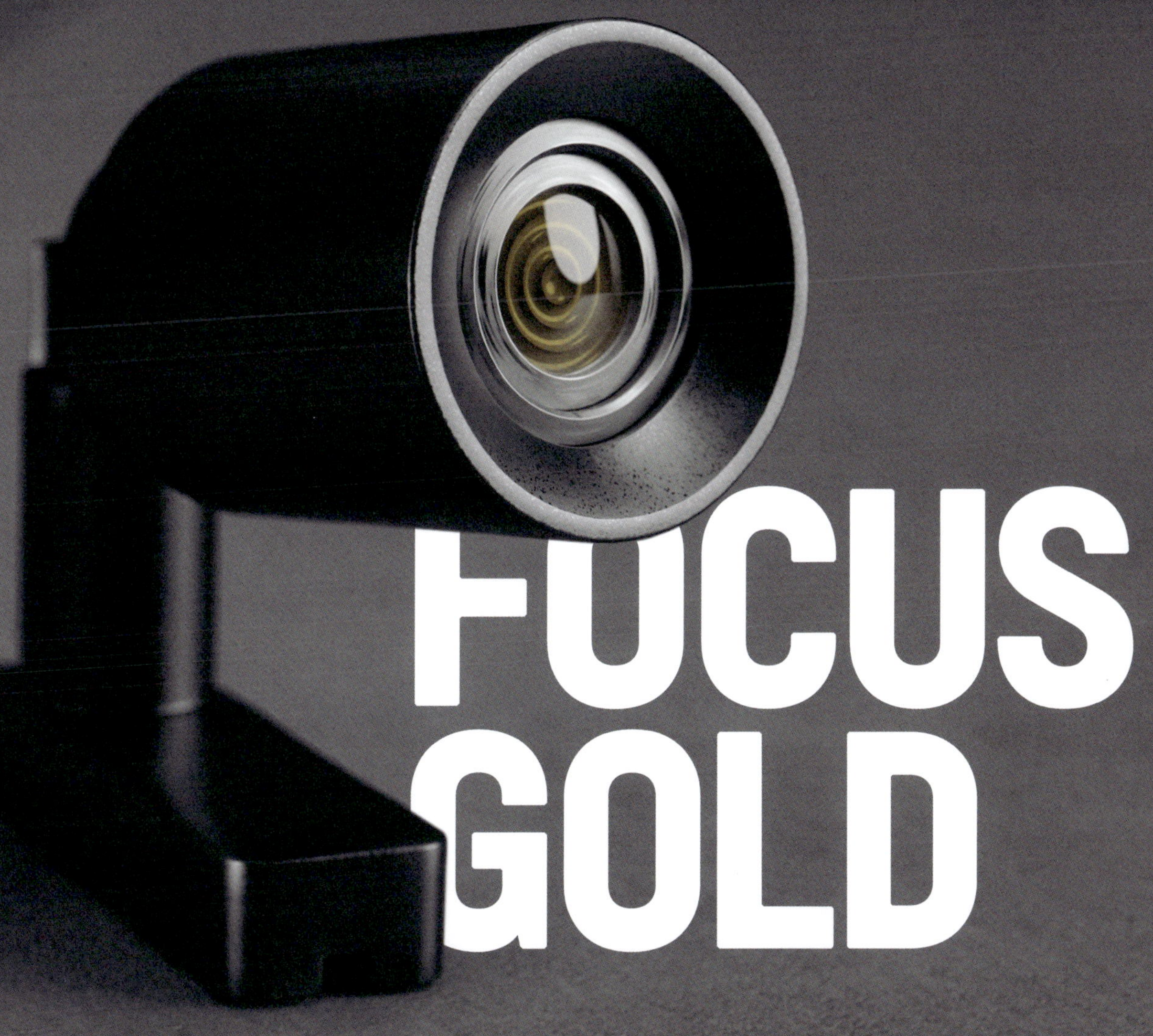
FOCUS
GOLD

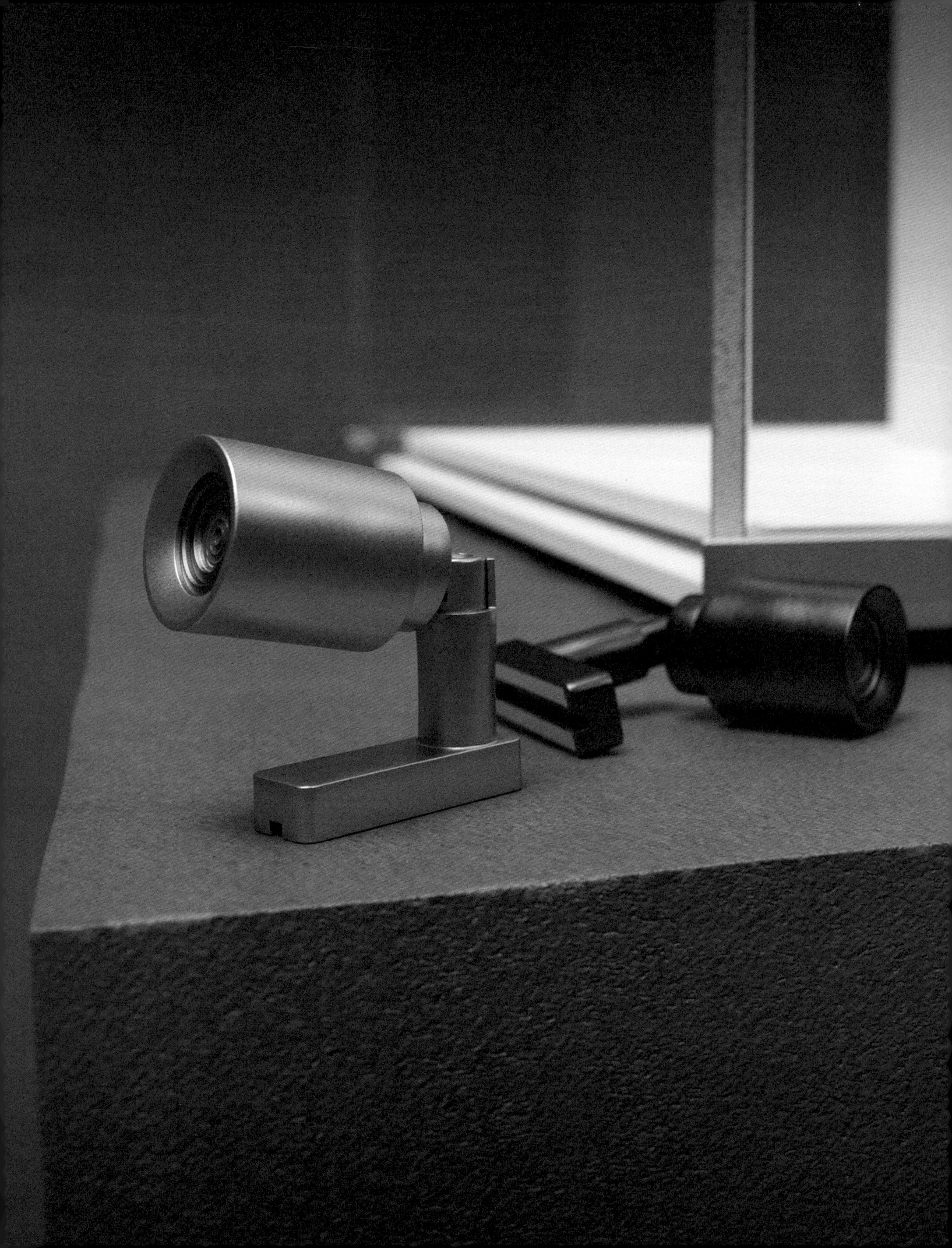

HERSTELLER/MANUFACTURER
Schreiber Innenausbau GmbH
Geyer

DESIGN
Inhouse/In-house

Mit 22 Millimetern Durchmesser gehört der LED-Spot wohl zu den aktuell
kleinsten Vertretern seiner Art. Er verbindet sich per Magnet mecha-
nisch und elektrisch mit der zugehörigen modularen Stromschiene. Ebenfalls werkzeuglos erfolgt die Justierung: Der aus Aluminium gefertigte
Kopf lässt sich um 270 Grad drehen. Das Dimmen des Lichts sowie die Möglichkeit, ohne Linsenwechsel stufenlos von Punkt- zu Flächenlichtcha-
rakter zu wechseln, gehören ebenfalls zu seinen starken Features.

Die zwei Watt starke LED ist leistungsfähig genug, um Raumbe-
reiche oder Vitrinenexponate in Szene zu setzen. Insgesamt ist die Leuchte
auf Langlebigkeit hin konzipiert. Das Gehäuse ist weder verpresst noch
verklebt und damit jederzeit demontierbar, um den LED-Chip bei Bedarf
auszutauschen.

Measuring a mere 22 millimetres in diameter, this LED spot is probably
one of the smallest of its type. It is magnetically coupled and electrically
connected to a matching modular power rail. The aluminium head can be
rotated 270 degrees – no tools required. The spotlight's ability to dim and
continuously change from a spotlight to an area light without changing
the lens are two of its strongest features.

The two-watt LED is powerful enough to illuminate room areas or
display case exhibits. The luminaire has been designed for durability.
The housing has been assembled without pressing or gluing, allowing for
easy disassembly should it ever be necessary to replace the LED chip.

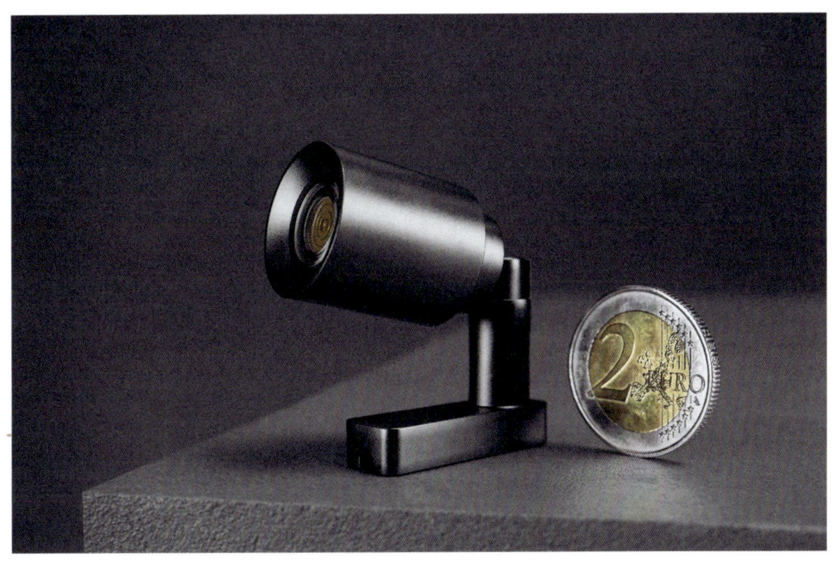

BERND SCHREIBER   GESCHÄFTSFÜHRER,
SCHREIBER INNENAUSBAU GMBH

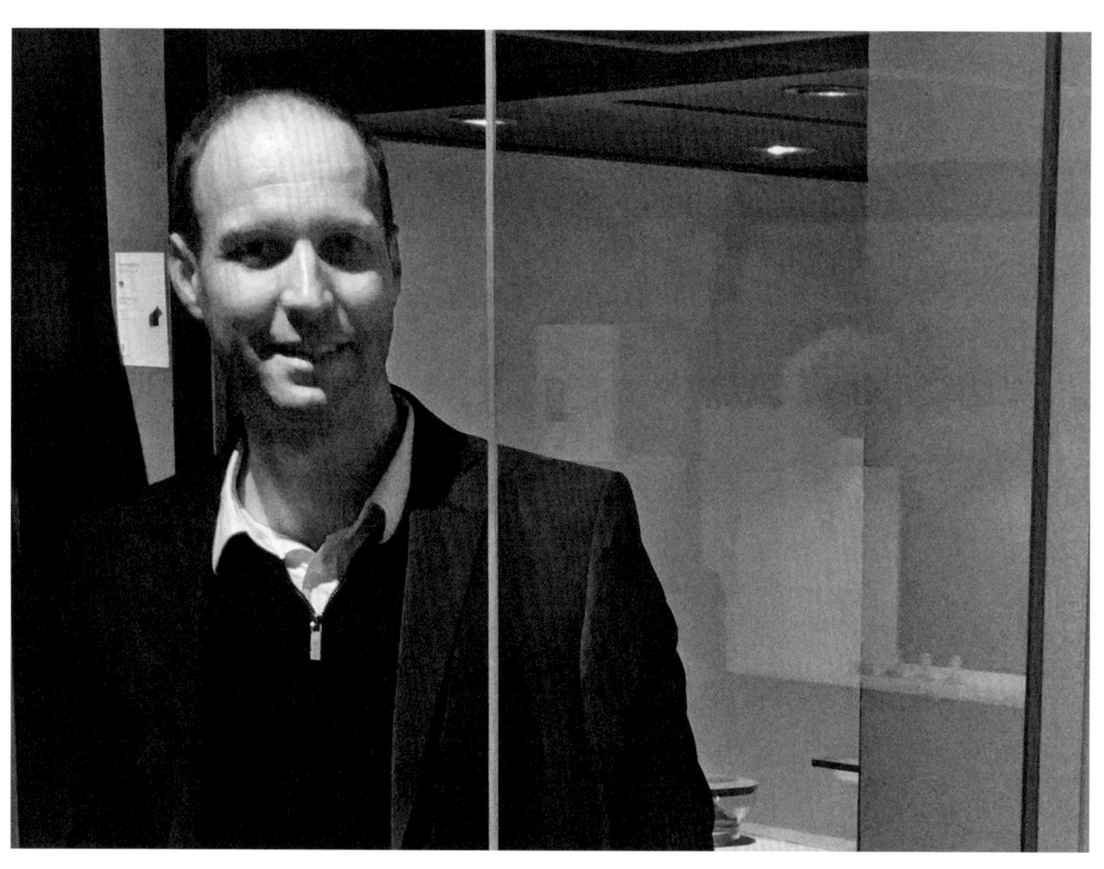

»Das Design des Y2 bleibt zugunsten der Exponate sehr zurückhaltend.«

»The Y2 is meant to direct attention to the exhibits rather than to itself.«

Welcher Produktaspekt stand beim Beginn der Entwicklung im Vordergrund?
Wir hatten bei unseren Projekten LED-Beleuchtungen diverser Hersteller im Einsatz. Da die Lieferzeit in letzter Zeit auf mehrere Monate angestiegen war, wollte ich aus dieser Lieferantenabhängigkeit herauskommen. Ich entschloss mich, einen eigenen Spot herzustellen. Für mich war es wichtig, dass das Produkt einen Wettbewerbsvorteil, also einen zusätzlichen Mehrwert für den Kunden hat. Da kam ich sehr schnell auf den Zoombereich und eine Leistung von mindestens zwei Watt, um Vitrinen zu beleuchten. Und da es in diesem Leistungsbereich derzeit keinen Anbieter eines vergleichbar kleinen Magnetspots gibt, war die Entscheidung schnell getroffen.

Und ab welchem Zeitpunkt der Entwicklung haben Sie über das Design nachgedacht?
Da es schon einige Magnetsysteme am Markt gibt, sollte der Y2 so klein wie möglich bleiben und zugleich effektiv sein. Denn schließlich steht das Exponat oder die Umgebung, die er ausleuchtet, im Vordergrund – daher bleibt das Design des Y2 sehr zurückhaltend. Wichtig war mir bei der Planung außerdem, den Kunden ein gutes und einfaches Handling zu ermöglichen.

→ **Die Vitrinenleuchte ist bereits Ihr zweites, mit dem FOCUS OPEN Gold prämiertes Produkt. Welchen Effekt hat das auf Ihre Marktpräsenz?**
Die Kunden schauen genau auf Produkte mit Auszeichnungen. Weil die Prämierungen beim FOCUS OPEN unabhängig getroffen werden, sind sie für uns als Hersteller wertvolle Verkaufsargumente.

Die Y2 ist primär für die Vitrinen-Illumination konzipiert – wo kann sie noch genutzt werden?
Das Y2-Beleuchtungssystem kann im gesamten Innenbereich genutzt werden, ob Ladenbau oder Messebeleuchtung. Im Privatbereich gibt es bereits Anfragen für die Beleuchtung von diversen Sammlungen. Das System ist aufgrund der Magnethalterung sehr flexibel und erweiterbar.

Der Lichtkegel der Leuchte lässt sich variabel einstellen – in welchem Bereich?
Der Lichtkegel lässt sich von Punktlicht bis zu einem Winkel von etwa 60 Grad stufenlos einstellen. Die Linse hat einen besonderen Anschliff, der diese variable Einstellung ermöglicht.

Die Schreiber Innenausbau GmbH mit Sitz im sächsischen Geyer agiert deutschlandweit als Spezialist für Museumseinrichtungen und Ladenbau. Der handwerkliche Meisterbetrieb konzentriert sich dabei insbesondere auf den Bau hochwertiger Schaukästen und Vitrinen für den Ausstellungsbereich – mit Schwerpunkt auf professionellen Lösungen für Sondervitrinen.

www.schreiber-innenausbau.de

→ **The exhibition light is now your second FOCUS OPEN Gold award-winning product. What effect does that have on your market presence?**
Our customers pay more attention to products that have won awards. Because the FOCUS OPEN awards are independent, they are a valuable sales argument for us as a manufacturer.

The Y2 is designed primarily for showcase illumination. Where else can it be used?
The Y2 lighting system can enhance various indoor spaces. It is suitable for use at retail and trade shows, for example. We have already begun receiving inquiries from the private sector interested in illuminating various collections. Thanks to the magnetic holder, the system is very flexible and expandable.

The luminaire's beam can be variably adjusted – over what range?
The light beam can be adjusted continuously from a tight spot to an angle of about 60 degrees. The lens has a special bevel to enable this variable adjustment.

What particular aspect of the product did you focus on during the initial stages of development?
We used to use LED lights from several manufacturers in our projects. When delivery times started to increase to several months, I saw the necessity to reduce our reliance on these suppliers and decided to develop our own in-house spotlight production capabilities. I also felt it was important for the product to have a competitive advantage, that is, to deliver added value to the customer, and very quickly came up with the zoom range with a minimum of two watts for showcase lighting. As no other manufacturer supplies a small magnetic spotlight in this power range, the decision was quickly made.

And at what point in the development did you start thinking about the design?
As there are already several magnetic systems on the market, we decided that the Y2 should be as small as possible while still being effective. As the exhibit or the environment it illuminates must take centre stage, the design of the Y2 remains very restrained. It was also important to me during the planning stage to provide a product that customers would find easy to handle.

Schreiber Innenausbau GmbH, based in Geyer, Saxony, operates throughout Germany as a specialist supplier to the museum and shopfitting sectors. The master craftsman's business specialises in the construction of high-quality display cases and showcases for the exhibition industry – with an emphasis on professional solutions for special showcases.

www.schreiber-innenausbau.de

SLICE² PI CEILING

DECKEN— LEUCHTE

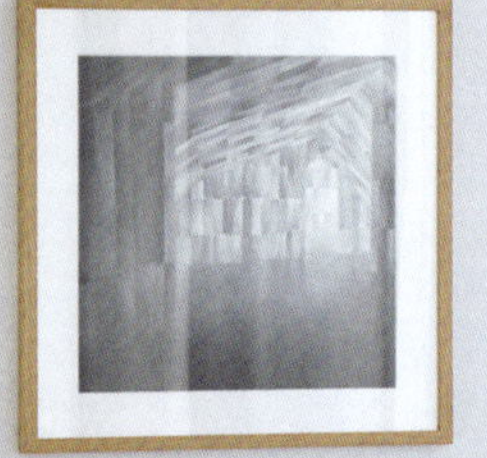

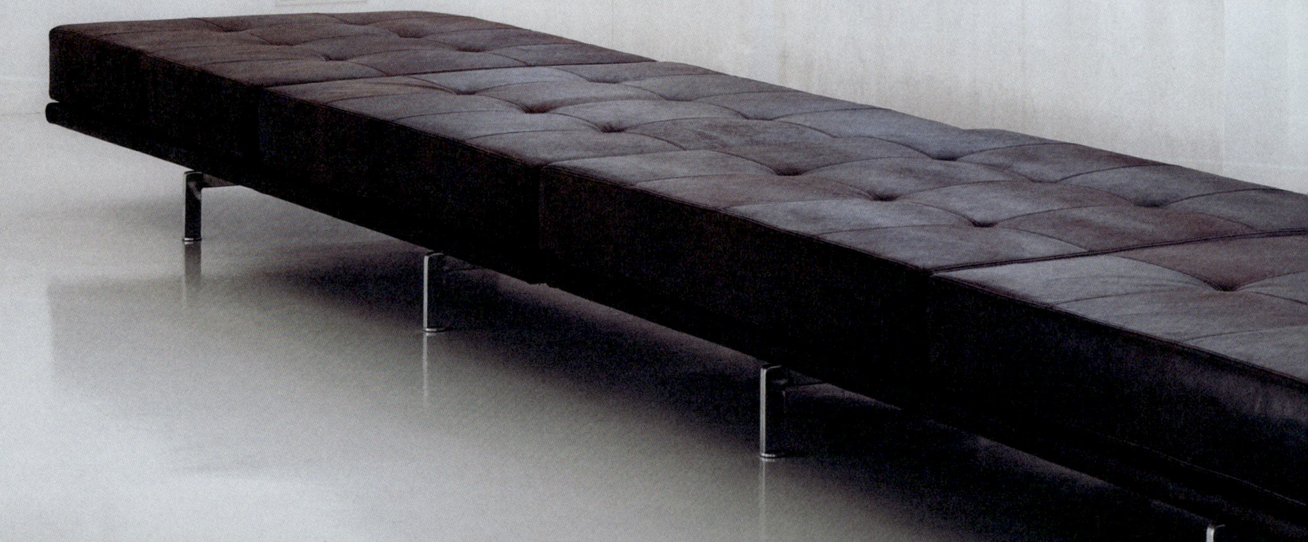

FOCUS
GOLD

JURY STATEMENT

Eine formal sehr dezente Decken-
leuchte mit perfekt ausgearbeite-
ter, ausgesprochen homogener
Lichtwirkung bei flacher Bauweise.
Der indirekte Lichtanteil erhellt
den Deckenbereich unmittelbar
um die Leuchte und verändert die
räumliche Wirkung. Bemerkenswert einfach ist auch das Montage-
prinzip.

A slim and visually discreet ceiling luminaire with an impeccably
executed, uniform lighting effect.
The indirect light component illuminates the ceiling area immediately around the luminaire to alter
the spatial effect. The mounting
arrangement is also remarkably
simple.

HERSTELLER/MANUFACTURER
Serien Raumleuchten GmbH
Rodgau

DESIGN
Inhouse / In-house

Formal auf ein Minimum reduziert, zeichnet sich die Leuchte auch durch
ihr lichttechnisches Konzept aus. Denn die im umlaufenden Gehäusering
integrierten LED-Module koppeln ihr Licht seitlich in die mikroprismatische Ebene ein, von der es nach unten umgelenkt wird – homogen und
standortunabhängig blendfrei.

Die Einfachheit der Form erlaubt es, die Leuchte in nahezu allen
architektonischen Kontexten einzusetzen. Dazu kommen die geringe Auf-
bauhöhe und die Option, den Deckenbereich durch einen indirekten Lichtanteil zusätzlich aufzuhellen. Montiert wird die Leuchte in zwei Schritten:
Zuerst fixiert man das Gehäuseteil mit der Elektronik an der Decke, dann
folgt die eigentliche, in sich geschlossene Leuchtenscheibe. Per Bajonett-
drehung verbinden sich dabei auch die elektrischen Kontakte.

With its sleek and minimalist design, the luminaire presents a unique
lighting concept that sets it apart. The light from the LED modules built into
the circumferential housing ring is directed laterally via the edge of
the glass and distributed downward by a microprismatic plane – giving
an even and glare-free spread of light regardless of location.

The simplicity of the shape makes the luminaire suitable for use in
almost all architectural contexts. Further benefits are the low installation
height and the option to use indirect light to illuminate the ceiling area.
The installation process involves two steps. First, the housing containing
the electronics is fixed to the ceiling. Second, the fully enclosed circular
luminaire is installed and then secured and connected electrically by turning the bayonet lock.

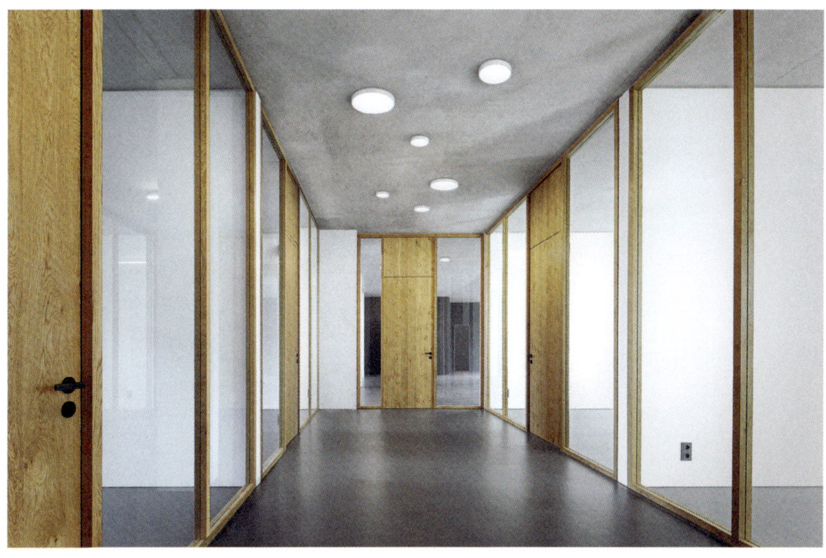

MANFRED WOLF GESCHÄFTSFÜHRER,
SERIEN RAUMLEUCHTEN GMBH

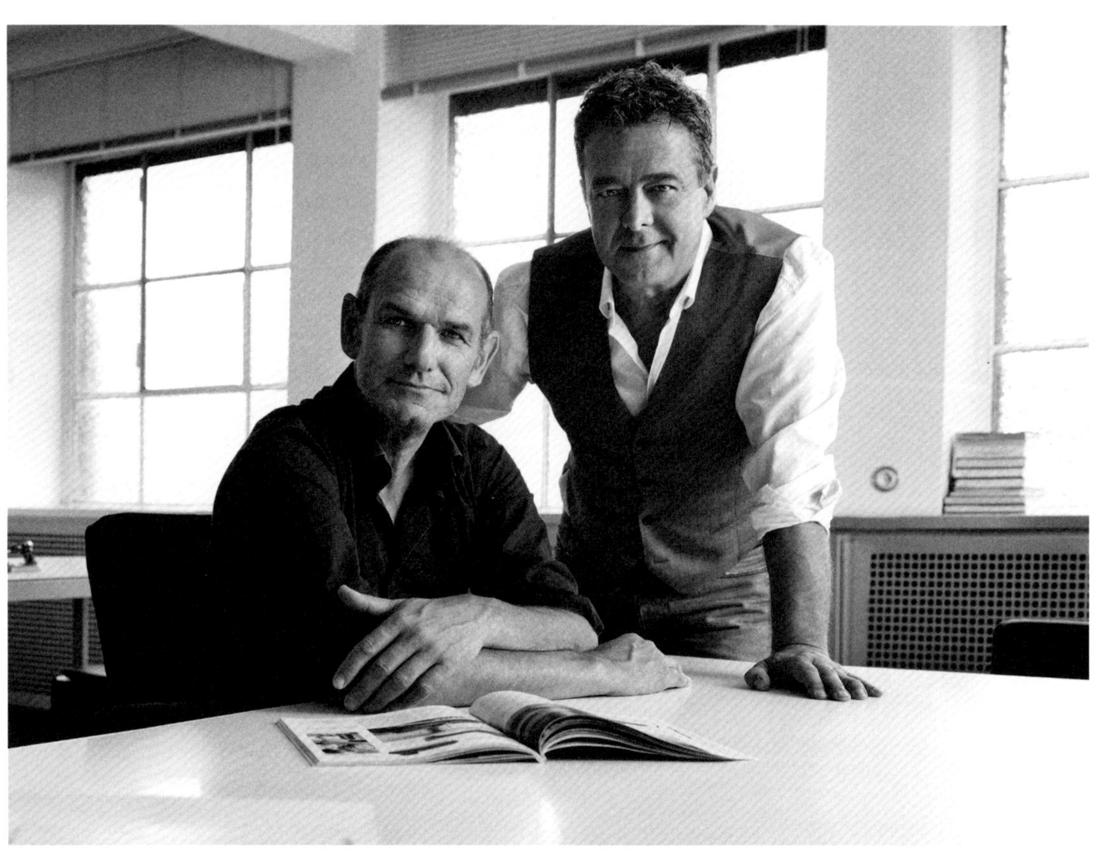

»Wir denken bereits in der Entwurfsphase daran, wie wir Varianten ableiten können.«

»We start thinking about
how to derive variants
right at the design stage.«

→ **Die prämierte Leuchte ist formal reduziert, zugleich elegant und zeitlos. Für welche Kontexte wurde sie konzipiert?**
Im Grunde genommen ist die Leuchte so minimalistisch, dass sie nahezu universell nutzbar ist. Also im privaten Wohnbereich genauso wie in Büros, in öffentlichen Gebäuden, in Schulen oder auch im Retail. Und das in modernen wie in historischen Interieurs. Gerade dann bildet sich eine spannende, formale Interaktion zwischen dem Kontext und der Leuchte aus.

Wie haben Sie erreicht, dass die Leuchte nie blendet?
Das Licht der LED wird nicht direkt abgestrahlt, sondern seitlich über eine mehrlagige Schicht eingekoppelt, wo es homogen über die ganze Fläche verteilt wird und über eine mikroprismatische Schicht in den Raum gelangt. Die gleichmäßige Verteilung in der Fläche wird für jede Leuchtengröße gesondert berechnet und dann exakt per Lasergravur umgesetzt. Diese Lichtlenkung sorgt also für perfekt homogene Ausleuchtung ohne sichtbare Hotspots bei hoher Lichtausbeute.

Welche Rolle spielt die Montagefreundlichkeit bei der Konzeption?
Das ist aus unserer Sicht ein ganz wichtiges Thema. Denn letztlich sollte eine Leuchte natürlich auch wirtschaftlich zu montieren sein. Das gilt vor allem für Leuchten, die in größeren Stückzahlen eingesetzt werden. Wir entwickeln unsere Leuchten daher auch im Sinne der schnellen und sicheren Anbringung. Bei der Slice haben wir zwei Teile, zum einen ein deckenseitiges Gehäuseelement mit dem Betriebsgerät, zum anderen die Leuchte selbst. Nachdem das Gehäuseelement fixiert und mit den elektrischen Anschlüssen verbunden ist, wird die Leuchte einfach per Bajonett eingedreht. Sie verbindet sich dabei

selbst mit den Strom- und Datenleitungen. Das hat zudem den Vorteil, dass die Leuchte gekapselt ist, also kein Staub eindringen kann. Und sollte mal ein Austausch nötig sein, ist der natürlich sofort erledigt.

Wie wichtig ist die Variantenbildung?
Wir denken bereits in der Entwurfs- und Entwicklungsphase daran, wie wir Varianten ableiten können. Das planen wir quasi schon als Option mit ein. Ob wir diese Karte dann ziehen, entscheidet sich meist später, wenn das Ausgangsmodell etabliert ist. Die Varianten sind so konzipiert, dass es möglich ist, unterschiedliche Anforderungen in einem Objekt mit dem gleichen Leuchten-Grundtyp zu erfüllen. Das trägt zu einem konsistenten Erscheinungsbild bei und vereinfacht die Planung.

Wie wichtig sind Designpreise wie der FOCUS OPEN für Sie?
Sehr. Auszeichnungen unterstützen unser Marketing und unsere Wahrnehmung am Markt, weil quasi eine externe Qualitätsprüfung stattgefunden hat. Und natürlich freuen wir uns mit dem ganzen Team über einen Preis! Er motiviert und bestätigt uns.

Serien Raumleuchten – 1983 gegründet und seit 1985 am Markt, beschäftigt aktuell 35 Mitarbeiterinnen und Mitarbeiter im hessischen Rodgau. Das von Manfred Wolf und Jean-Marc da Costa geführte Unternehmen konzentriert sich auf Entwicklung, Design und Produktion hochwertiger sowie langlebiger Leuchten mit ausgefeilter Lichtwirkung. Viel Wert legt das Unternehmen auf regionale Lieferantenbeziehungen, manuelle Montage, hochwertige Materialien und Komponenten sowie Repair-by-Design.

www.serien.com

→ **The award-winning luminaire is understated and at the same time timeless and elegant. What kind of environments was it designed for?**
The minimalist design means that it can be used almost anywhere – in the home, in the office, in public buildings, schools and even in shops, and in modern as well as in more traditional or even historic interiors. The design of the luminaire creates an exciting synergy with any environment.

How did you ensure that the luminaire would never dazzle?
The light from the LED is not emitted directly. It is directed laterally to a multilayer coating, distributed homogeneously across its entire surface and reaches the room via a microprismatic layer. The uniform distribution over the surface is calculated separately for the different sizes of luminaire and then precisely implemented by laser engraving. Directing the light in this way ensures high output illumination that is perfectly even and without any visible hotspots.

How important was ease of installation at the design stage?
This is a very important issue for us because we believe that all luminaires should be economical to install – especially when they are installed in large numbers. So, we design our luminaires to be quick and safe to install. The Slice comprises two parts, the ceiling-mounted housing containing the control gear, and the luminaire itself. Once the housing has been installed and the electrical connections made, the luminaire is simply screwed to the bayonet fixing, which connects the power and data lines. This arrangement offers the added benefit of encapsulating the luminaire, which effectively prevents dust from entering. And if the unit ever has to be replaced, it can of course be done quickly.

How important is the development of variants?
We start thinking about how to derive variants right at the design stage. We pencil these in as an option, so to speak. We usually decide later, when the first model is ready, whether to go ahead with the variants. These use the same basic luminaire but are designed to meet different requirements. This not only simplifies planning but also helps maintain a consistent visual identity.

How important are design awards like FOCUS OPEN to you?
Very. Awards support our marketing efforts and amplify our market presence because they are an independent validation of quality. And of course, our entire team is always happy to receive an award. It motivates us and acknowledges our work.

Serien Raumleuchten – founded in

1983 and on the market since 1985, currently employs 35 people in Rodgau in the German state of Hesse. Managed by Manfred Wolf and Jean-Marc da Costa, the company specialises in the development, design and production of durable, high-quality luminaires incorporating advanced lighting effects. The company attaches great importance to its regional supplier relationships, manual assembly, high-quality materials and components, and repair-by-design.

www.serien.com

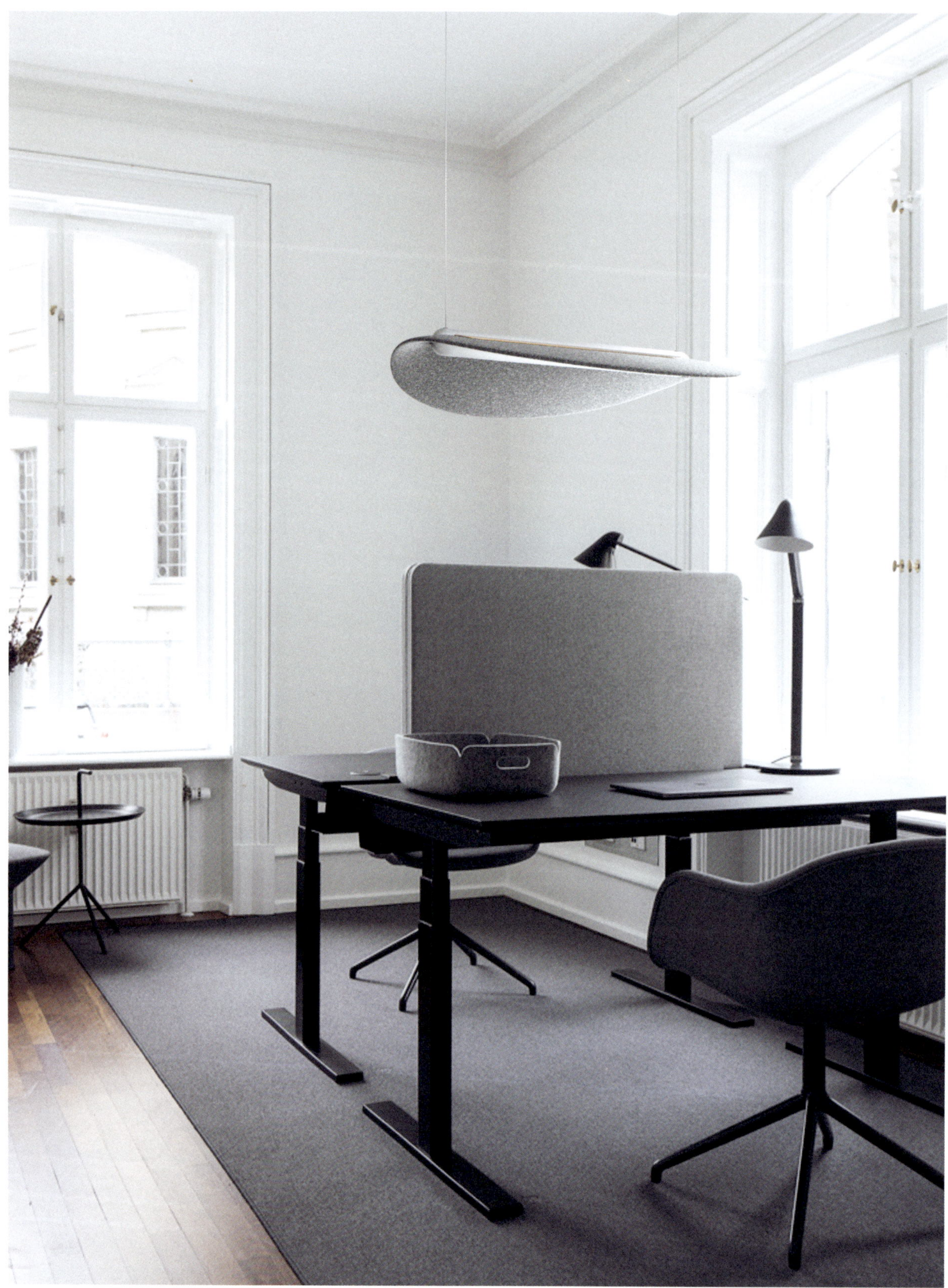

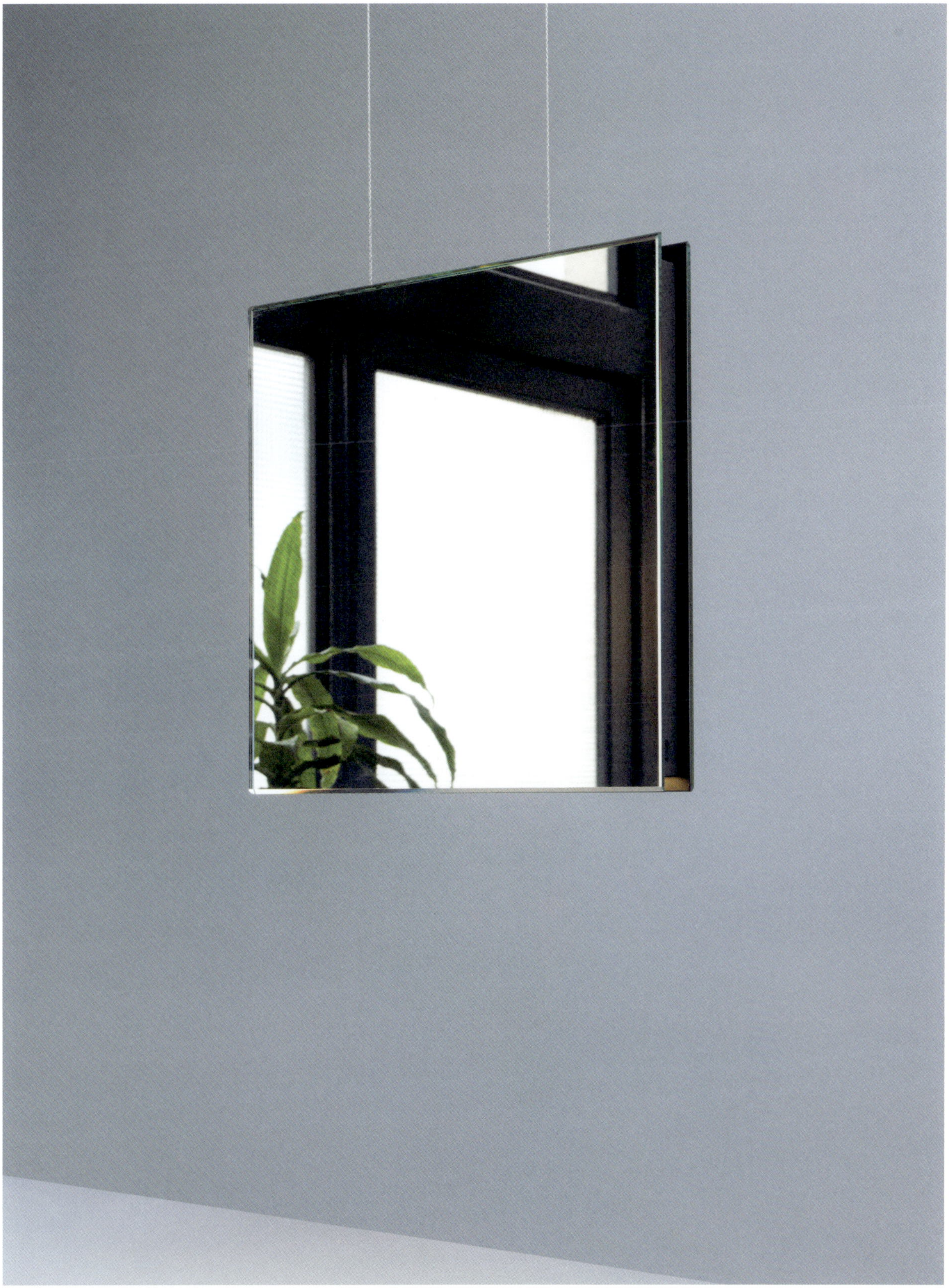

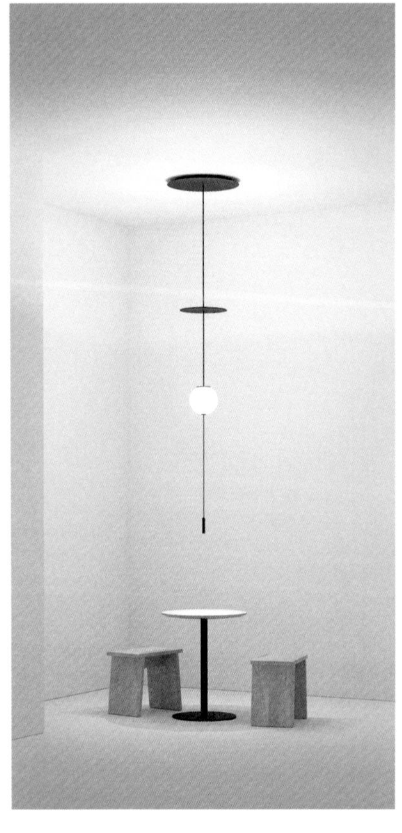
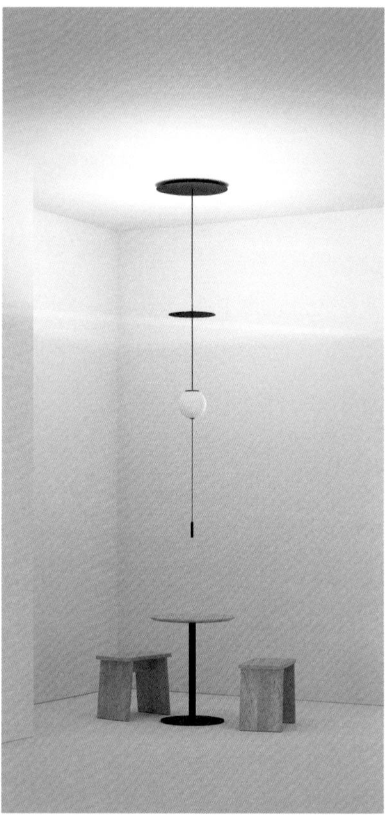
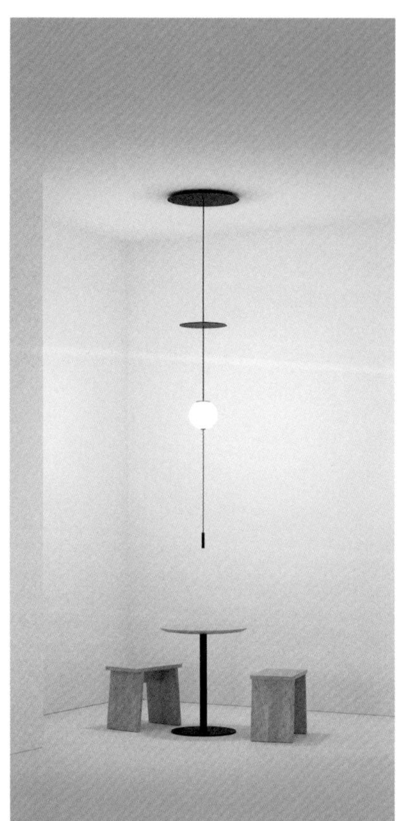
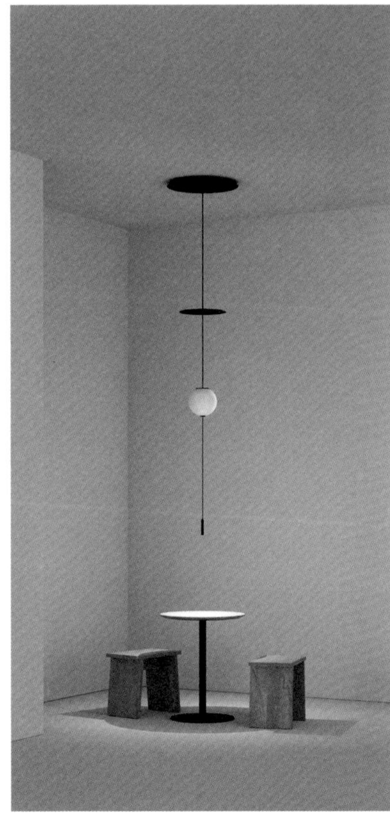
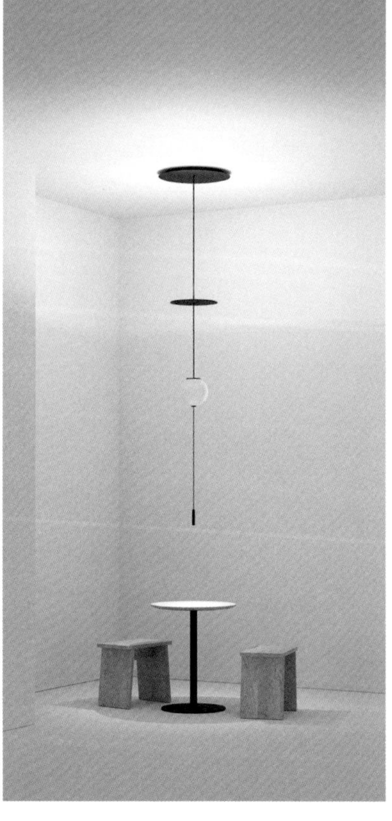
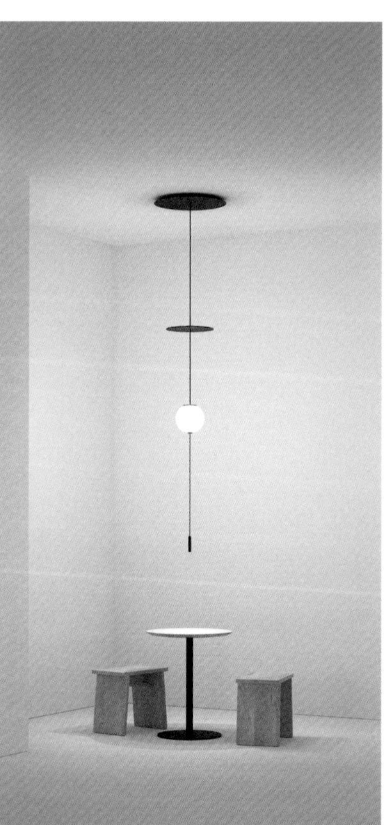

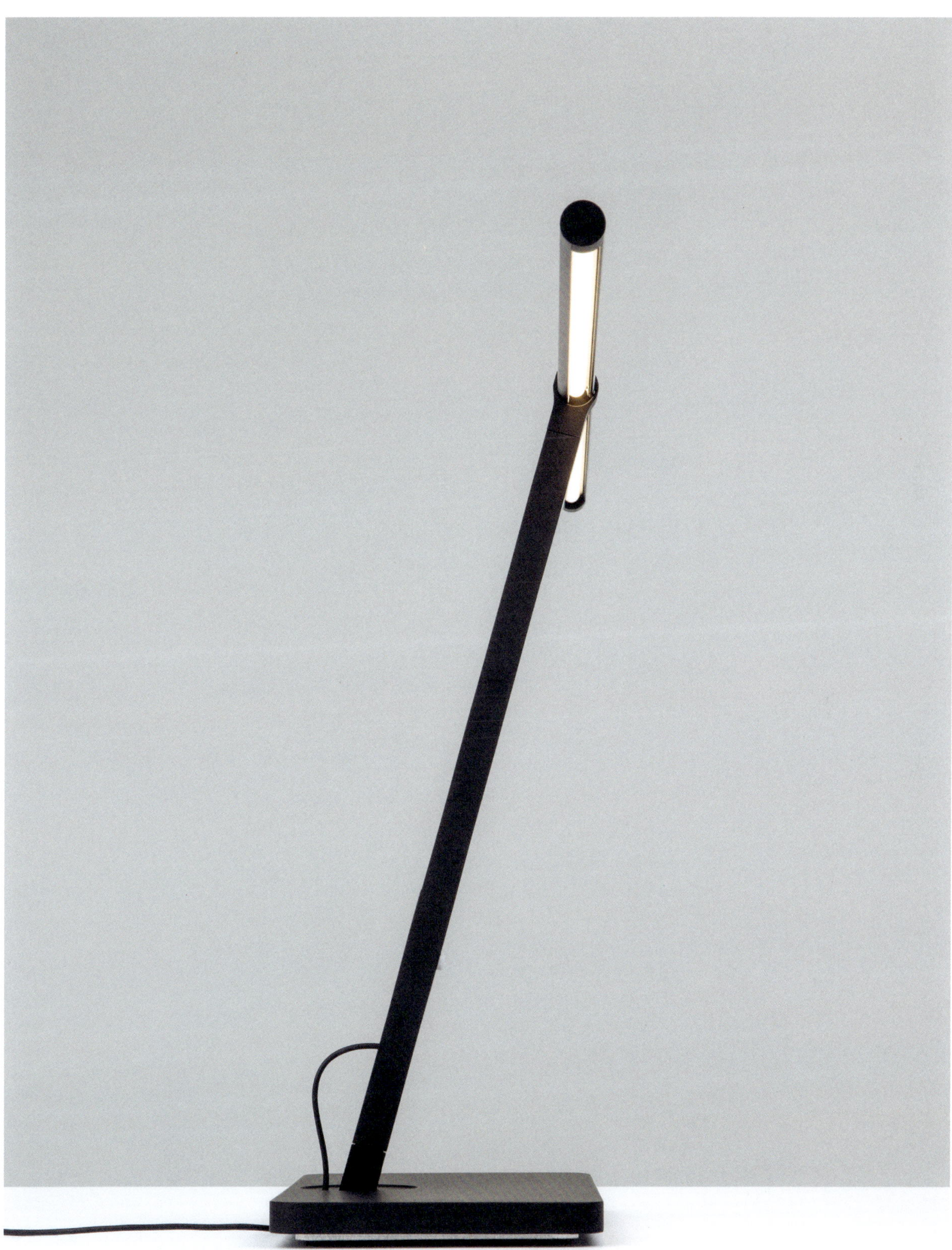

X.LEAF

PENDELLEUCHTE
PENDANT LAMP

HERSTELLER/MANUFACTURER
Luxwerk GmbH
Malterdingen

DESIGN
Phoenix Design GmbH + Co. KG
Stuttgart

Diese Leuchte vereint zwei Funktionen: Neben der Raum- oder Arbeits-
platzbeleuchtung verbessert sie auch noch die Akustik ihrer Umgebung.
Dafür sorgt ein rundes, blattähnliches Segel aus schallabsorbierendem
Vlies. Mittig verläuft der Leuchtenkörper aus Polycarbonat, aus dem
das LED-Licht sowohl indirekt zur Decke als auch direkt abgestrahlt wird.
Für die Bestückung stehen drei Lichtfarben zur Auswahl, darunter auch
LEDs für beste Farbwiedergabe und Vollspektrumtechnik. Das dimmbare
Betriebsgerät befindet sich im schmalen Deckenbaldachin. Für geringe
Raumhöhen ist eine Aufbauversion gedacht.
     Die Konzeption der Leuchte folgt der Prämisse der Reparierbarkeit.
Daher sind alle Komponenten einfach zugänglich und austauschbar, auf
Verklebungen wurde komplett verzichtet.

This luminaire combines two functions: besides providing room or work-
place lighting, it also improves the acoustics of its environment. This
is possible thanks to a round, leaf-shaped panel made of sound-absorbing
fleece. The polycarbonate body of the luminaire runs through the centre
of the panel and contains the LED light that directly and indirectly illuminates the ceiling. A choice of three light colours is available, including
LEDs for optimal colour rendering and full-spectrum technology. The
dimmable control gear is located in the narrow rectangular ceiling rose.
A surface-mounted version is available for low room heights.
     The luminaire has been designed with ease of repair in mind. All
components are therefore readily accessible and replaceable, and there
are no bonded assemblies.

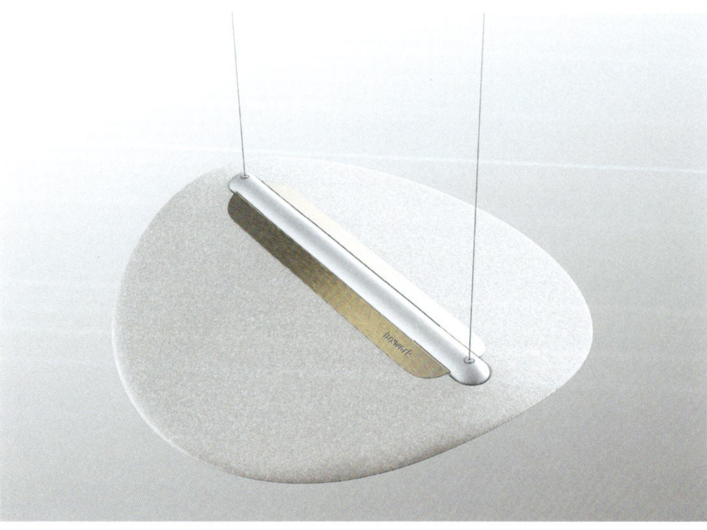

JURY STATEMENT

Mit ihren Spiegelflächen wirkt
die Leuchte sehr hochwertig
und verändert die Wirkung des illu-
minierten Raumes eindrucksvoll.
Fast könnte man von einer strengen
Skulptur sprechen, die, an filigranen Seilen hängend, mit ihrer
Umgebung interagiert.

The mirrored exterior of the luminaire gives it a premium aesthetic. It is remarkable how it is
able to alter the ambiance of a lit
room. You might even perceive
it as a work of austere sculpture,
delicately suspended from fine
strings, engaging with its environment.

HERSTELLER/MANUFACTURER
Formagenda GmbH
München / Munich

DESIGN
Studio Benjamin Hopf
München / Munich

Geradezu entmaterialisiert schwebt diese Leuchte im Raum – dank ihrer
Oberfläche in Form eines Klar- oder Rauchglas-Spiegels reflektiert sie die
Umgebung und löst sich optisch quasi auf. Allein die abweichende Licht-
brechung an den facettierten Ober- und Unterkanten sorgt für eine gewisse
visuelle Abgrenzung. Besonders faszinierend wirkt die Multicolor-Ver-
sion, bei der die Farbe je nach Blickwinkel unterschiedlich wahrgenommen
wird. Fast tritt die Leuchtfunktion hinter der optischen Erscheinung zurück: Das dimmbare LED-Licht wird aus dem schmalen Spalt zwischen den
Spiegelflächen nach unten ausgestrahlt, die LED-Module sind auf unterschiedliche Lichtfarben abgestimmt und austauschbar, sollten Defekte
auftreten. Auch die übrigen Teile der Leuchte können schnell getrennt und
verwertet werden.

This luminaire floats in space almost by magic. The mirrored exterior,
available in a choice of clear or smoked glass, reflects its environment,
creating the illusion of near invisibility. It is only the refraction of light
from the top and bottom edges that makes you aware of its presence. The
multicoloured version, where the colour varies according to the viewing
angle, is particularly fascinating. The lighting function almost takes a
back seat to the visual appearance. The dimmable LED light shines down-
wards through the narrow gap between the mirrored surfaces. The LED
modules generate different colours and are replaceable should they develop a fault. The other parts of the luminaire can also be easily separated
and recycled.

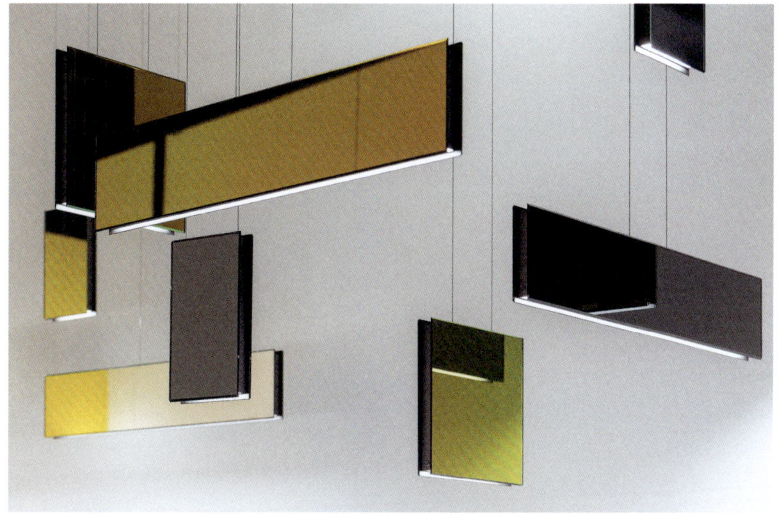

SPECIAL MENTION MAY PENDELLEUCHTE PENDANT LAMP

HERSTELLER/MANUFACTURER
Nyta UG
Karlsruhe

DESIGN
Inhouse / In-house

Diese Pendelleuchte verbindet gleich drei unterschiedliche Lichttypologien: Uplight, Sidelight und Downlight. Die drei Elemente können einzeln sowie in beliebiger Zweier- oder Dreier-Konstellation mit frei wählbaren Abständen kombiniert und dann unabhängig voneinander angesteuert werden. Das flache Uplight nutzt ein eigens entwickeltes LED-Modul, um ein möglichst harmonisches Flächenlicht zu realisieren. Das kugelförmige Sidelight aus satiniertem Opalglas verändert während des Dimmens seine Lichtfarbe analog zu konventionellen Glühlampen. Dies gilt auch für das schlanke, zylindrische Downlight mit seinem Spotcharakter. Dank der internen Kabelführung ist die Verschattung der Leuchtkörper ausgeschlossen.

This pendant luminaire combines three different lighting typologies: uplighting, sidelighting and downlighting. The three typologies can be used on their own or in any combination of two or three, with freely definable spacing and each one controlled independently. The flat uplighter uses a specially developed LED module to achieve a harmonious spread of light. The light from the spherical sidelighter, which is made of satin-finished opal glass, changes when dimmed just like a conventional incandescent lamp. The same applies to the slim, cylindrical downlighter with its spotlight character. The internal cable routing helps eliminate unwanted shadowing.

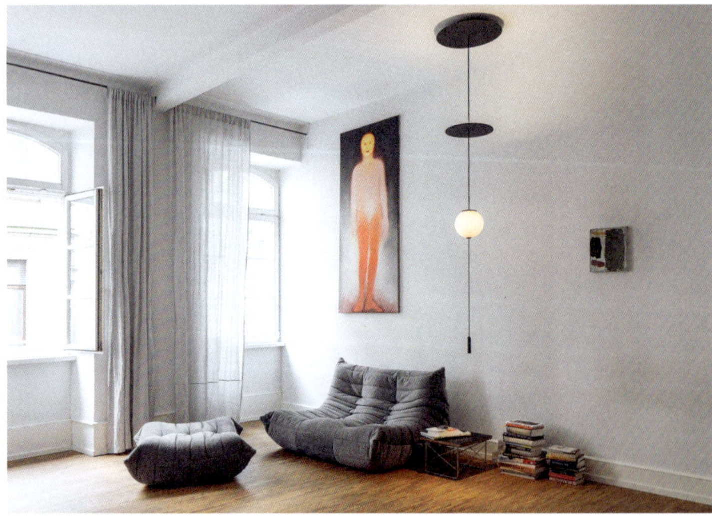

HERSTELLER/MANUFACTURER
Corporate Friends GmbH
Kamenz

DESIGN
Inhouse / In-house

Diese extrem minimalistische Leuchte wurde zunächst speziell für die
Oslo Public Library entwickelt, die dort nur »Deichmanske« genannt wird –
daher auch der Name dieser für das Lesen und Schreiben sowie die Rech-
nernutzung optimierten Lichtquelle. Die Bedienung wurde so einfach wie
möglich gehalten, auf überflüssige Elemente zugunsten einer robusten
und langlebigen Konstruktion verzichtet. Dafür bietet die Leuchte ein aus-
geklügeltes, effektives Entblendungssystem und eine auf konzentriertes
Arbeiten mit Druckwerken abgestimmte, hohe Lichtqualität.

Abgesehen von einigen elektronischen Bauteilen entstehen alle
Elemente der auch tischintegrierbaren Leuchte in Deutschland, die Montage inbegriffen.

This minimalist luminaire was originally developed for Oslo's public
library – the Deichman Library, from which it takes its name. It has been
optimised for reading and writing as well as computer use. Operation has
been kept as simple as possible; superfluous features have been avoided
to ensure a robust and durable product. Despite its simplicity, the luminaire contains a clever and effective glare reduction system and delivers a
high quality of light that is particularly suitable for reading, writing and
computer work, where high levels of concentration are called for.

Apart from a few electronic components, all the parts for the
luminaire (which can also be integrated into a table) are produced and
assembled in Germany.

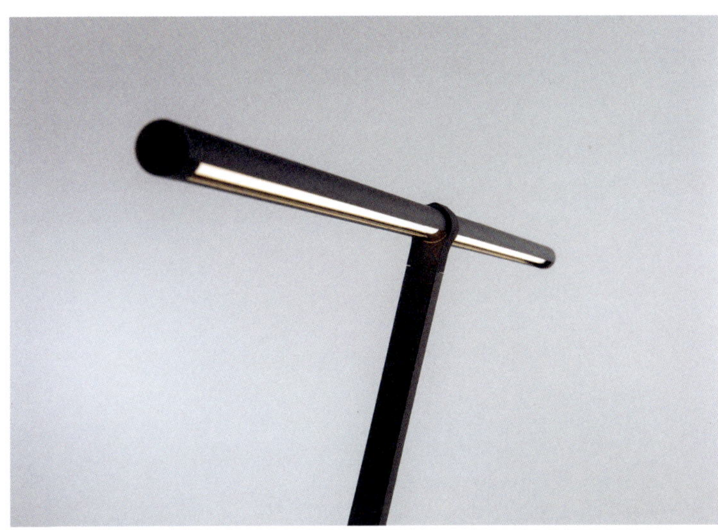

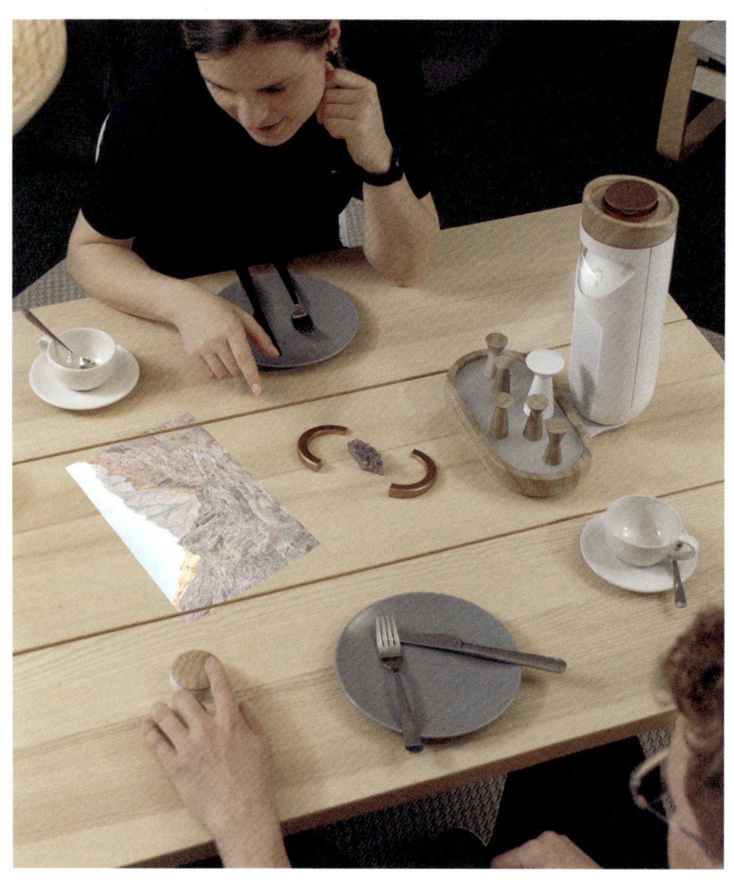

1 → SEITE/PAGE
140, 142

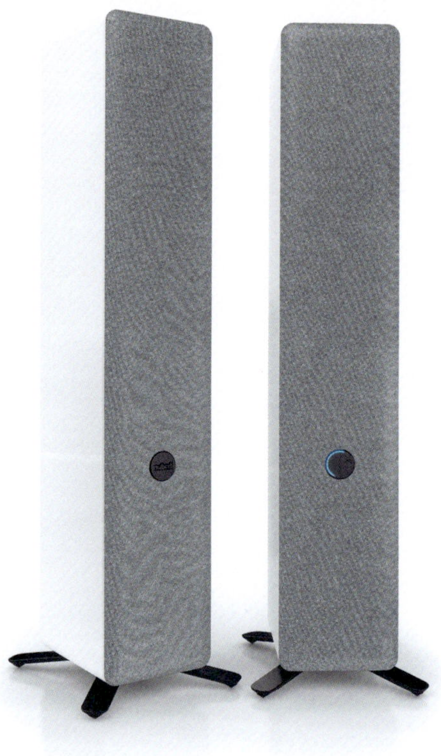

2 → SEITE/PAGE
141, 143

1 **SPECIAL MENTION:**
WEHUB
PraktikApp Forschungsgruppe
Siegen

2 **NUPRO SP**
Nubert Electronic GmbH
Schwäbisch Gmünd

Während die klassischen Gerätschaften allmählich durch digitale Devices und Services verdrängt werden, tauchen am Firmament ganz neue Anforderungen auf, ausgelöst durch Vernetzung, Homeoffice, Kommunikation. Neu hinzu kommen intelligente Systeme, für die keine gestalterischen Archetypen existieren. Hier setzt das Design komplett neu an.

While traditional appliances are gradually being superseded by digital devices and services, totally new needs are still appearing on the horizon, driven by networking, homeworking and communications. Also new are intelligent systems, for which no design blueprints exist. In cases such as these, design has to start from scratch.

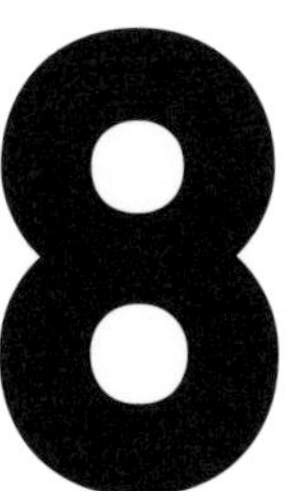

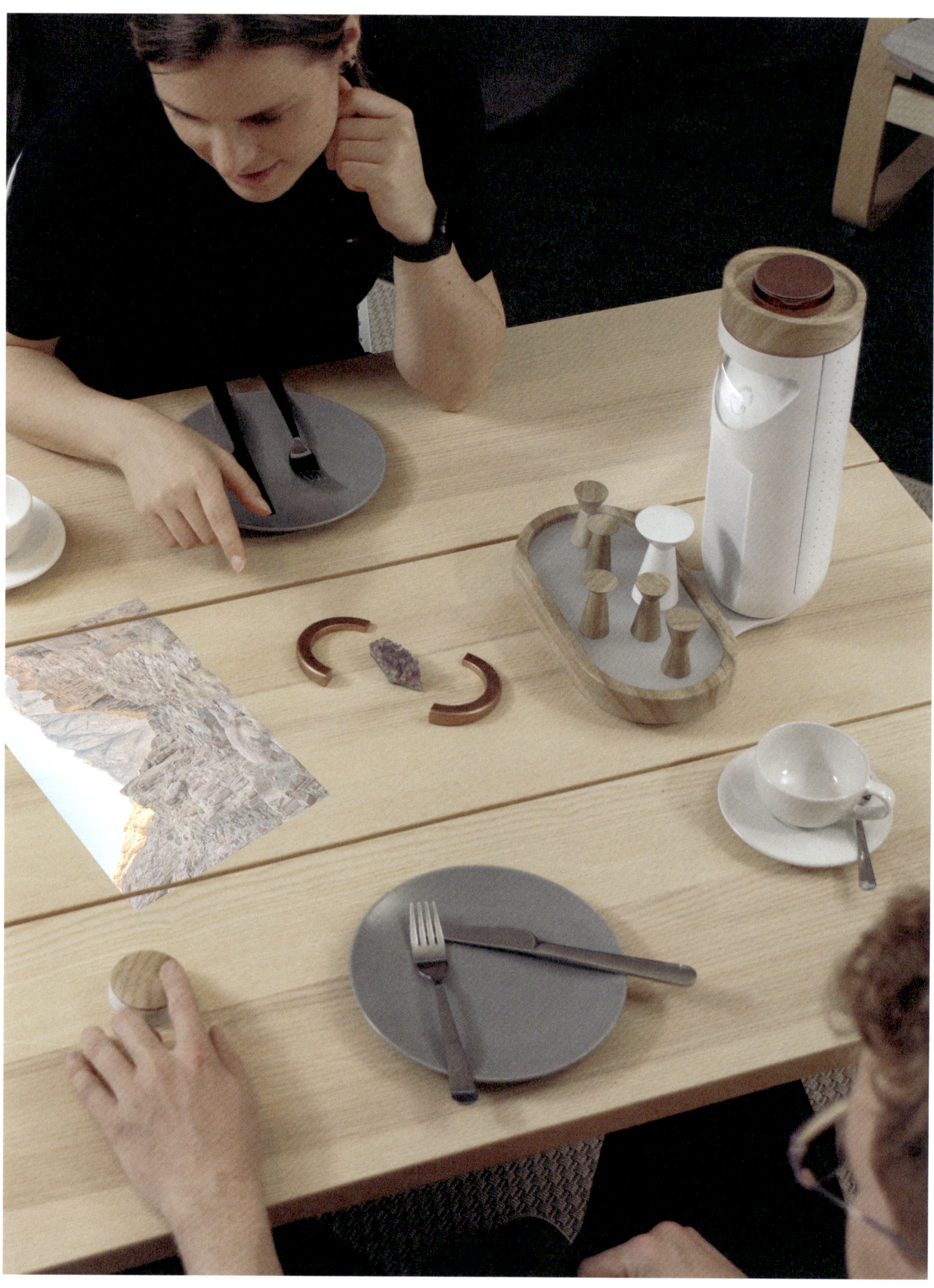

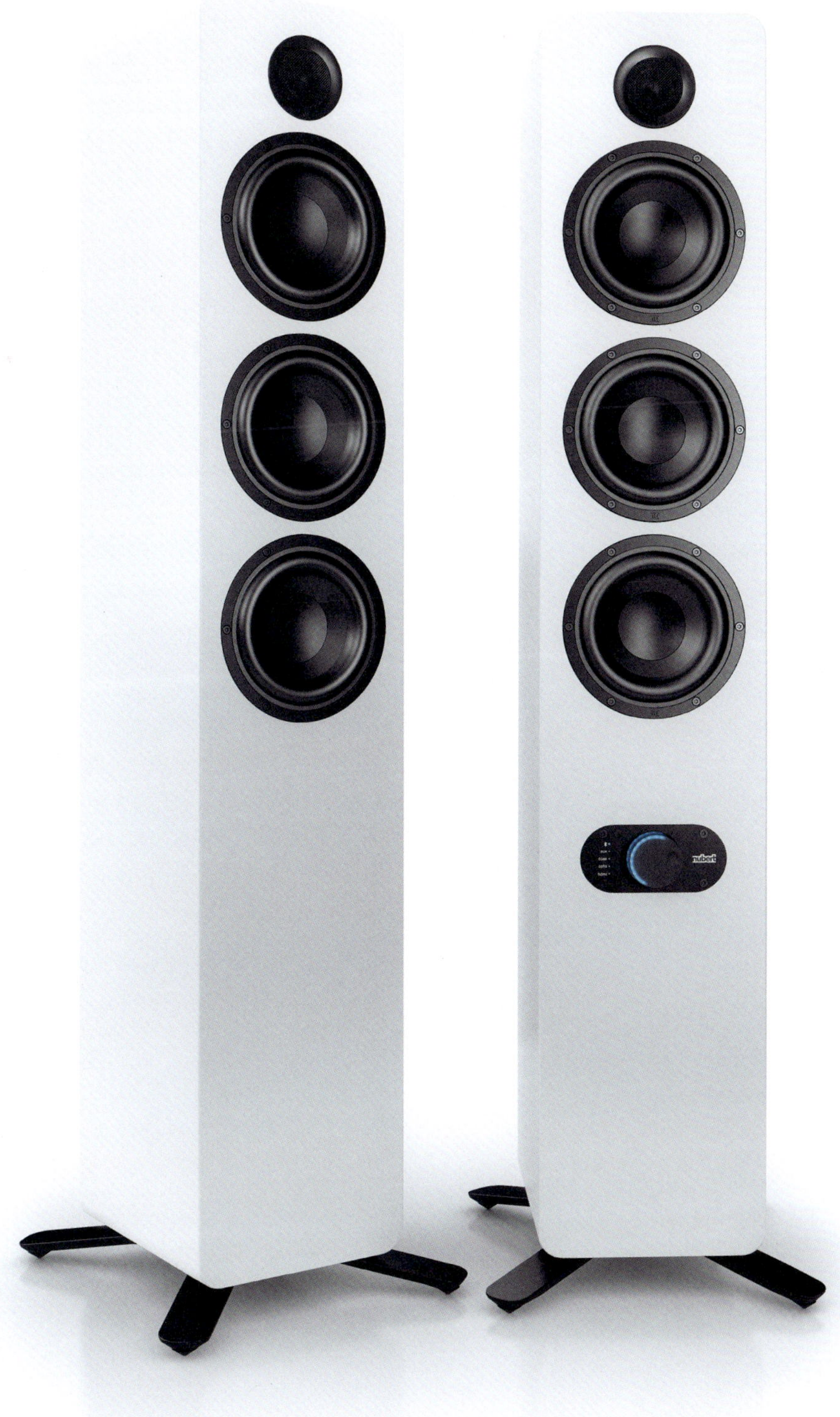

ESSTISCH-KOMMUNIKATOR
DINING TABLE COMMUNICATOR

HERSTELLER/MANUFACTURER
PraktikApp Forschungsgruppe
(Universität Siegen /
Wirtschaftsinformatik;
Hochschule Düsseldorf /
Medieninformatik;
Nyris GmbH, Berlin;
Häfele SE & Co. KG, Nagold;
Tennagels GmbH, Düsseldorf;
IOX GmbH, Düsseldorf)

PraktikApp Research Group
(University of Siegen/
Business Informatics; Düsseldorf
University of Applied Sciences/
Media Informatics;
Nyris GmbH, Berlin;
Häfele SE & Co. KG, Nagold;
Tennagels GmbH, Düsseldorf;
IOX GmbH, Düsseldorf)

DESIGN
Spek Design
Stuttgart

Fotos/Photos:
Sabrina Großkopp, Tim zu Hoff /
Universität Siegen

Dieses Produkt ist ein Prototyp – hervorgegangen aus einem interdisziplinären, dreijährigen und vom Bundesforschungsministerium geförderten Projekt. Das Konzept kombiniert digitale Kommunikation mit der Esstischkultur und greift bekannte Tischobjekte auf. Konkret soll es die gemeinschaftliche Kommunikation direkt am Tisch oder über die Distanz ermöglichen, ohne ein Smartphone nutzen zu müssen. So kann das Gerät beispielsweise Fotos für alle sichtbar auf den Tisch projizieren. Speziell geformte Module wiederum dienen als interaktive Avatare, ihnen werden Rollen, Personen oder Funktionen zugewiesen. Die kamerabasierte Objekterkennung löst dann entsprechende Aktionen oder Steuerbefehle aus. Alle Materialien sowie die Elektronik lassen sich am Ende der Nutzung trennen, die Spritzguss-Gehäuseteile bestehen aus biobasiertem Kunststoff.

This product is a prototype – and the result of an interdisciplinary, three-year project funded by the German Federal Ministry of Research. The concept combines digital communication with dining table culture and makes use of familiar tabletop objects. More specifically, it is designed to enable collaborative communication either directly at the table or remotely without the need for a smartphone. For example, the device can project photos onto the table for everyone to see. Specially shaped modules serve as interactive avatars to which roles, people or functions can be assigned, while a camera-based object identification system triggers appropriate actions or control commands. All materials, including the electronics, can be separated at the end of life. The injection moulded housing parts are made of biobased plastic.

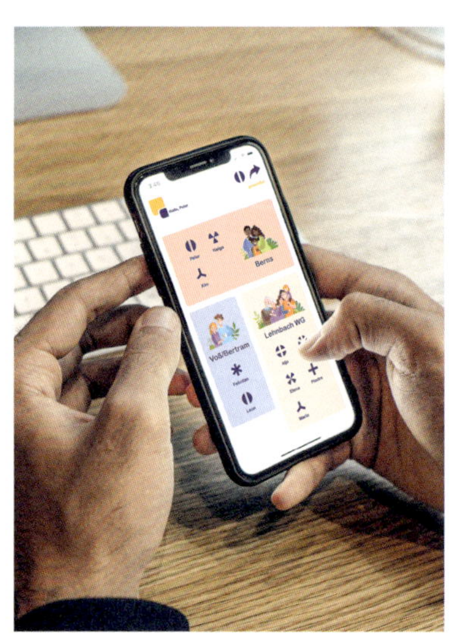
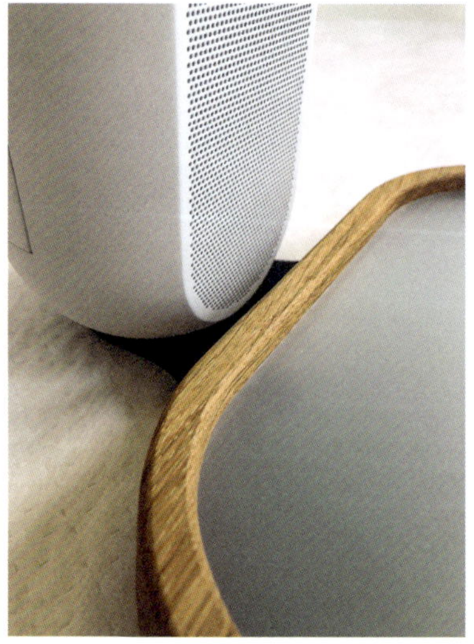

HERSTELLER/MANUFACTURER
Nubert Electronic GmbH
Schwäbisch Gmünd

DESIGN
White ID GmbH & Co. KG
Schorndorf

Wer beste Klangqualität schätzt, kommt an hochwertigen Lautsprechern
nicht vorbei – gerade auch in Zeiten des digitalen Sounds. Diese aktiven
Standlautsprecher lassen sich via Netzwerkplayer direkt ansteuern,
machen also kompakte Hifi-Anlagen obsolet. Bedient werden die Boxen per
Fernbedienung oder über das runde Element an der textil verkleideten,
sphärisch gekrümmten Front. Die Gestaltung orientiert sich an klassischen
Standboxen, differenziert sich aber durch große Radien an den Kanten
und durch die Standfüße mit ihrer Überspannung. Zusammen mit dem er-
wähnten Bedienelement unterscheiden sich die Boxen klar von anderen
Produkten am Markt.
　　Die Standboxen ergänzt ein Subwoofer im gleichen Format,
zusätzlich sind noch deutlich kompaktere Boxen mit identischen Design-
merkmalen im Portfolio des Herstellers.

Anyone who appreciates fine sound quality – especially in this age of
digital sound – will insist on having a pair of high-quality speakers. These
active floorstanding speakers can be controlled directly by a network
player, thereby making compact hi-fi systems obsolete. The speakers are
operated by remote control or via the round control in the gently curved,
cloth-covered grille. The design is that of a classic floorstanding speaker,
although the generously curved cabinet edges and the outrigger feet
help it stand out from the crowd. These features, along with the inset control unit, set the cabinets apart from other products on the market.
　　The manufacturer's product range includes a visually matching
subwoofer as well as more compact speakers equipped with the same design features.

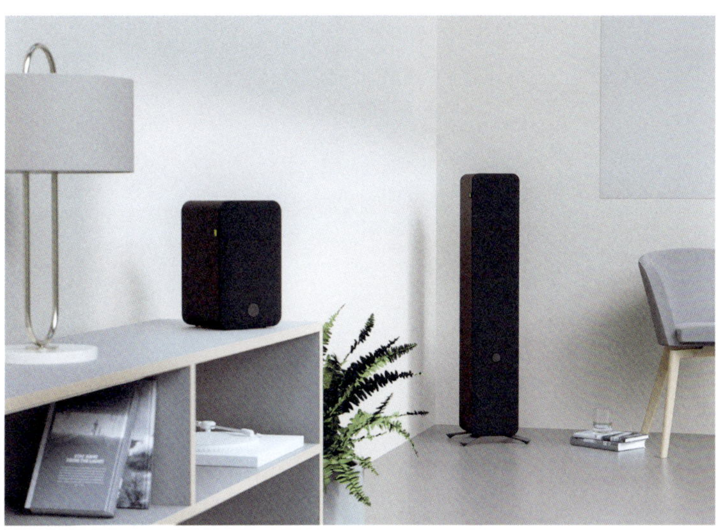

LINDA RUTH SCHMIDT

VERBAND DEUTSCHER INDUSTRIE DESIGNER,
BERLIN

»Die künftige Generation der Industriedesigner:innen sollte sich wieder auf den Kern des Industriedesign fokussieren, der durch ganz viele Themen verloren gegangen ist.«

»The future generation of industrial designers should realign their focus with the core principles of industrial design, which have been obscured by various challenges and distractions.«

Nach ihren Studienabschlüssen in London und Essen hatte Linda Ruth Schmidt die Gelegenheit, in einem industriellen Umfeld erst den Bereich Industrial Design, später auch UX aufzubauen und zu leiten. Als angestellte Design-Managerin und Direktorin des UX-Teams bei EPLAN entwickelt sie derzeit Systeme für die elektrotechnische Planung von Industrieanlagen.

Im Oktober 2021 wurde sie zur Präsidentin des VDID gewählt.

After completing her studies in London and Essen, Linda Ruth Schmidt was able to set up and manage the industrial design (and later also UX) department of an industrial company. As a design manager and director of the UX team at EPLAN, she is currently developing systems for the electrotechnical planning of industrial plants.

She was elected president of the VDID in 2021

www.vdid.de

www.vdid.de

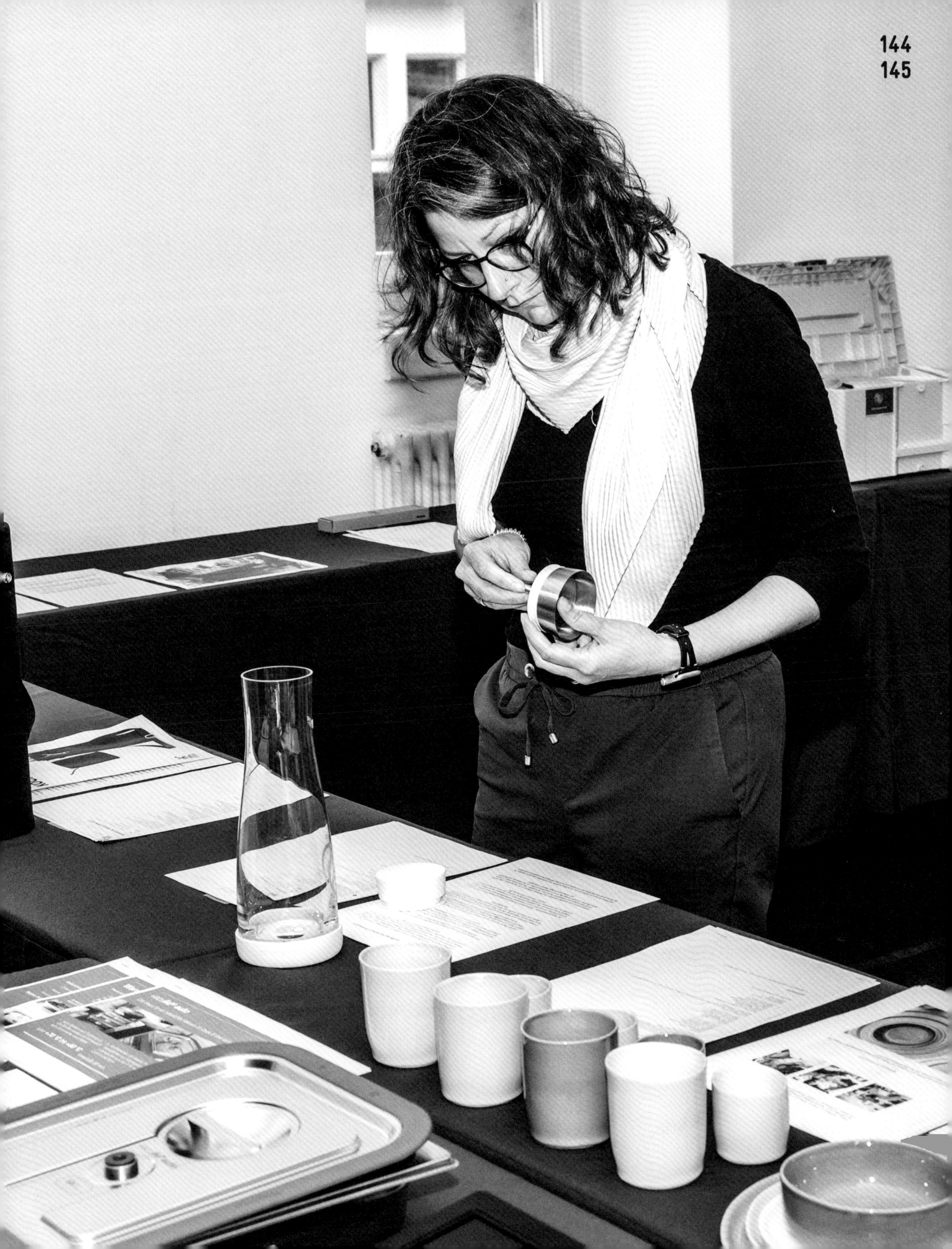

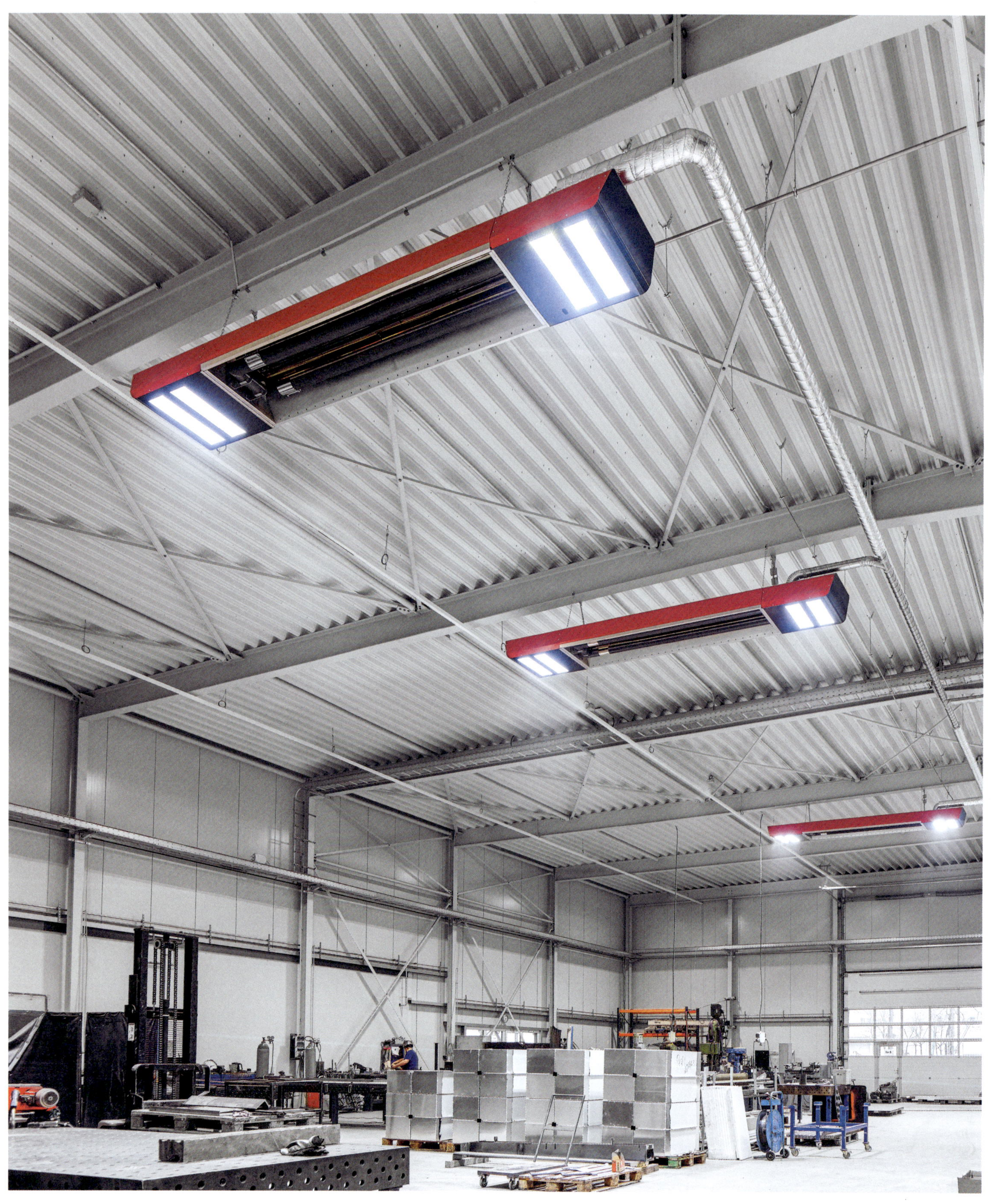

1 → SEITE/PAGE
148, 149

SPECIAL MENTION:
1 FUTURA
   Kübler GmbH
   Ludwigshafen

Design unterstützt Architektur in ihrem Bestreben, ästhetische und zugleich funktionale, effiziente sowie zukunftstaugliche Gebäude zu realisieren. Dazu gehören die weiten Welten der Haustechnik und Gebäudesteuerung, die in Bezug auf die Energiewende auch im industriellen Umfeld von großer Bedeutung sind.

Design supports architecture in its endeavours to create aesthetic buildings that are nevertheless functional, efficient and futureproof. These include the vast worlds of building technology and building control, which are also of great importance to energy transition in the industrial environment.

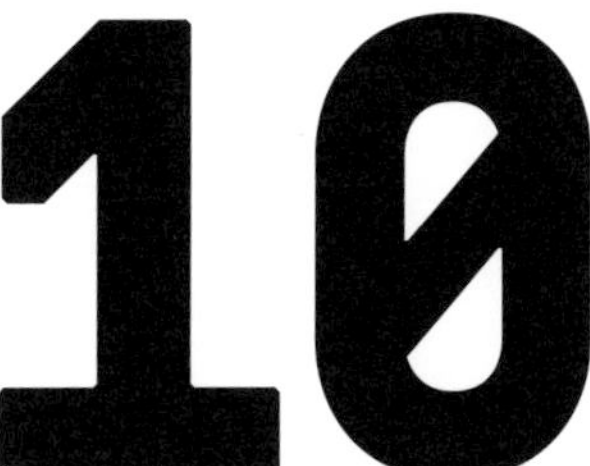

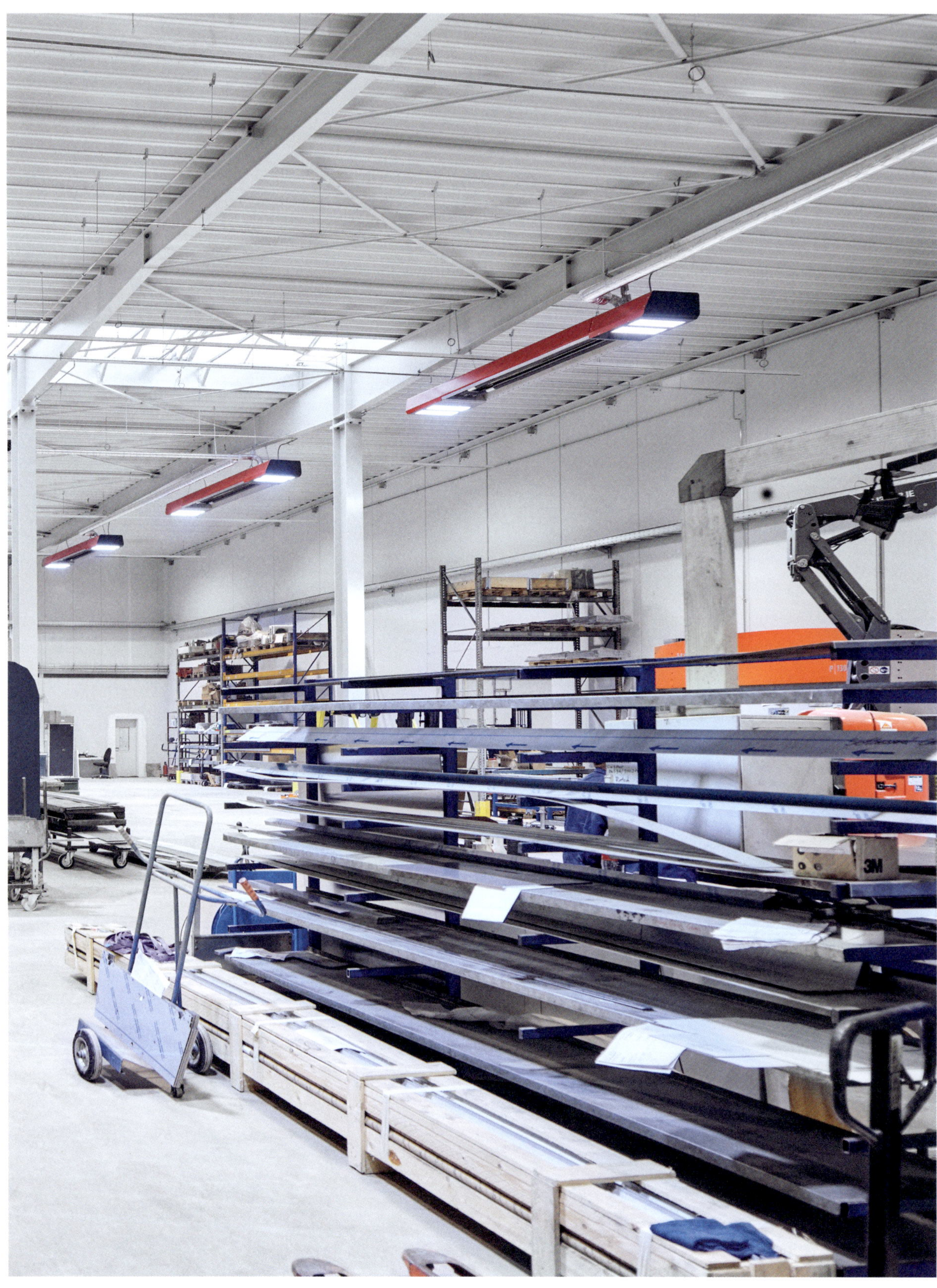

JURY STATEMENT

Die Kombination aus Beleuchtung und Heizung ist eine feine Sache, weil nur noch ein Bauteil montiert und gewartet werden muss. Die modulare Konzeption steht für universelle Verwendbarkeit, formal dominiert die dem Zweck angemessene, maximale Reduktion.

The integration of lighting and heating is commendable, as just a single component needs to be installed and maintained. The modular concept promises universal usability, while its minimalist design elegantly embodies its functional purpose.

HERSTELLER/MANUFACTURER
Kübler GmbH
Ludwigshafen

DESIGN
Ahape Design GmbH
Nagold

Der Anteil von Hallenbauten für Industrie, Gewerbe und Kommunen am Gesamtgebäudebestand in Deutschland ist zwar gering, der Energiebedarf für Raumwärme aber mit 15 Prozent hoch. Die meist eingeschossigen Hallen werden in der Regel mit gasbetriebenen Infrarotheizungen ausgerüstet, deren Effizienz sich noch steigern lässt.

Mit dem hier prämierten neuen Modell ist es möglich, die Heizelemente sowohl mit grünem Strom als auch mit grünem Gas zu betreiben, und somit die CO_2-Emissionen im Idealfall auf Null zu reduzieren. Basierend auf einem Forschungsprojekt konnte in die Heizelemente eine ebenso effiziente LED-Beleuchtung mit Linsentechnologie integriert werden – damit ist die Wartung und Montage einfacher zu bewerkstelligen. Für eine lange Lebensdauer ausgelegt, werden vorwiegend recycelte Bleche verarbeitet, die am Ende der Nutzungszeit wieder einfach demontierbar sind.

While the proportion of industrial, commercial and municipal buildings within Germany's overall building stock remains modest, the energy used to heat these buildings, at 15 percent of the country's total energy consumption, is high. These mostly single-story buildings are usually fitted with gas-powered infrared heaters, whose efficiency could be increased further.

The heating elements in this new award-winning model can be powered both with green electricity and green gas, thereby reducing carbon emissions to zero in an ideal scenario. Thanks to the results of a research project, it has been possible to integrate efficient LED lighting and lenses into the heating elements – making maintenance and installation tasks much easier. Designed for a long service life, the heater is constructed mainly from recycled sheet metal and can be easily dismantled at the end of its service life.

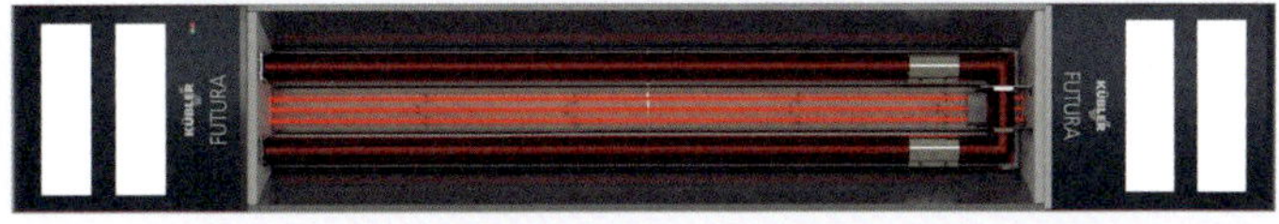

JUDITH TENZER

**EINMALEINS GMBH,
BURGRIEDEN**

»Nachhaltigkeit ist definitiv ein Designthema. Dabei geht es auch darum, mit einer positiven User Experience und optischer Langlebigkeit dafür zu sorgen, dass Produkte lange und gerne benutzt werden.«

»Sustainability is definitely a design issue. If we provide products that deliver a positive user experience and are designed to last, they will be used and enjoyed for a long time.«

Judith Tenzer hat nach ihrer Ausbildung zur Gießerei- und Karosseriemodellbauerin an der HfG Schwäbisch Gmünd studiert und war dort anschließend als Lehrbeauftragte tätig. Zusammen mit Marc-Gregor Weidt hat sie in Ulm das Büro Einmaleins aufgebaut. Hier zeichnet sie für die Bereiche Produktdesign, Innovation und Eco-Design verantwortlich. Produkte, so Judith Tenzer, müssen gebrauchstauglich sein, aber auch einen emotionalen Mehrwert bieten.

Following the completion of her apprenticeship as a foundry and coachwork modelmaker, Judith Tenzer continued her education at the Hochschule für Gestaltung Schwäbisch Gmünd, where she was appointed associate lecturer after finishing her degree. Together with Marc-Gregor Weidt, she founded the Einmaleins design agency in Ulm and is currently responsible for product design, innovation and eco-design. Judith believes that products must not only be fit for purpose but they must also deliver emotional added value.

www.einmaleins.net

www.einmaleins.net

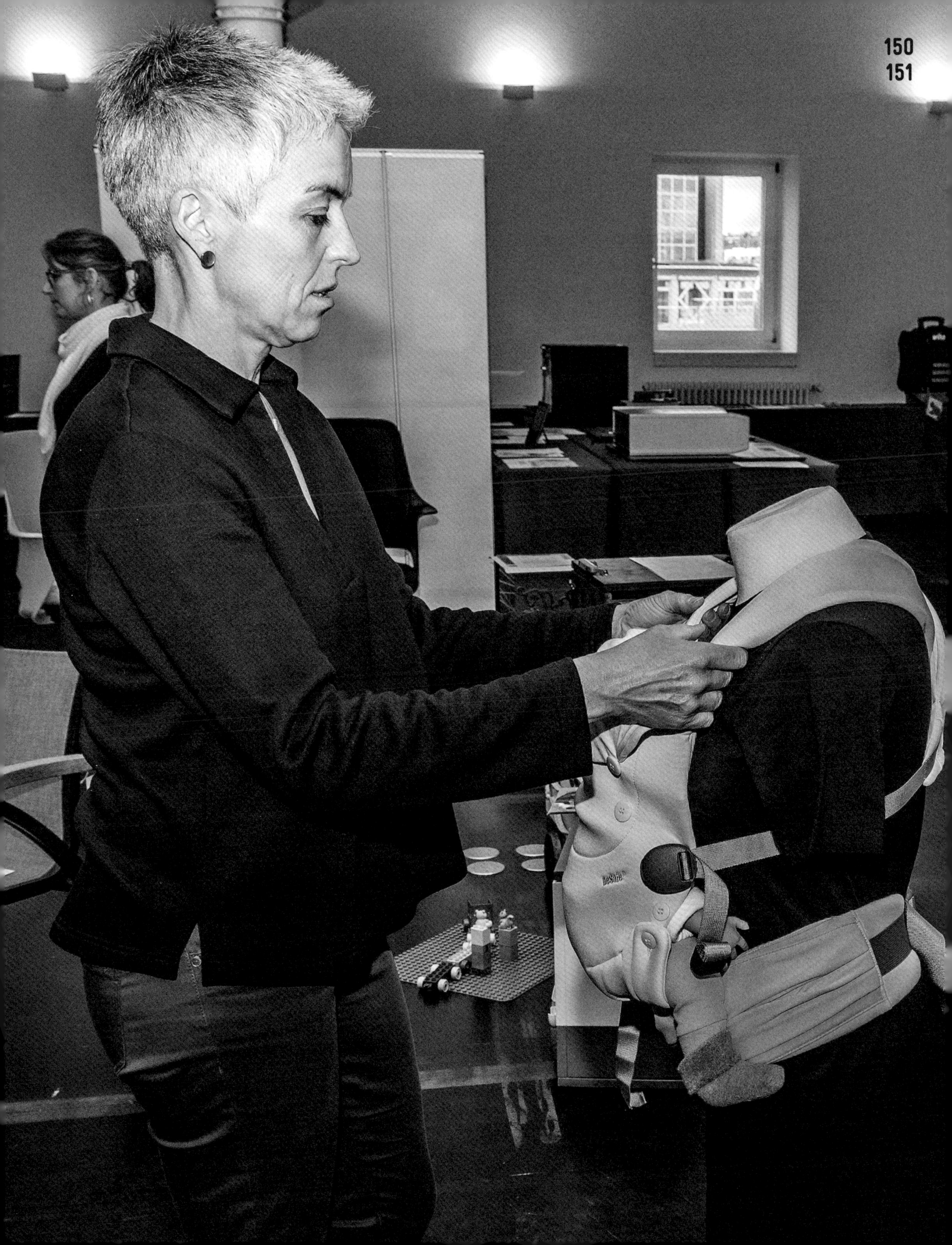

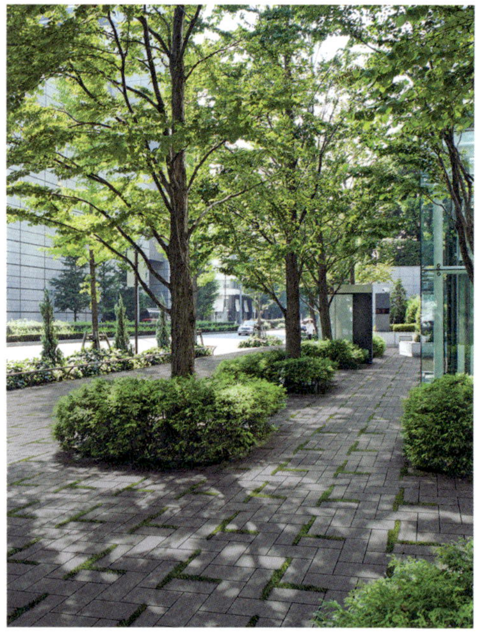

1 → SEITE/PAGE
154–159

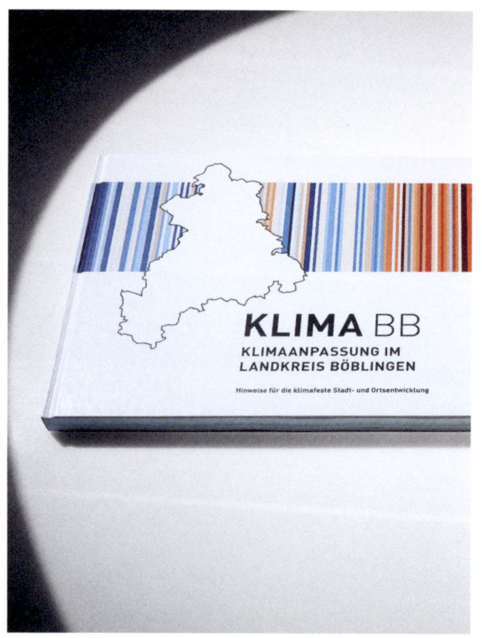

2 → SEITE/PAGE
160, 164

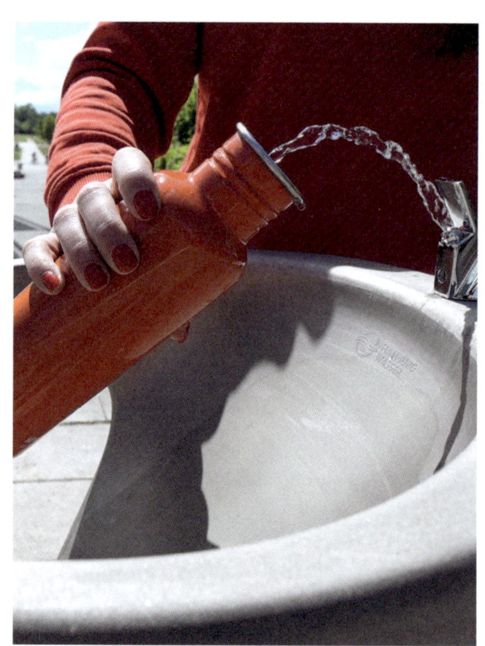

3 → SEITE/PAGE
161, 165

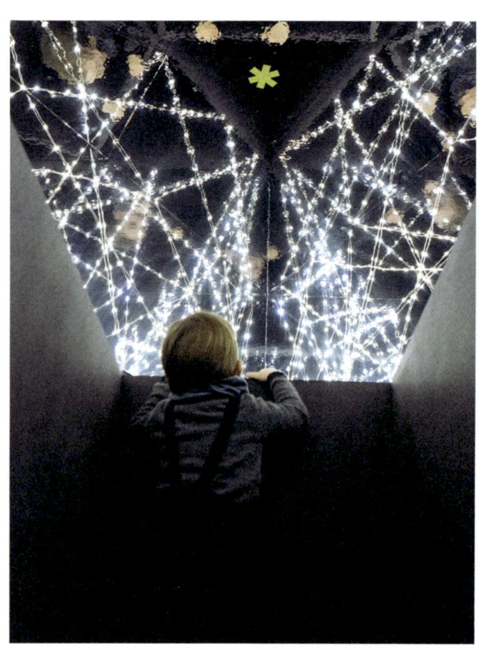

4 → SEITE/PAGE
162, 166

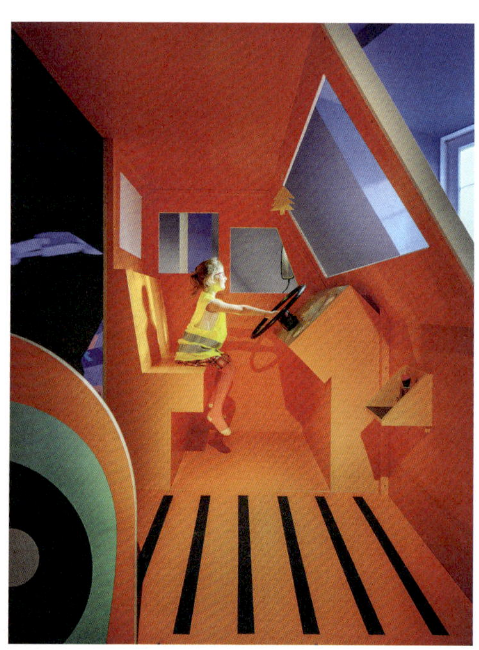

5 → SEITE/PAGE
163, 167

GOLD:
1 **VARIO**
Braun-Steine GmbH
Amstetten

SILVER:
2 **KLIMA BB**
Landratsamt Böblingen
Böblingen

SPECIAL MENTION:
3 **01HHW**
Hamburger Wasserwerke GmbH
Hamburg

4 **NACHTAKTIV**
Ludwigsburg Museum im MIK
Ludwigsburg

5 **MÜLLMONSTER-ALARM**
Landesmuseum Württemberg
Stuttgart

Gestaltung für die Öffentlichkeit ist immer auch von der Inszenierung geprägt – besonders Ausstellungskonzepte mit ihren multimedialen Präsentationen von Exponaten und Geschichten bedienen sich dieses Prinzips. Und schon jetzt zeichnet sich ab, dass die Adaption urbaner Strukturen an den Klimawandel ganz neue Lösungen verlangen wird.

Design for public spaces invariably incorporates some element of staging, with exhibition concepts in particular likely to adopt this principle through multimedia exhibits and narratives. It is already becoming apparent that adapting urban structures to meet the challenges of climate change will require entirely new solutions.

11

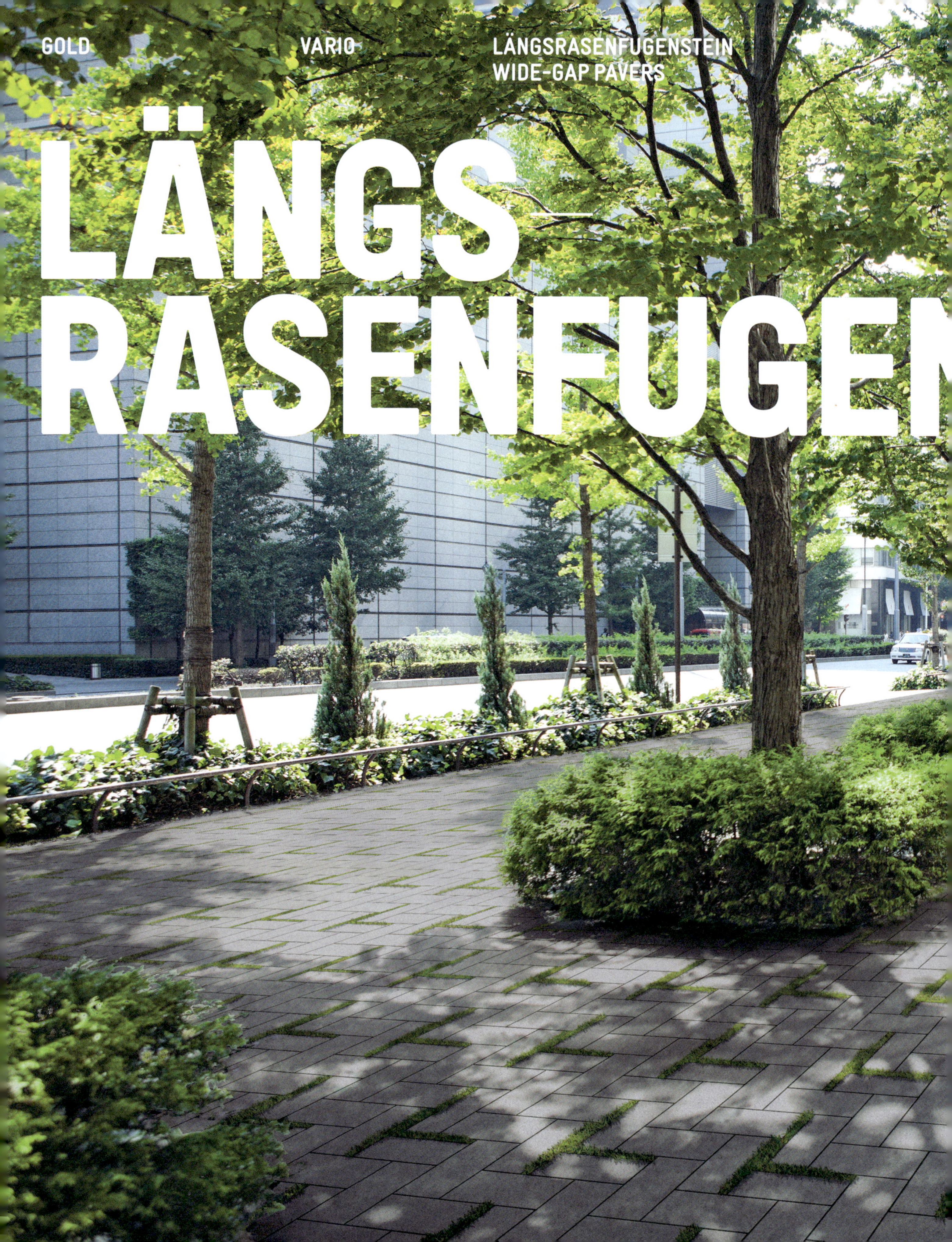
GOLD
VARIO
LÄNGSRASENFUGENSTEIN
WIDE-GAP PAVERS
LÄNGS
RASENFUGEN

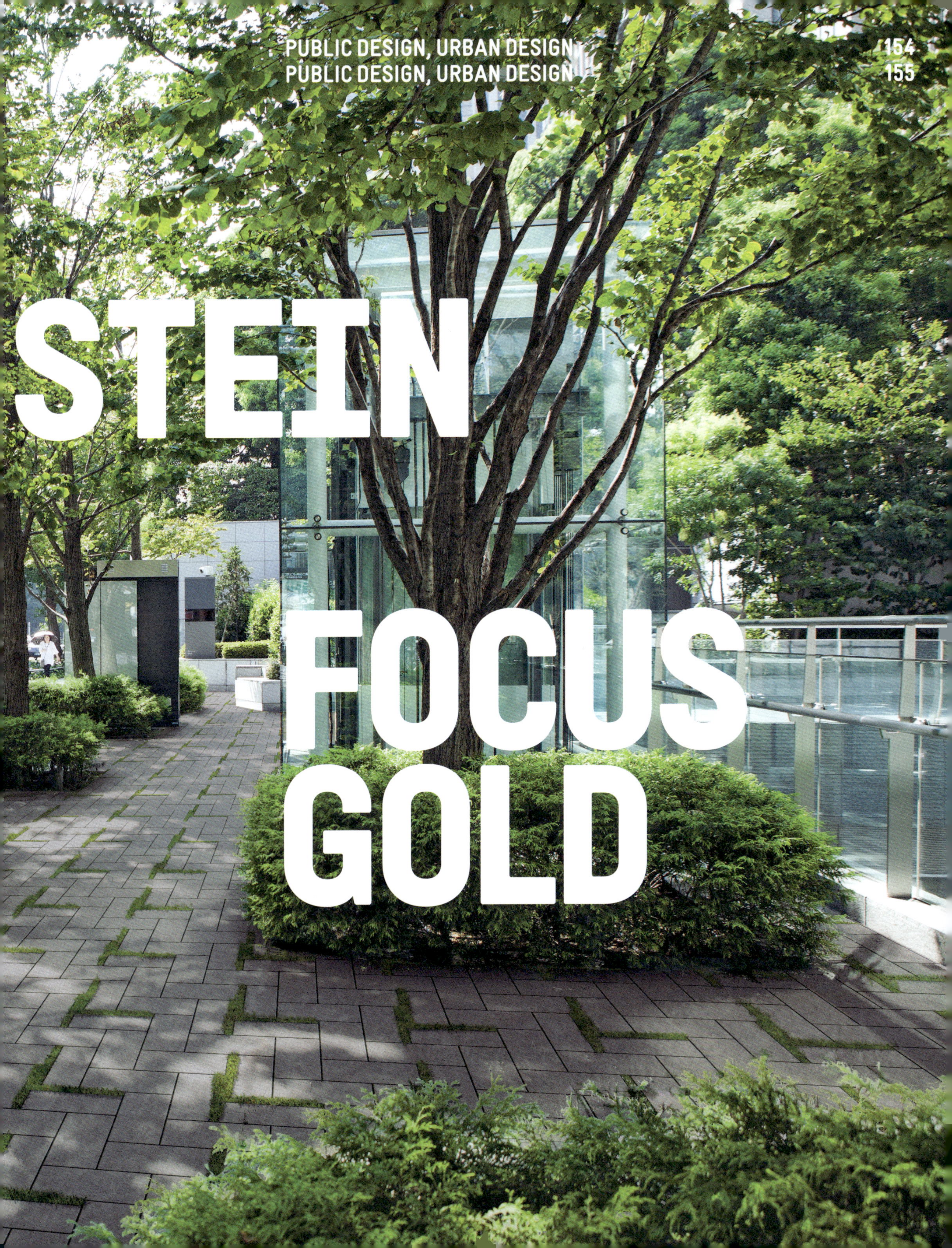

PUBLIC DESIGN, URBAN DESIGN
PUBLIC DESIGN, URBAN DESIGN
154
155
STEIN
FOCUS
GOLD

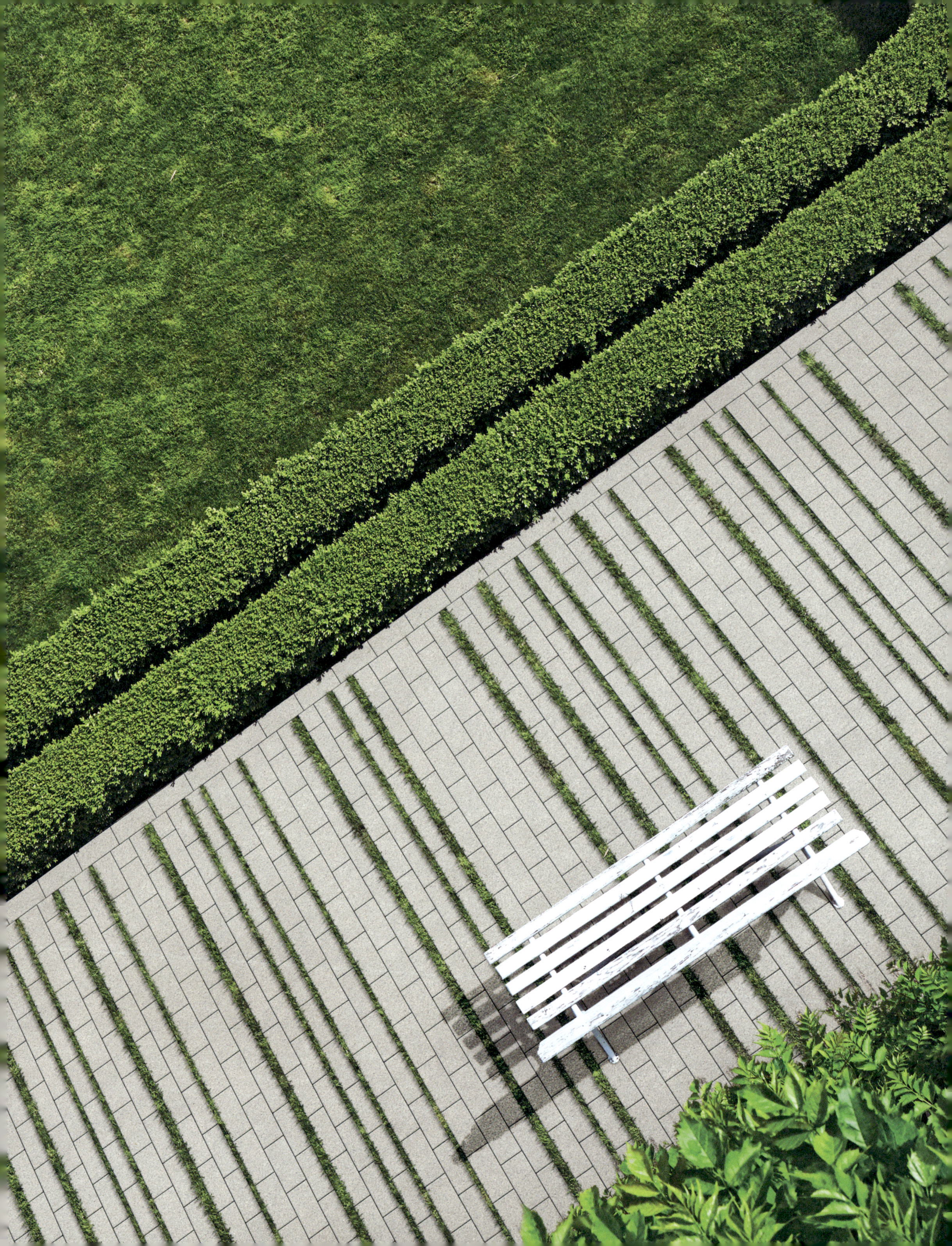

HERSTELLER/MANUFACTURER
Braun-Steine GmbH
Amstetten

DESIGN
Inhouse/In-house

Besonders in Städten wird die Versiegelung des Bodens mit fortschreitendem Klimawandel zum Problem, weshalb die »Nationale Wasserstrategie« eine wassersensible Stadtplanung vorantreibt. Der zum Patent angemeldete, 80 Millimeter starke Pflasterstein ist exakt für diesen Kontext gedacht: Er lässt ausreichend breite Fugen zu seinem Nachbarn, um Versickerung und Begrünung gleichermaßen zu forcieren. Dabei ist der mit stabilisierender Nut-Feder-Verzahnung ausgerüstete Stein auch für starke Beanspruchungen, also das Befahren, geeignet. Er eröffnet dank der variablen Fugenbreiten viele Optionen für die bewusste Gestaltung von Freiräumen – von linearen Fugenbildern über wechselnde Breiten bis hin zu unregelmäßig verkippten Strukturen. Da rund 30 Prozent des Materials aus Gestein-Recyklaten besteht, benötigt die Herstellung weniger Primärmaterial; die breiten Fugen wiederum reduzieren die Materialmenge pro Fläche. Der ökobilanzierte Stein ist mit dem Blauen Engel zertifiziert.

As climate change develops, concreting over the ground is becoming a growing problem – especially in cities. This is why the German National Water Strategy is actively supporting water-sensitive urban planning.

These patent-pending, 80-millimetre-thick pavers have been designed with this in mind, as they allow for a wide gap to encourage both drainage and grassing in equal measure. The stone material, which incorporates tongue-and-groove interlocking for stability, is capable of handling heavy loads such as vehicles. The variable-width gaps offer many options for the design of open spaces – from straight-line joint patterns to alternating widths to irregular laying patterns. Since about 30 percent of the material is made from recycled rock, production requires less primary material, while the wide joints themselves reduce the amount of material per area covered. The LCA-balanced stone is Blue Angel certified.

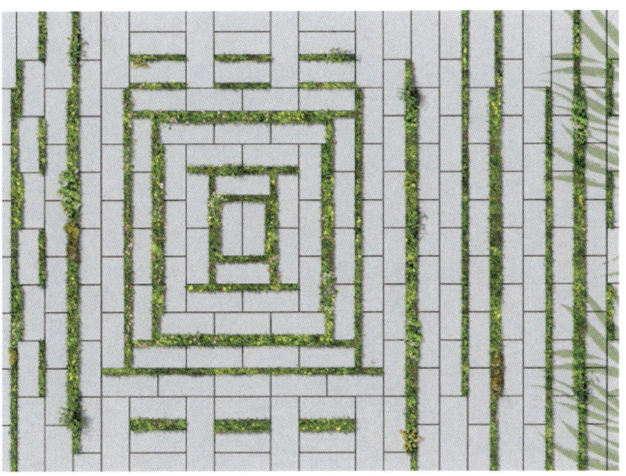

ANDREAS BRUNKHORST

LEITER INNOVATIONSMANAGEMENT, BRAUN-STEINE GMBH

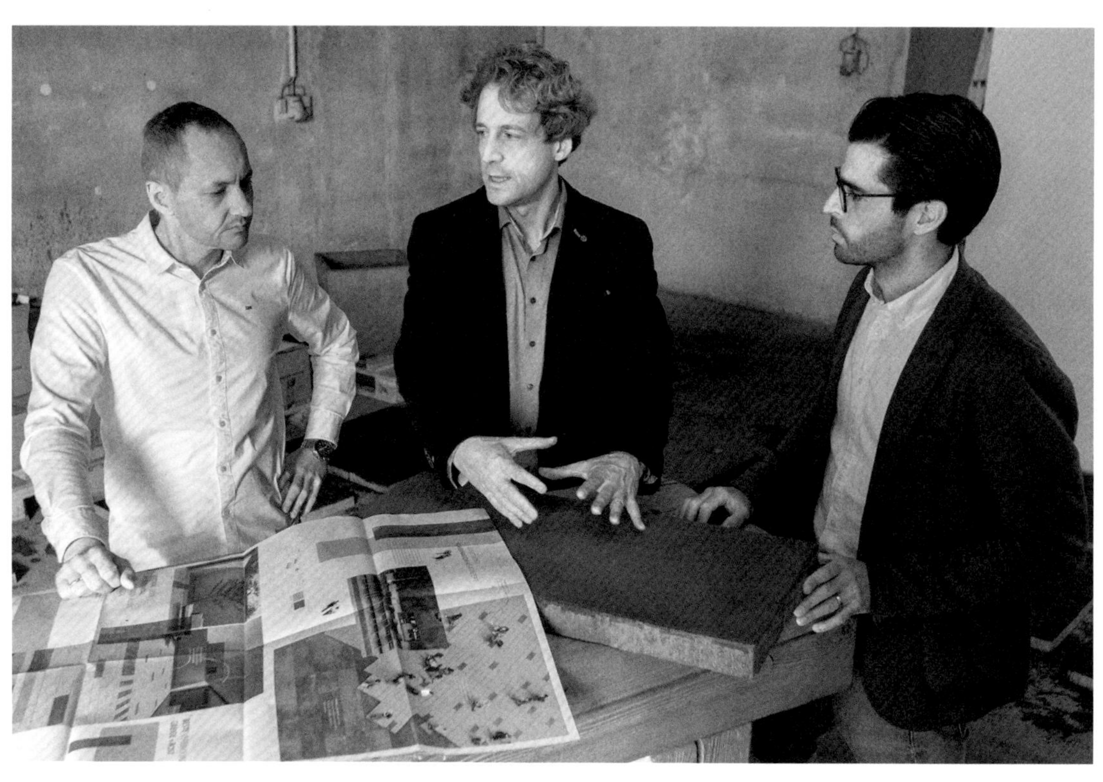

»Wir betrachten den Einzelstein als Puzzlestück für nachhaltige Garten- und Landschaftsgestaltungen.«

»We see pavers as an integral component in sustainable garden and landscape design.«

Der Stein entspricht der DIN 1338 – passen Innovation und Normung zusammen?

Die DIN-Normung darf kein Hindernis für Innovationen sein, genauso dürfen Innovationen aber deren Vorgaben nicht einfach ignorieren. Unser Längsrasenfugenstein ist ein gutes Beispiel für die sinnvolle Verknüpfung von Innovation und Normung, denn er ermöglicht, selbst in befahrbaren Verkehrsflächen mehr Grün zu realisieren.

Ein Betonstein gilt ja nicht unbedingt als Designprodukt. Wo sehen Sie Ihren Beitrag als Gestalter?

Unser Unternehmen ist in Fachkreisen bekannt für hochwertige, designorientierte Betonprodukte. Wir betrachten dabei nicht den Einzelstein, sondern sehen ihn immer als Puzzlestück für lösungsorientierte, nachhaltige Garten- und Landschaftsgestaltungen.

Als Gestalter im Innovationsmanagement ist es meine Aufgabe, nicht nur ein beliebiges Betonprodukt zu entwickeln, sondern umfassende, interdisziplinäre Lösungen zu bieten. Nur dank dieser Herangehensweise entstehen Designprodukte mit Alleinstellungsmerkmal.

→ **Der Längsrasenfugenstein leistet einen Beitrag zur so genannten Schwammstadt und zur Klimaresilienz. Stand dies auch im Vordergrund Ihrer Entwicklung?**

Ja, im Vordergrund stand die Entsiegelung möglichst großer Flächen, um das Niederschlagswasser dort zurückzuhalten und zu speichern, wo es gebraucht wird. Niederschlagswasser wird in den unterirdischen Retentionsraum der Schwammstadt eingeleitet, an Bodenpartikel gebunden und gespeichert, bis es über das Grün in den Fugen und die umgebenden Bäume verdunstet. Selbst auf kleinstem Raum werden so das Klima und die Biodiversität gefördert.

Der Stein hat eine detaillierte Ökobilanz. Warum und mit welchem Ergebnis?

Die Ökobilanz beleuchtet den gesamten Produktlebenszyklus von der Rohstoffbeschaffung über die Herstellung, die Lieferung zur Baustelle, bis hin zum späteren Rückbau inklusive Abtransport und Recyclingfähigkeit. Da der Stein in verschiedenen Rohstoff-Rezepturen angeboten wird, gibt es für jede Produktvariante eine separate Ökobilanz. Übrigens allesamt mit sehr guten Werten.

Der CO$_2$-Fußabdruck des Steins dürfte maßgeblich vom notwendigen Zement kommen. Sehen Sie hier Optimierungschancen?

Der Zement ist das Bindemittel im Betonprodukt. Einzelne seiner Inhaltsstoffe werden bei hohen Temperaturen gebrannt, was für die CO$_2$-Emission verantwortlich ist. Dank des gesteigerten Fugenanteils und der geringeren Steindicke benötigen wir aber weniger Bindemittel, also reduzieren sich bereits dadurch die CO$_2$-Emissionen erheblich. Wir arbeiten aktuell an einer eigenen Technologie, die ganz neue Wege geht, die CO$_2$-Emissionen nachhaltig verringert und somit einen ökologischen Mehrwert bietet.

Das Familienunternehmen braun-steine hat seit 1875 mit Steinen zu tun und wird heute in der fünften Generation geführt. An den Standorten Amstetten und Tübingen werden mit rund 100 Mitarbeiterinnen und Mitarbeitern Steinsysteme für die kommunale Freiraumplanung, Straßengestaltung und hochwertige Gartenanlagen produziert. Derzeit umfasst das Portfolio etwa 2500 Produkte.

www.braun-steine.de

→ **Your rectangular grass pavers contribute to climate resilience and »sponge city«. Was this the idea behind your development?**

Yes, our focus was on opening up as much land as possible so that it can retain and store rainwater where it is needed. The rainwater penetrates through to the sponge city's underground retention area, binds to soil particles and is stored until it evaporates through the greenery in the joints and surrounding trees. No matter how small the space, it enhances climate and biodiversity.

You carried out a detailed life cycle assessment study. Why and with what result?

Our life cycle assessment sheds light on the entire product life cycle, from the procurement of raw materials to production, delivery to the construction site and subsequent decommissioning, including removal and recyclability. Since the stone is available in a variety of raw material formulations, each product variant has its own life cycle assessment. All of them performed very well, by the way.

Most of the carbon footprint of the stone is likely to come from the cement used. Do you see any way of improving this?

Cement is the binding agent in our concrete products. Some of its ingredients are heated at high temperatures, and this results in carbon emissions. However, because the joints are wider and the pavers thinner than normal, less binder is required, which substantially reduces carbon emissions. We are currently working on a proprietary technology that breaks completely new ground, sustainably reduces carbon emissions and adds ecological value.

The paver complies with DIN 1338. Do innovation and standardisation go together?

DIN standardisation does not have to be a barrier to innovation, although innovation cannot simply ignore its requirements. Our rectangular grass pavers are a good example of how innovation and standardisation complement each other because they enable us to create more greenery even on ground that is used by vehicles.

A concrete paver isn't usually considered a design product. Where do you see your contribution as a designer?

Our company has a reputation in the trade for high-quality, design-oriented concrete products. We don't look at pavers on their own, but rather as an integral component in sustainable garden and landscape design.

As a designer with a keen interest in innovation management, my job is not just to develop concrete products but also to offer comprehensive, interdisciplinary solutions. This approach is the key to creating products with a distinctive value proposition.

The family-owned company braun-steine has been working with stone since 1875 and is now managed by the fifth generation. Around 100 employees at its sites in Amstetten and Tübingen produce stone systems for use in public spaces in cities and towns as well as in roads and high-quality gardens. The company currently offers an extensive range of approximately 2,500 products.

www.braun-steine.de

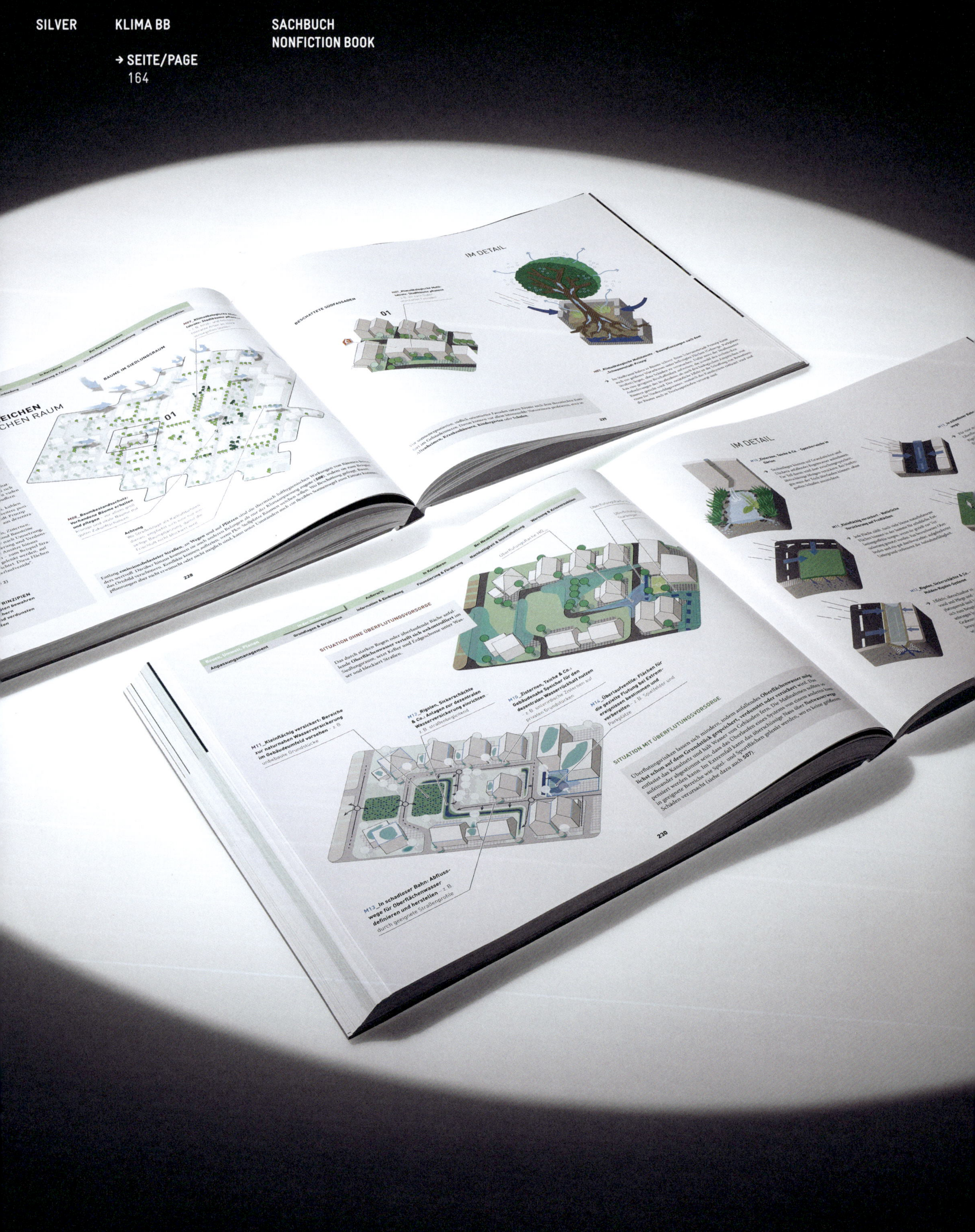

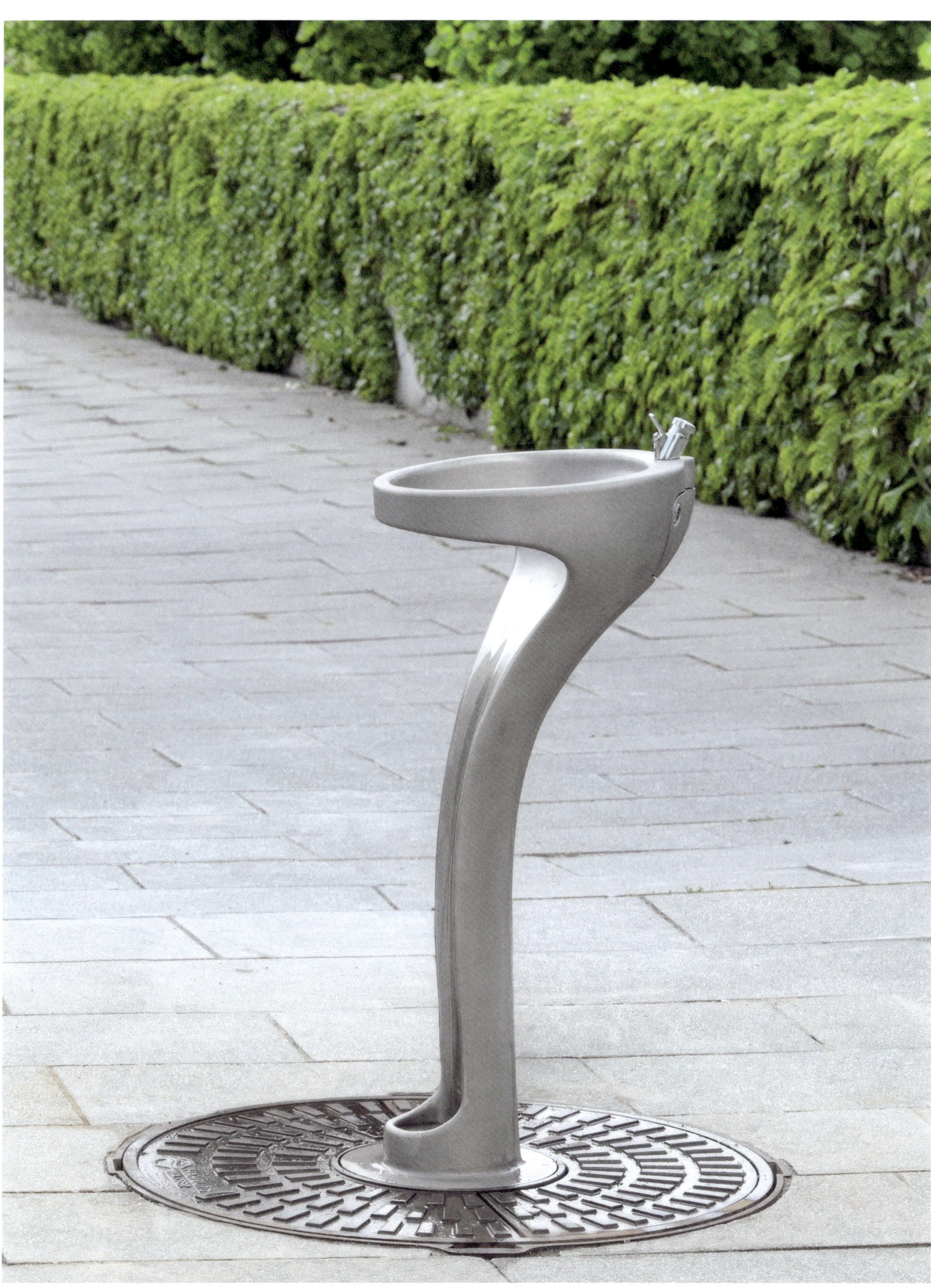

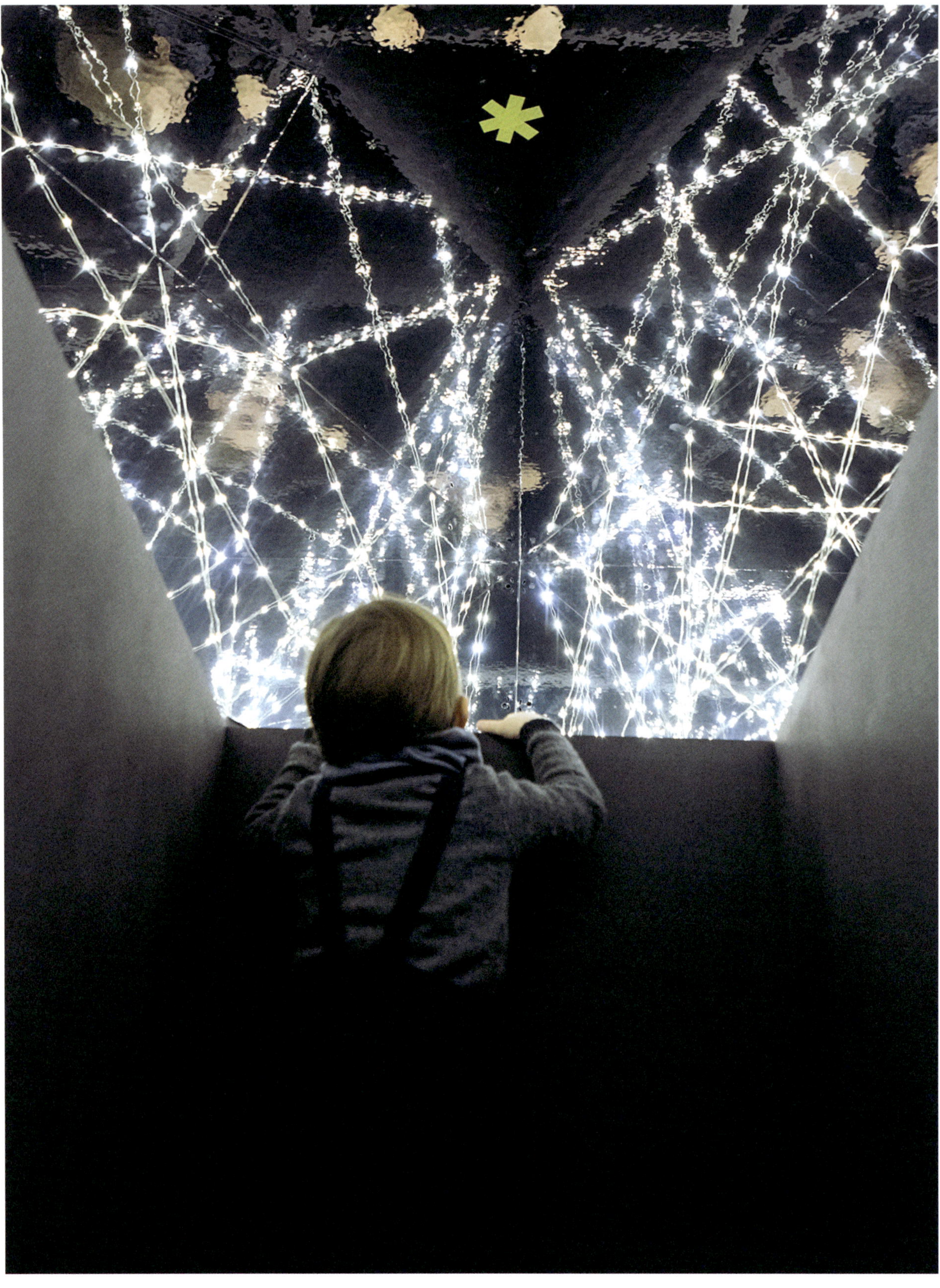

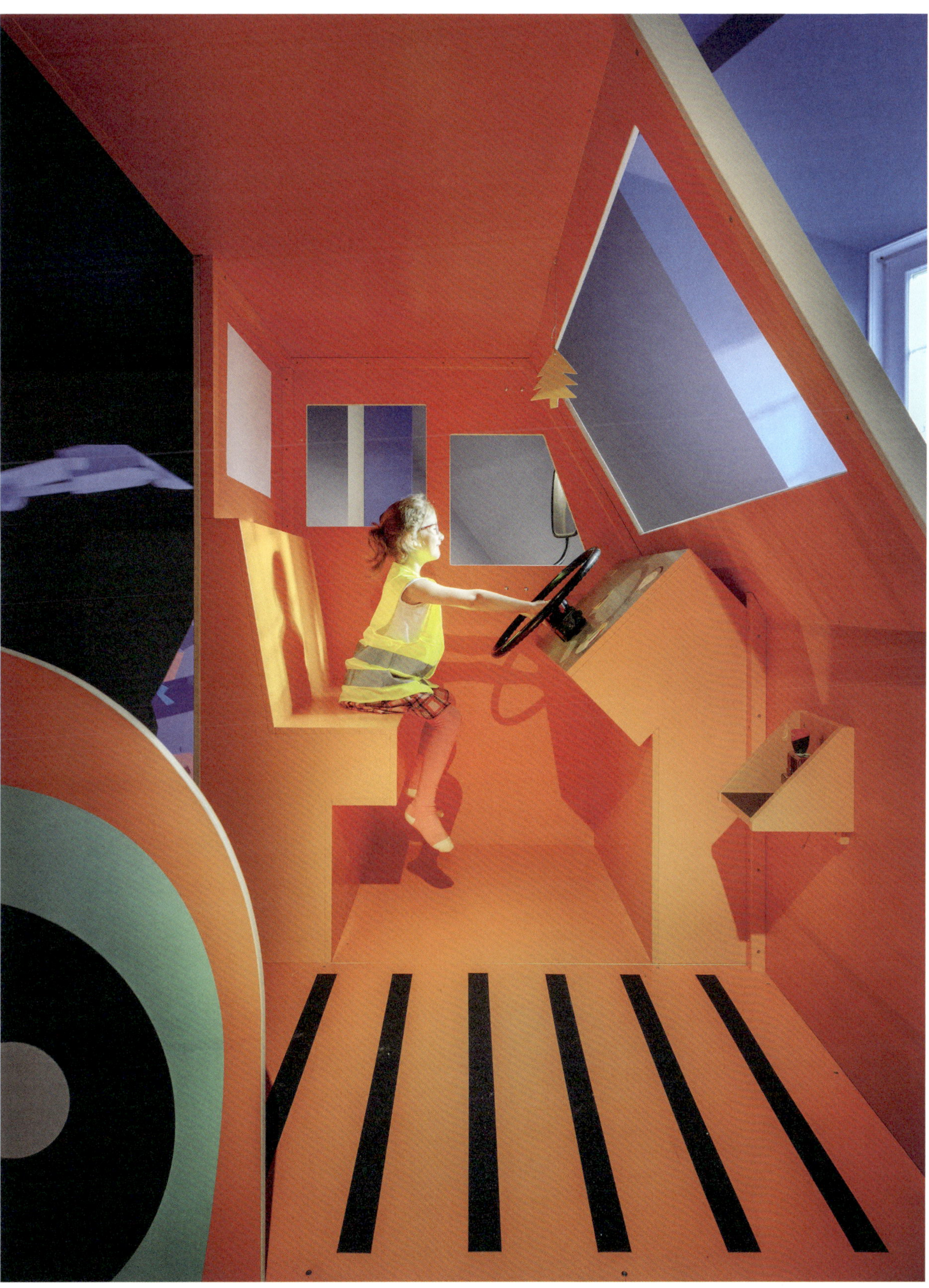

SILVER KLIMA BB SACHBUCH / NONFICTION BOOK

KLIMA BB

SACHBUCH
NONFICTION BOOK

AUFTRAGGEBER/CLIENT
Landratsamt Böblingen
Böblingen

DESIGN
B612 GmbH
Stuttgart

Der Wandel des Klimas trifft Städte mit ihren dichten Strukturen besonders stark. Der Landkreis Böblingen hat diese Szenarien aufgegriffen und sich intensiv mit den Optionen zur Klimaanpassung beschäftigt. Das Ergebnis ist unter anderem diese 300-seitige Projektpublikation, welche die klimatischen Bedingungen detailliert analysiert und Handlungsansätze aufzeigt, wie die Resilienz gegenüber den klimatischen Veränderungen gestärkt werden kann. Illustrationen und Karten verdeutlichen die teils komplexen Zusammenhänge, beispielsweise anhand einer 3D-Illustration einer Stadtstruktur. Als Beginn einer Informationsreihe gedacht, soll diese in ein digitales Format überführt werden – daher greift die Print-Publikation schon jetzt die Systematik und Navigationslogik der späteren digitalen Konzeption auf.

Climate change disproportionately impacts urban areas due to their high density. The district of Böblingen has assessed the current situation and explored the various options for climate adaptation. The result of this work is contained in this 300-page project publication, which analyses the climatic conditions in detail and discusses strategies for strengthening resilience to climate change. Illustrations and maps (such as a 3D depiction of a city structure, for example) are provided to clarify the more complex interrelationships that exist. Designed as the first installment of an informational series, the content is due to be converted into a digital format, which is why the print publication is already aligned with the systematic and navigational logic of the digital version.

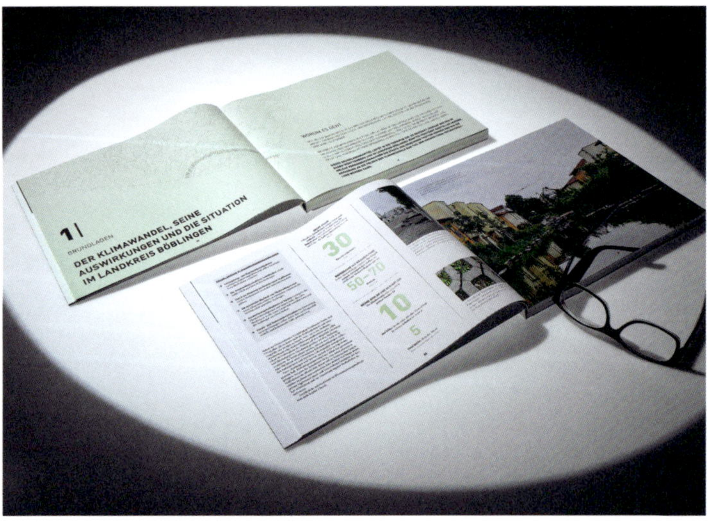

JURY STATEMENT

Der Brunnen überzeugt, weil er trotz robuster und beschädigungsresistenter Bauweise filigran bleibt und seine fließende Form eine gelungene Analogie zum Wasser herstellt. Zugleich machte man keine Abstriche bei der Usability und bedachte unterschiedliche Nutzergruppen, Tiere eingeschlossen. Die Bedienung ist selbsterklärend und fehlerresistent.

The fountain is memorable because, despite its durability and damage resistance, its attractive fluid form effectively draws a parallel with water. At the same time, top priority has been given to usability and to ease of access by different user groups, including animals. Operation is intuitive and problem-free.

AUFTRAGGEBER/CLIENT
Hamburger Wasserwerke GmbH
Hamburg

DESIGN
Iondesign GmbH
Berlin

Die Folgen der Klimaerwärmung bekommen wir in den Großstädten mit ihren Hitzesommern besonders deutlich zu spüren. Hier wird die ausreichende Versorgung mit sauberem Trinkwasser für Mensch und Tier im öffentlichen Raum immer wichtiger. Der neu entwickelte, barrierearme Trinkbrunnen ermöglicht sowohl das direkte Trinken als auch das Befüllen von Flaschen und lässt sich auch von Kindern und mobilitätseingeschränkten Menschen nutzen. Die geschwungene Form des Brunnenkörpers ist im Metall-3D-Druck aus Aluminiumbronze gefertigt. Die von Hand zu bedienende Armatur sitzt allseits zugänglich auf dem zum Ring geöffneten Becken. Überschüssiges Wasser wird in einer Bodenschale aufgefangen, aus der Tiere direkt trinken können.

The impact of global warming is especially pronounced in cities, where hot summers have become the norm. It is therefore important for cities to ensure that there is an adequate supply of clean drinking water for animals and people in public spaces. The newly developed, easy-access drinking fountain allows both direct consumption as well as the option to refill bottles. Its user-friendly design makes it accessible to children and people with limited mobility. The curved fountain body is fabricated from aluminium bronze using metal 3D printing technology. The hand-operated tap sits on top of a basin and is accessible from all sides. Excess water collects in a bowl at the base of the structure, providing a source of water for animals to drink.

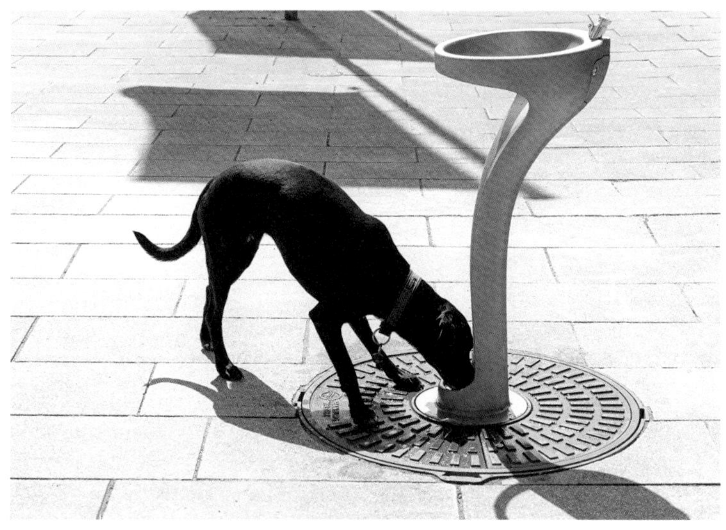

AUSSTELLUNGSKONZEPTION
EXHIBITION CONCEPT

AUFTRAGGEBER/CLIENT
Ludwigsburg Museum im MIK
Ludwigsburg

DESIGN
Superherodesign
Stuttgart

Das interaktive Ausstellungskonzept zum Thema »Nacht« sprach vor
allem Kinder im Grundschulalter, aber auch jüngere Kinder und Erwachsene
an. Verschiedenste Zugänge zum Thema, oft sprachunabhängig und auf
körperlichen Wahrnehmungen basierend, behielten immer die Zielgruppe
im Blick. Statt vordefinierter Wissensinhalte stand primär das Erleben
im Fokus: in eine Sternenwelt eintauchen, Träume und Albträume sammeln,
in der Nacht aktive Menschen und Tiere kennenlernen, Mutproben in der
Tast-Geisterbahn bestehen. Ein Angebot, das auch sonderpädagogisch be-
treuten Gruppen oder Kindern aus Vorbereitungsklassen einen selbst-
bestimmten Besuch ermöglichte.

The interactive exhibition concept on the theme of »night« was aimed
primarily at children of primary school age, but also at younger children
and adults. The wide variety of approaches to the topic, often transcend-
ing language and based on physical perception, were always mindful of the
target audience. Rather than presenting a predefined body of knowledge,
the focus was primarily on experience: immersing yourself in a world of
stars, collecting dreams and nightmares, actively getting to know people
and animals in the night, undergoing a test of courage in the multisen-
sory ghost train. The exhibition also catered for special needs groups and
children in special education who wished to participate in the experience.

Fotos/Photos:
Benjamin Stollenberg

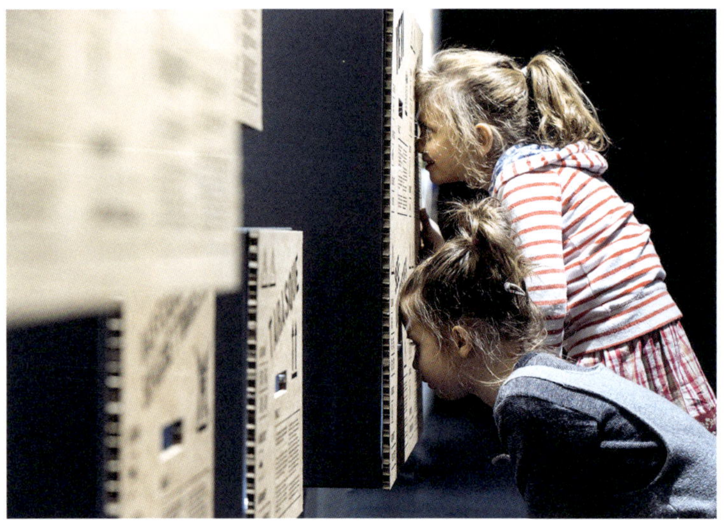

HERSTELLER/MANUFACTURER
Landesmuseum Württemberg
Stuttgart

DESIGN
Bernotat & Co Design Studio
Wuppertal

Müll – das sind all die Dinge, die wir loswerden wollen. Jeden Tag, überall
auf der Welt. Dabei gerät die wachsende Vermüllung unseres Planeten
zunehmend zum Problem. Die Mitmachausstellung für Kinder ab vier Jahren
und Familien hakte hier ein und ging wichtigen Fragen nach: Wo entsteht
überall Müll? Was passiert, nachdem er in die Tonne geworfen wurde?
Wer kümmert sich um die Entsorgung? Und: Wie können wir Abfall vermei-
den? Sechs unterschiedliche Themenbereiche luden dazu ein, sich auf die
Spuren des Mülls zu begeben und dabei auch über den eigenen Tellerrand
hinaus in die globale Welt zu blicken. Konsequent war der Ansatz der
Gestalter, alle Ausstellungsobjekte so zu konstruieren, dass sie im Sinne
der Wiederverwertung mehrmals auf- und abgebaut werden konnten.

Rubbish – the stuff we all want to get rid of. And we do – every day, all over
the world. Yet the littering of our planet is becoming a growing problem.
This hands-on exhibition for families with children aged four and above
delved into this situation by exploring some important questions. Where
does all our rubbish come from? What happens after it has been thrown
into the rubbish bin? Who is responsible for disposing of it? And how can
we avoid creating waste in the first place? Six different themed areas
lead visitors through the waste process, inviting them to explore the topic
from a broader, more global standpoint. The designers' approach was to
create exhibits that could easily be assembled and disassembled multiple
times, echoing the ethos of recycling and sustainability.

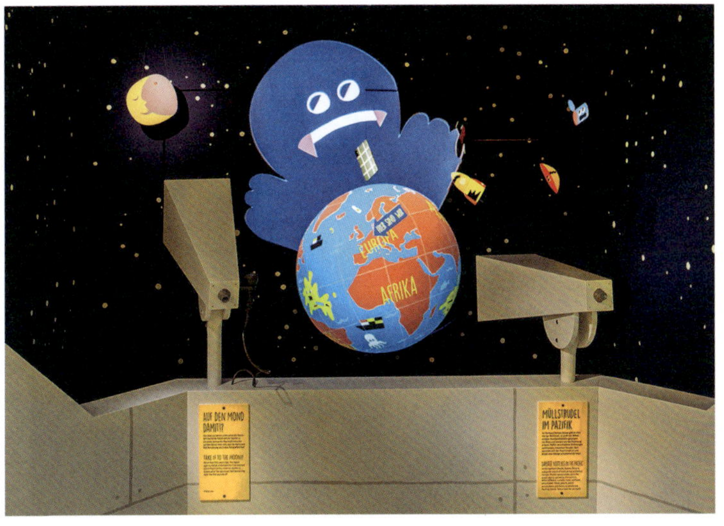

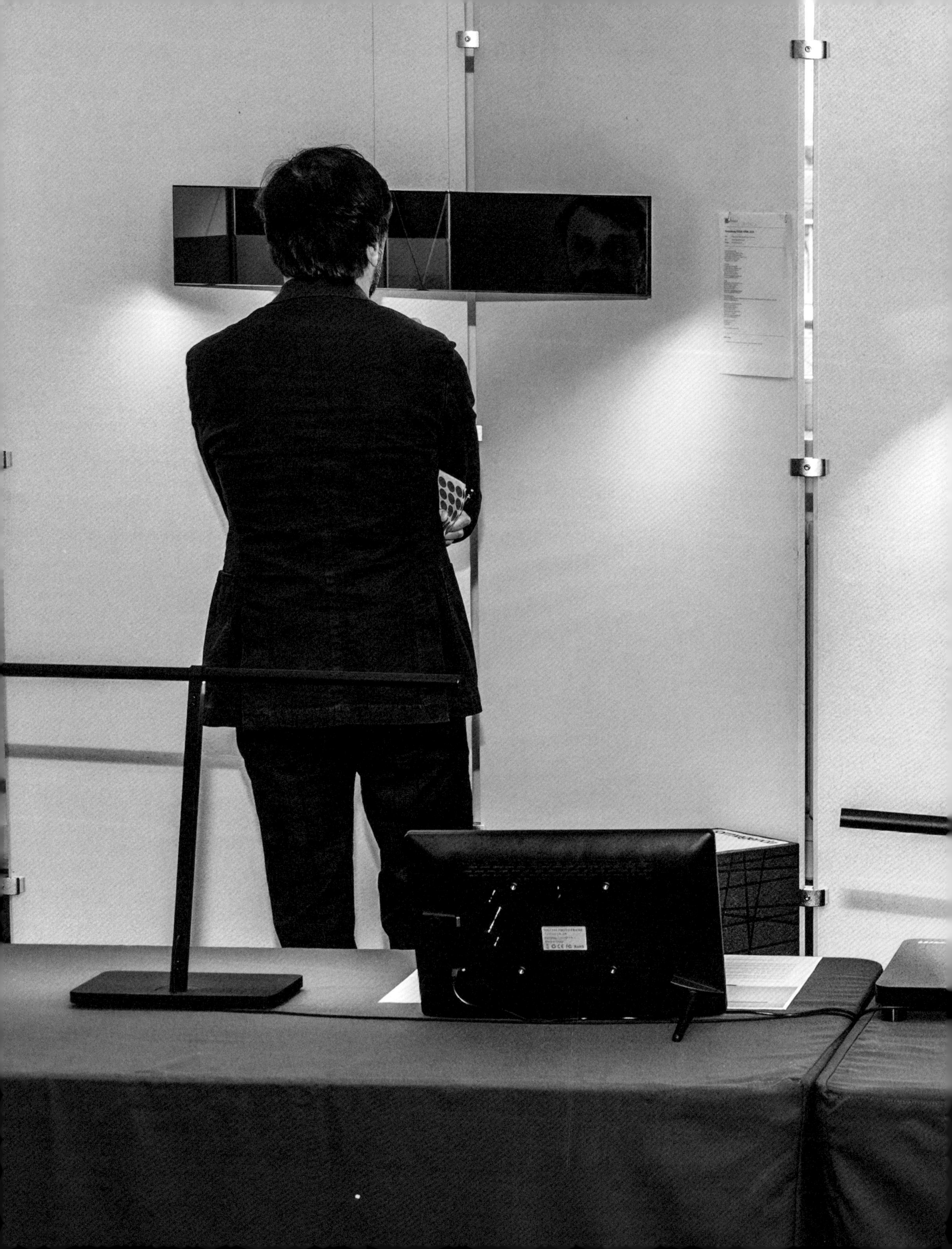

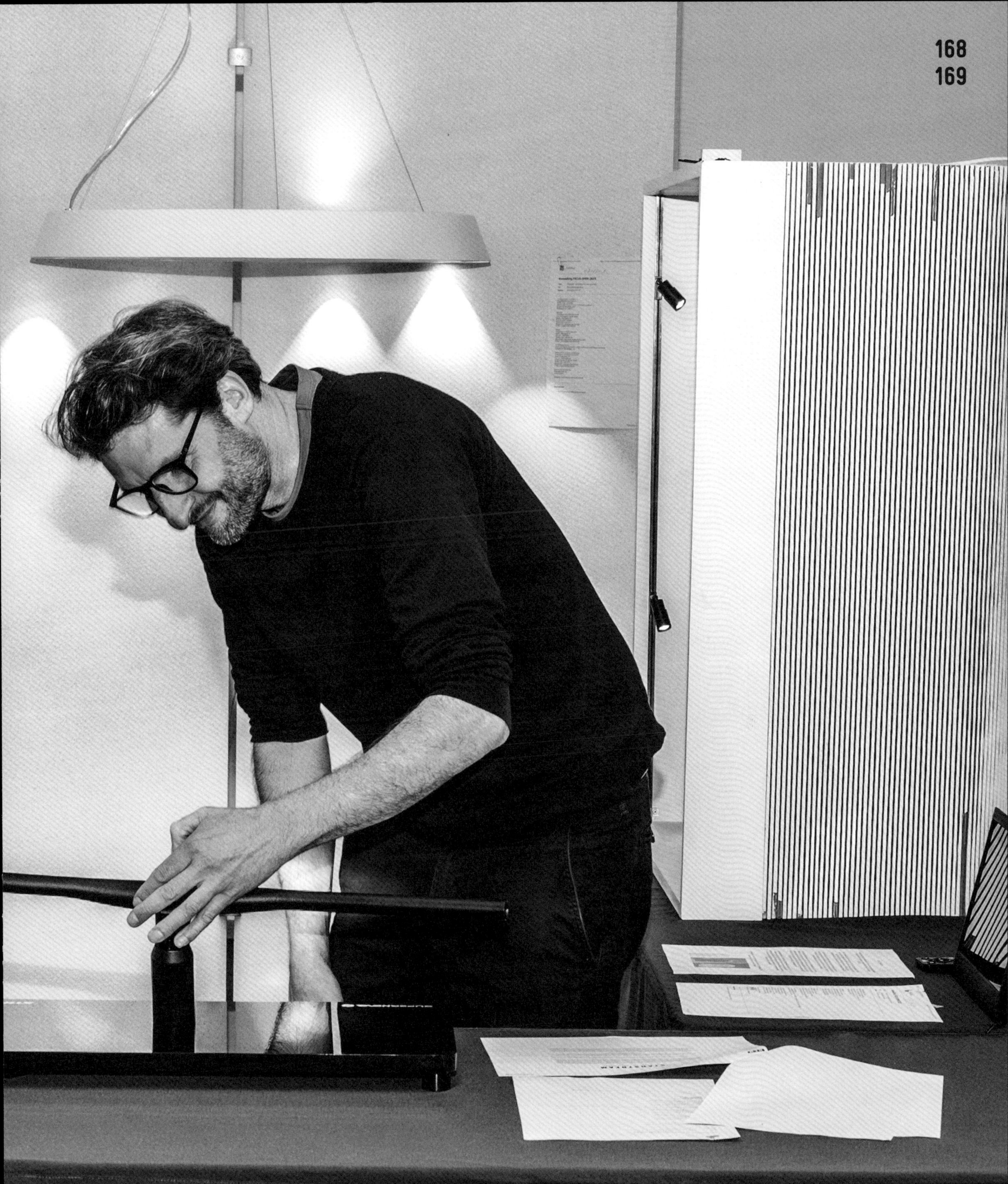

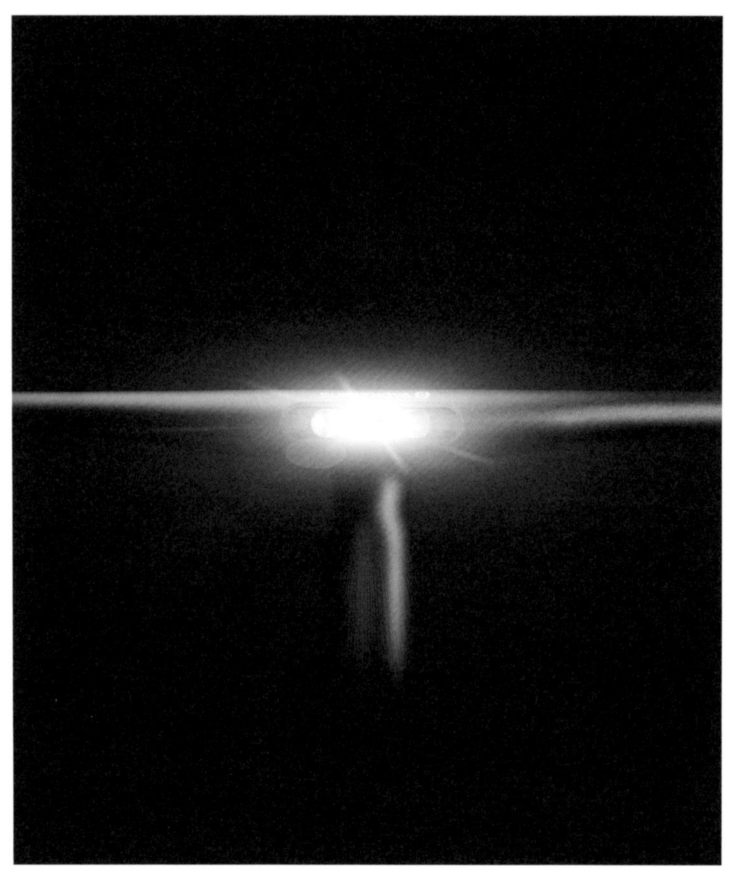

1   → **SEITE/PAGE**
172–177

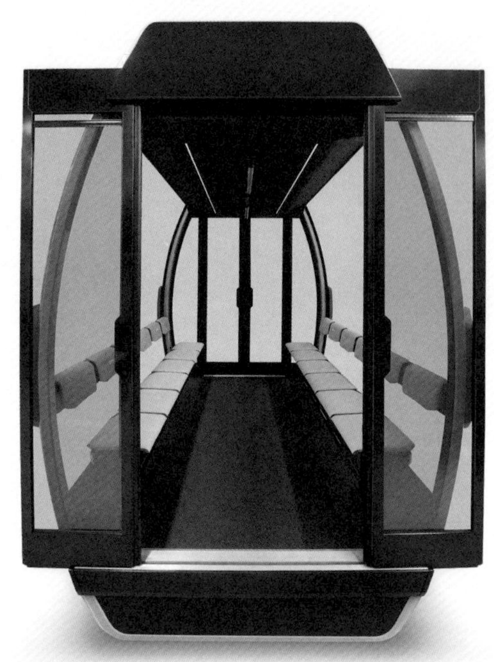

2   → **SEITE/PAGE**
178, 179

GOLD:
1   STARSTREAM
     Supernova Design GmbH
     Gundelfingen

SPECIAL MENTION:
2   STELLA
     CWA Constructions SA/Corp.
     Olten
     Schweiz/Switzerland

Die Mobilität ist ein Schlüsselthema der Moderne – und eines, das vor großen Transformationen steht. Zugleich diversifizieren sich die Mobilitätsangebote immer weiter, einschließlich spezifischer Detaillösungen für Services, Wartung oder Individualisierung. Mobility wird dreidimensional und bleibt spannend.

Mobility is a key theme of the modern age – and one that is facing major transformations. At the same time, mobility offerings are becoming increasingly diversified, including specific detail improvements to services, maintenance and customisation. Mobility is becoming three-dimensional and remains a fascinating field.

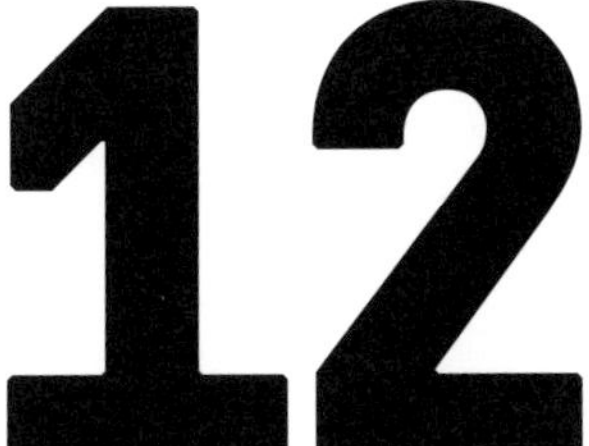

GOLD
STARSTREAM
E-BIKE-SCHEINWERFER
E-BIKE HEADLIGHT
STAR—
STREAM
E—BIKE
SCHEINW

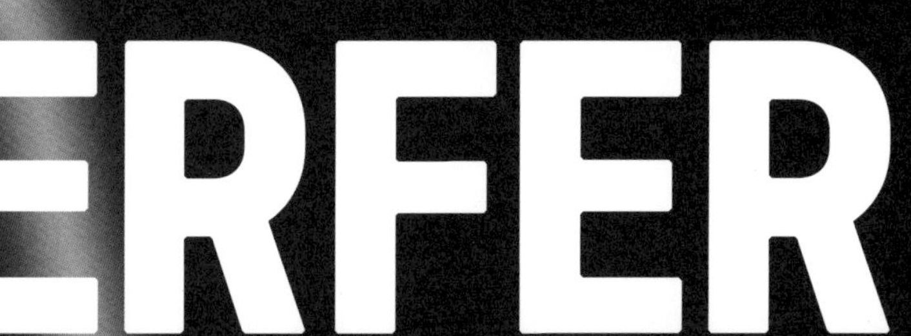
FOCUS
GOLD
ERFER

HERSTELLER/MANUFACTURER
Supernova Design GmbH
Gundelfingen

DESIGN
Inhouse / In-house

Auch wenn heute die meisten Fahrradscheinwerfer auf LED-Technologie basieren und damit viel lichtstärker sind als ihre Vorgänger, handelt es sich bei ihnen nach wie vor um additive Elemente, die am Lenker, am Rahmen oder an der Gabel montiert werden. Die Integration ist ein neuer gestalterischer und technischer Ansatz, der verhindert, dass sich der Scheinwerfer im Gebrauch unsauber einstellt. Außerdem entfällt der Materialbedarf für das Gehäuse.

Der noch im Prototypen-Stadium befindliche Lenkerscheinwerfer produziert breites, homogenes Abblend- sowie Fernlicht und sein Abstrahlwinkel lässt sich rahmenspezifisch dauerhaft justieren. Der Einstellmechanismus ist so konzipiert, dass über den ganzen Verstellbereich kein Spalt zum Lenker entsteht. Da robust und diebstahlsicher, ist der Scheinwerfer vor allem für Anbieter urbaner Leihfahrradflotten interessant.

Even though most of today's bicycle headlights employ LED technology and are therefore much brighter than their predecessors, cyclists still face the task of attaching them to the handlebars, frame or fork. Integration is a recent technical design approach that prevents the headlight from shifting and becoming misaligned in use. It also eliminates the need for an external housing.

The handlebar-mounted headlight, currently in its prototype stage, produces a broad, uniformly distributed dipped and full beam, the angle of which can be adjusted to suit the frame and then fixed securely in place. The adjustment mechanism is designed to eliminate any potential gap between the light and the handlebars over the entire adjustment range. The headlight's robust and theft-proof construction makes it a particularly interesting proposition for operators of city rental bike schemes.

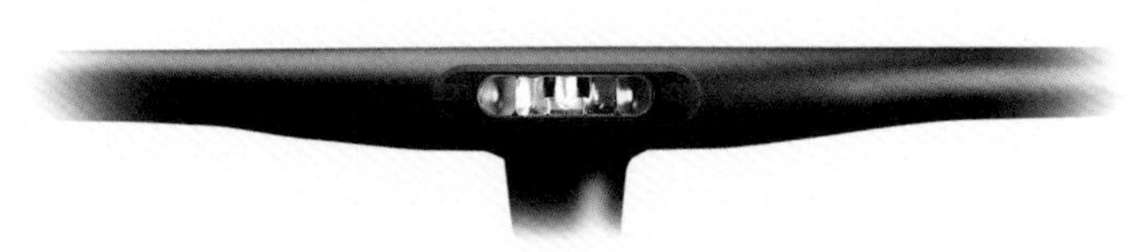

MARCUS WALLMEYER CEO UND HEAD OF DESIGN,
SUPERNOVA DESIGN GMBH & CO. KG

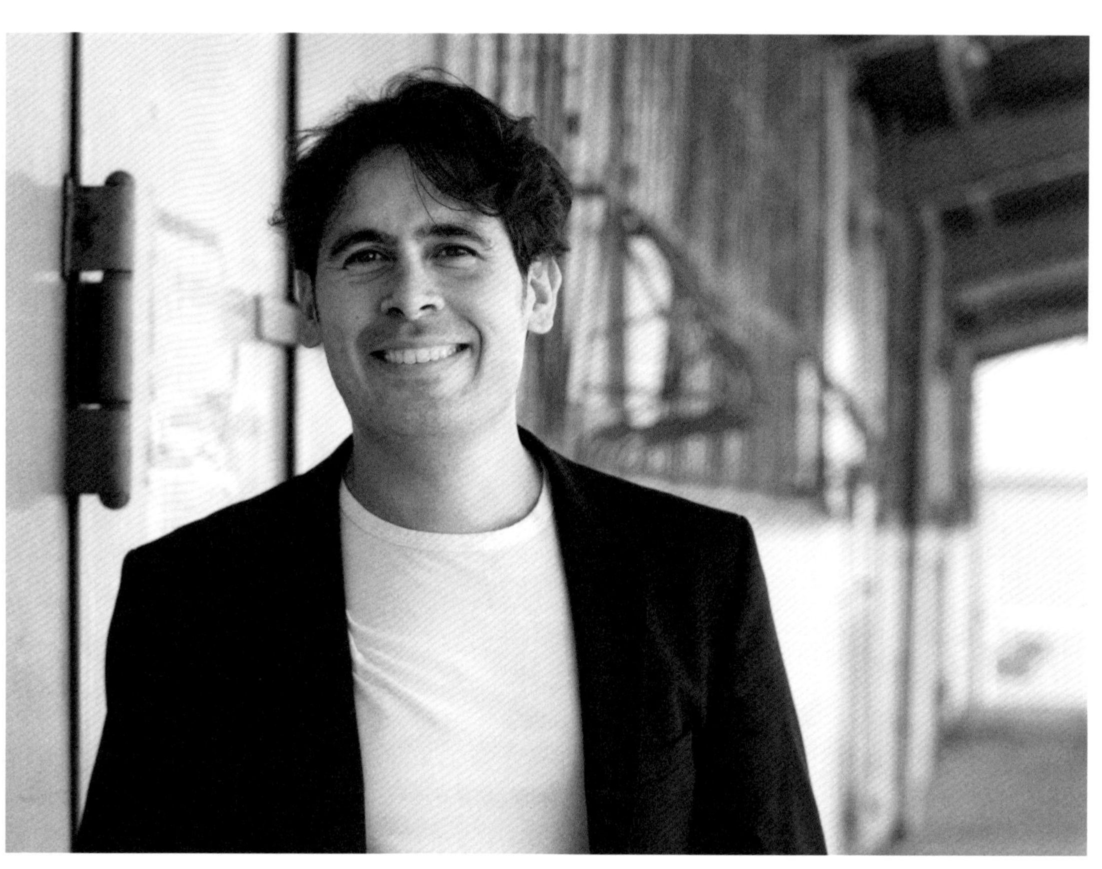

»Die Auszeichnungen bestätigen unsere Philosophie, innovative Produkte zu entwickeln.«

»The awards acknowledge our commitment to developing innovative products.«

→ **Die Integration von Komponenten ist ein zentrales Thema der Fahrradbranche. Der Scheinwerfer ist aber immer noch ein additives Element. Woran liegt das?**
Leistungsstarke Beleuchtung im Lenker unterzubringen ist technisch sehr komplex. Bisherige Ansätze waren eher Notlösungen mit geringer Leistung oder nicht StVZO-konform. Mit dem Starstream haben wir als erster Hersteller einen solchen Scheinwerfer entwickelt. Trotz der kompakten Baumaße die strengen gesetzlichen Anforderungen für das Abblendlicht zu erfüllen, war die größte Herausforderung. Mit einer neuartigen, patentierten Mehrfachlinse ist uns das gelungen.

Integration braucht ja immer zwei Seiten – was sagen die Hersteller von Lenkern zu Ihrer Entwicklung?
Die Branche begrüßt unsere Entwicklung. Wir selbst bieten nur das Lichtmodul an. Lenkerhersteller liefern die passenden Lenker an die Fahrradhersteller aus und diese setzen damit dann ihre eigenen Designs um. Zum Beispiel hat die Marke Rotwild Starstream in den Vorbau ihres neuen Modells R.R275 X Ultra integriert. Auf Basis solcher Lösungen können neue Designstandards entstehen.

Reparaturfähigkeit ist ein weiterer wichtiger Aspekt in der Fahrradbranche. Widerspricht dies nicht der Integrationsstrategie?
Außer Stecker und Schrauben zu lösen, ist nicht viel Know-how notwendig. Wir wollen es Endkunden trotz der Integration so leicht wie möglich machen, bei einer eventuellen Reparatur die Komponenten selbst auszubauen.

Sie entwickeln als mittelständisches Unternehmen permanent neue, sehr spezielle und innovative Produkte – welche Ressourcen braucht es dafür?
Als wichtigste Ressource in unserem Unternehmen sehe ich immer noch den Enthusiasmus meiner Mitarbeitenden für das Fahrrad-Thema an sich. Unser Entwicklungsteam besteht aus dauerradelnden Elektroingenieuren, Konstrukteuren, Softwarespezialisten und sogar einem Physiker. Sie testen unsere Produkte alle selbst »im Feld« und sind immer auf ihre weitere Perfektionierung bedacht. Außerdem investieren wir einen Großteil unserer Profite in Forschung und Entwicklung. Wir geben dafür prozentual sicher deutlich mehr aus als unsere Mitbewerber, was sich für uns bisher aber ausbezahlt hat.

Sie wurden mehrfach mit dem FOCUS Gold prämiert. Welche Bedeutung haben diese Auszeichnungen für Sie?
Das ist für unser gesamtes Team eine Ehre und für die Firma von großer Bedeutung. Denn die Auszeichnungen bestätigen unsere Philosophie, innovative Produkte zu entwickeln, die Radfahren für möglichst viele Menschen attraktiver machen. Die Awards zeigen uns, dass wir auf dem richtigen Weg sind.

Seinen ersten Fahrrad-Scheinwerfer baute sich der Gründer und Radrennfahrer Marcus Wallmeyer 1995 – aus einer Tomatenmarkdose und einer Motorradbatterie, um auch in der Nacht lange trainieren zu können. Inzwischen entwickelt und produziert das Unternehmen mit über 60 Mitarbeiter:innen im industriellen Maßstab Hochleistungs-Lichtanlagen für Fahrräder mit und ohne elektrischer Motorisierung. Daneben betreut Supernova nach wie vor auch Design- und Entwicklungsaufträge von Drittkunden.

www.supernova-lights.com

→ **Component integration is a key issue in the bicycle industry. But a headlamp is still an supplementary component. Why is that?**
Building a powerful lighting solution into the handlebar is technically very complex. Previous attempts tended to be low power, emergency solutions or were not StVZO-compliant. When we introduced the Starstream, we were the first manufacturer to develop a fully integrated headlamp. The greatest challenge was navigating the strict legal specifications for the low beam while maintaining the extremely compact dimensions. The breakthrough came in the form of a new, patented multiple lens system.

As you know, there are always two sides to integration. What do the handlebar manufacturers say about your development?
The industry has welcomed it. We only sell the lighting module. The handlebar manufacturers supply the appropriate handlebars to bicycle manufacturers, who then use them in their own designs. For example, the Rotwild brand has integrated Starstream into the stem of its new R.R275 X Ultra model. New design standards can emerge on the basis of such solutions.

Repairability is another important topic in the bicycle industry. Doesn't this go against the strategy of integration?
Apart from undoing connectors and screws, very little know-how is required. Despite the integration, we want to make it as easy as possible for end users themselves to remove and repair these devices.

As a medium-sized company, you are constantly developing new, very specialised and innovative products. What resources does this require?
I still see the enthusiasm of my employees for the bicycle itself as our company's most important resource. Our development team is made up of electrical engineers, designers, software specialists and even a physicist – all of whom are regular cyclists. So they field-test our products themselves and are always looking to improve them. We also invest a large part of our profits in research and development. We certainly spend significantly more in percentage terms than our competitors, but it has paid off for us so far.

You have been awarded FOCUS Gold several times. What do these awards mean to you?
It's an honour for our entire team and very important for the company because the awards acknowledge our commitment to developing innovative products that make cycling more appealing to as many people as possible. The awards confirm that we are on the right track.

Founder and cyclist Marcus Wallmeyer built his first bicycle headlamp in 1995 so that he could train through the night. He used a can of tomatoes and a motorcycle battery. The company, which now has over 60 employees, specialises in the design, development and mass production of high-performance lighting systems for conventional and electric bicycles. Supernova continues to accept design and development commissions from external customers.

www.supernova-lights.com

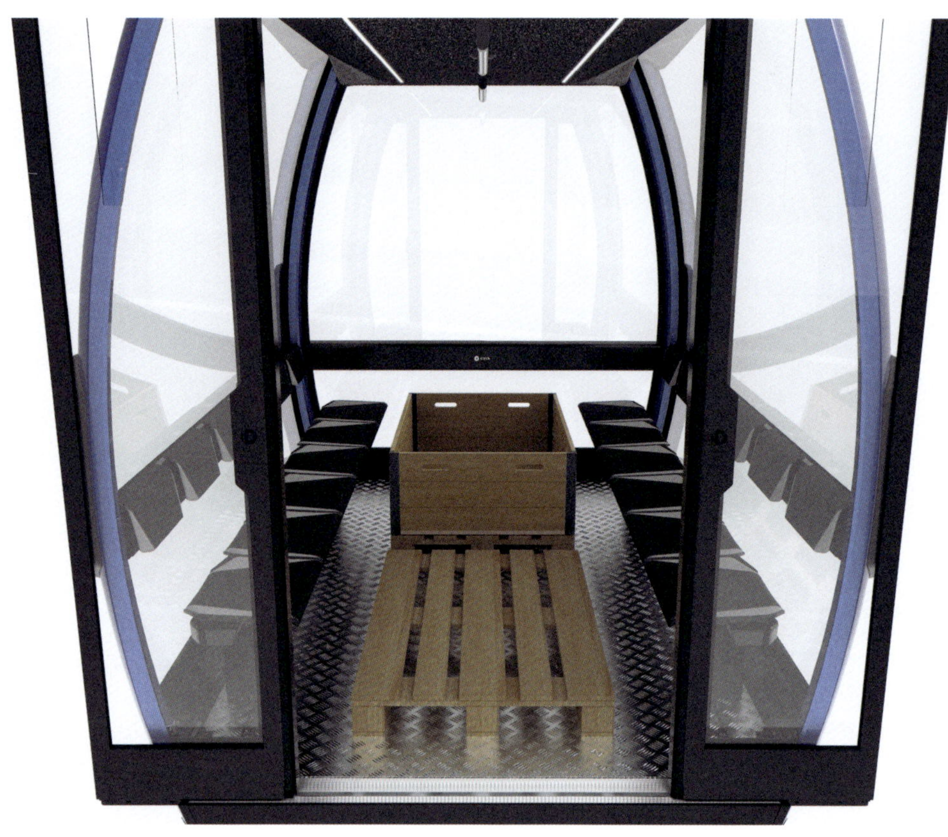

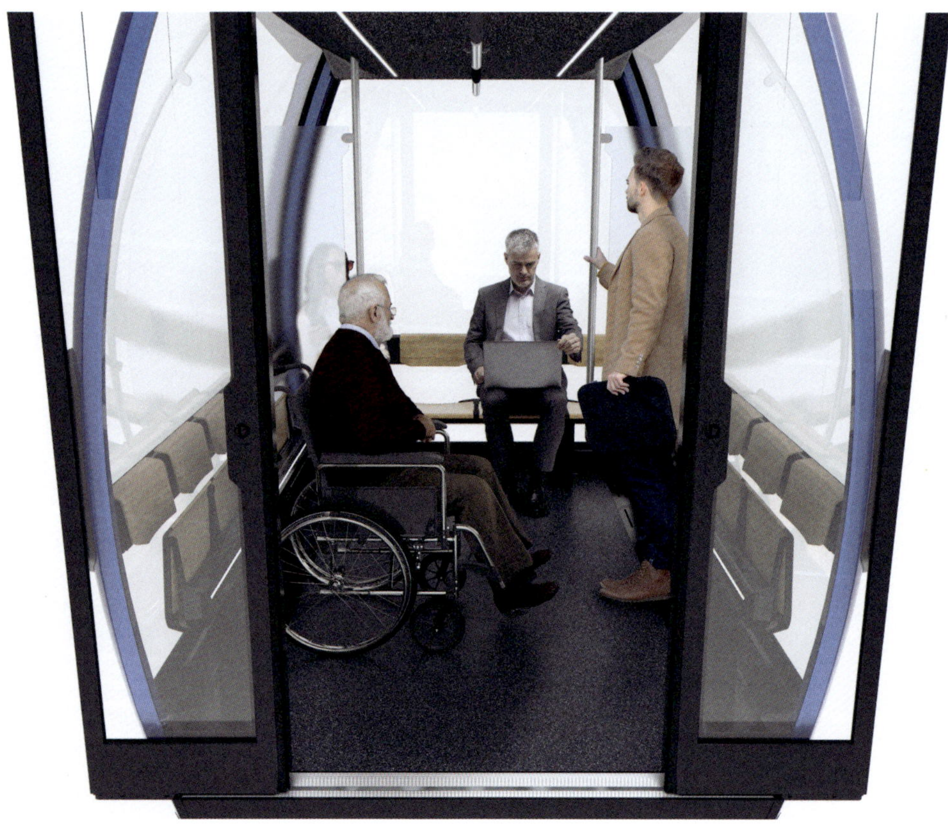

HERSTELLER/MANUFACTURER
CWA Constructions SA/Corp.
Olten
Schweiz/Switzerland

DESIGN
Moja Design GmbH
Stuttgart

Längst sind Seilbahnen nicht mehr nur in alpinen Regionen anzutreffen,
sondern auch in urbanen Zentren, wo die Mobilität in die dritte Dimension
erweitert wird. Die Leichtbaukabine passt exakt in dieses Nutzungs-
szenario: Sie ist barrierefrei aufgebaut, bietet 20 Passagieren Platz und
verfügt beidseitig über elektrische Türen, die den schnellen Fahrgast-
wechsel unterstützen und damit die Abwicklung großer Kapazitäten
erlauben. Der Innenraum lässt sich modular an unterschiedliche Anforderungen anpassen. Schallabsorber, leistungsfähige Belüftungen sowie
große Scheiben erhöhen den Komfort.

Die Umlaufkabine ist sowohl mit dem Einseil- als auch mit dem
Dreiseil-System kompatibel, sie kann autonom betrieben werden und ist
dank Aluminiumaufbau leicht, also auch energieoptimiert zu bewegen.

Ropeways have long enjoyed popularity not only in alpine regions but also
in urban environments, where they extend mobility into the third dimension. This lightweight cabin has been designed and purpose-built for its
intended function. It features wheelchair accessibility, a 20-passenger
seating capacity, and electric doors on both sides that facilitate rapid
entry and exit and enable the transportation of large volumes of passen-
gers. Thanks to its modular design, the interior can be adapted to meet
different requirements. Sound insulation, efficient ventilation systems and
large windows enhance passenger comfort.

The cabin is compatible with both monocable and tricable systems
and is suitable for autonomous operation. The aluminium body makes it
lightweight and therefore energy-efficient.

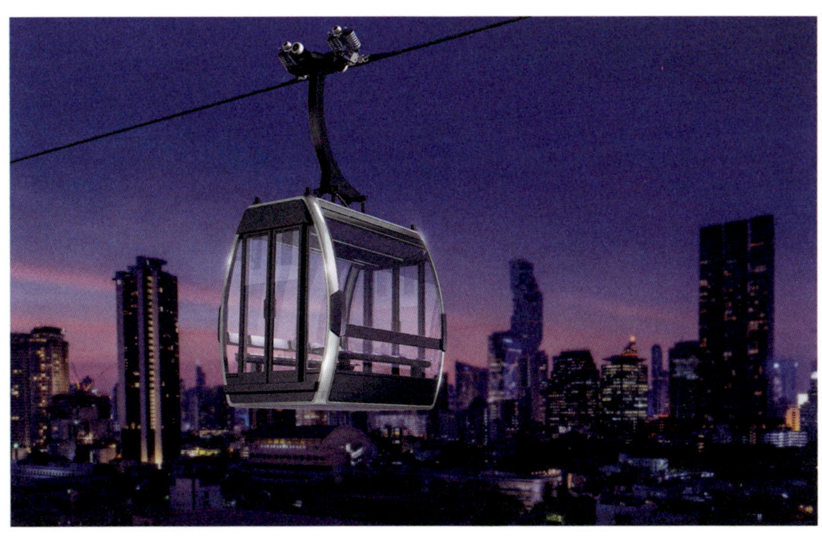

PROF. MARIO ZEPPETZAUER

FORMQUADRAT GMBH,
LINZ

»Der Königsweg ist für mich,
Nutzer:innen in den Designprozess partizipativ einzubinden.
Damit ist gewährleistet,
den Kontext immer im Blick
zu haben.«

»For me, the best way is to involve
users in the design process.
This ensures that the context is
always clear.«

Mario Zeppetzauer lebt und arbeitet in Linz. Dort leitet er die Abteilung Industrial Design an der Universität für künstlerische und industrielle Gestaltung. Als Mitbegründer der Designagentur Formquadrat arbeitet er an Designprojekten mit den Schwerpunkten Marke, Funktion und Ergonomie. Mario Zeppetzauer studierte Industrial Design an der Universität für künstlerische und industrielle Gestaltung Linz und am Art Center Europe in La Tour de Peilz.

Mario Zeppetzauer lives and works in Linz, Austria, where he is head of the industrial design department at the University of Art and Design Linz. As co-founder of the Formquadrat design agency, he works on design projects that focus on branding, functionality and ergonomics. Prof Mario Zeppetzauer studied industrial design at the University of Art and Design Linz and the Art Center Europe in La Tour-de-Peilz.

www.formquadrat.com

www.formquadrat.com

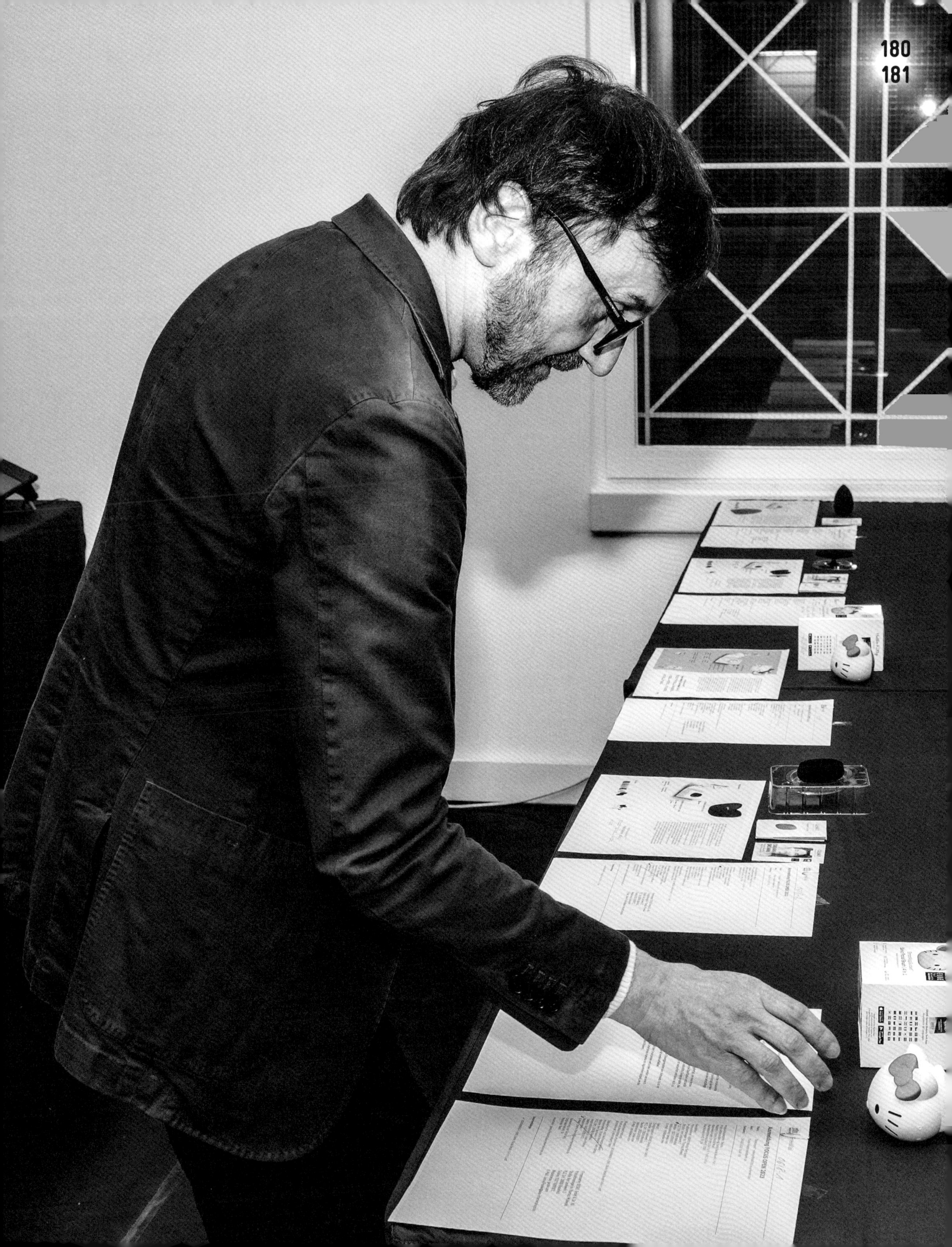

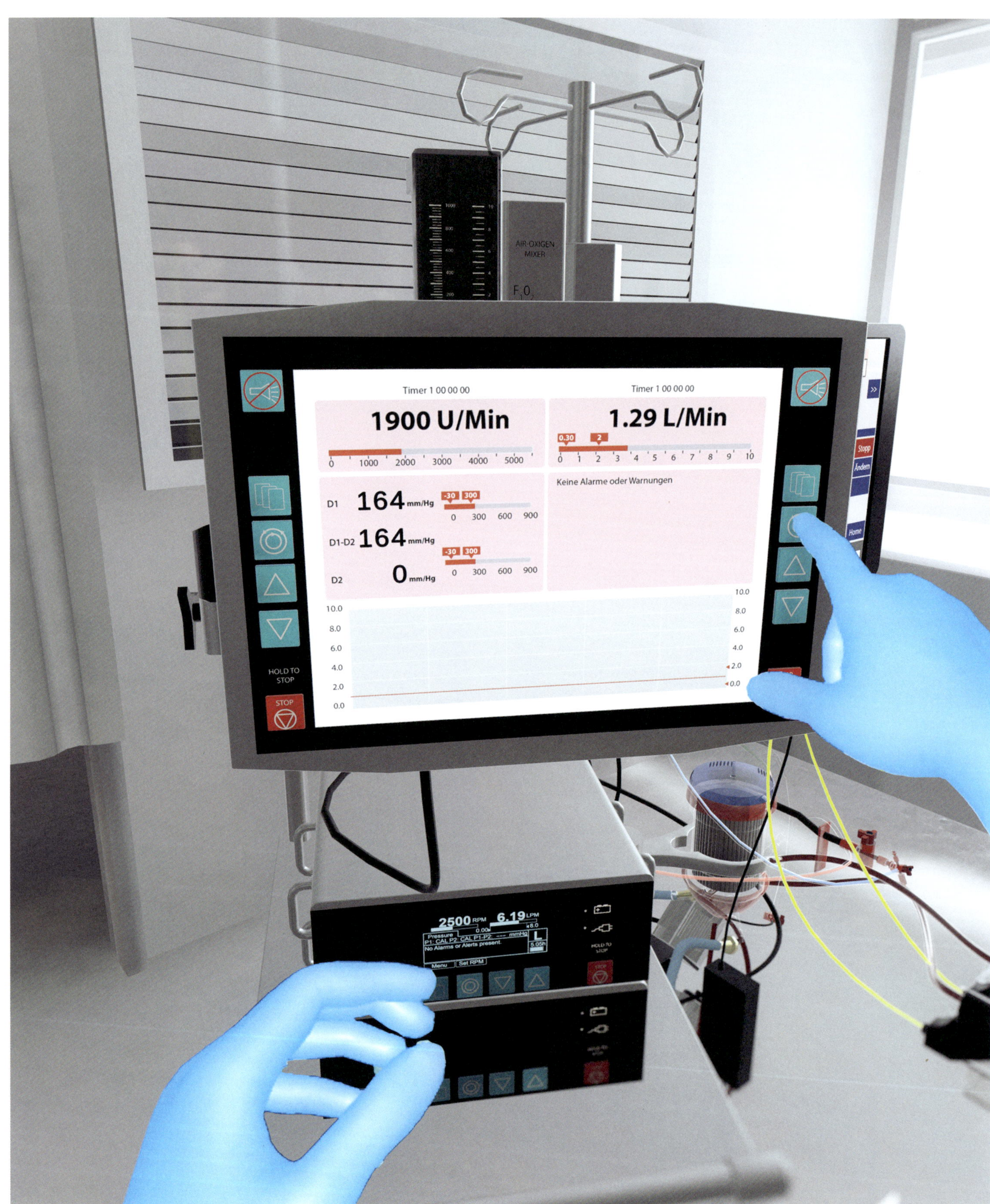
AIR-OXIGEN MIXER
F1O2
Timer 1 00 00 00
Timer 1 00 00 00
1900 U/Min
1.29 L/Min
0   1000   2000   3000   4000   5000
0.30   2
0   1   2   3   4   5   6   7   8   9   10
Keine Alarme oder Warnungen
D1   164 mm/Hg
-30   300
0   300   600   900
D1-D2   164 mm/Hg
D2   0 mm/Hg
-30   300
0   300   600   900
10.0
10.0   8.0
8.0   6.0
6.0   4.0
4.0   2.0
2.0   0.0
0.0
HOLD TO STOP
STOP
Stopp
Ändern
Home
2500 RPM   6.19 LPM
Pressure   mmHg
0.00   x8.0
P1-CAL P2 CAL P1-P2   L
No Alarms or Alerts present.   5.05n
Menu   Set RPM
HOLD TO STOP
STOP

SILVER:
1 ECMO-VR TRAINING
Deutsches Herzzentrum München
München

Die Digitalisierung von Produkten und Dienstleistungen schreitet voran –
die nutzerzentrierte Gestaltung von Interfaces und Bedienlogiken sorgt
dafür, dass die Services in ihrer Tiefe und Funktionalität zu intuitiven Tools
werden, die sowohl im virtuellen wie realen Kontext ihren eigentlichen
Wert entfalten können.

The digitalisation of products and services is progressing. The user-centric
design of interfaces and operating logics makes the depth and functionality of services more accessible by turning them into intuitive tools that
can demonstrate their true value in both a real and virtual context.

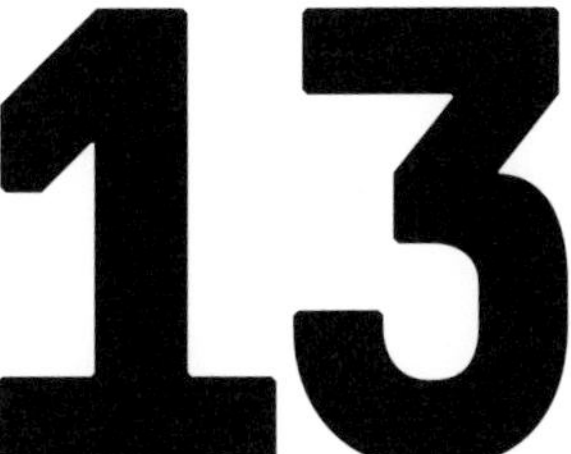

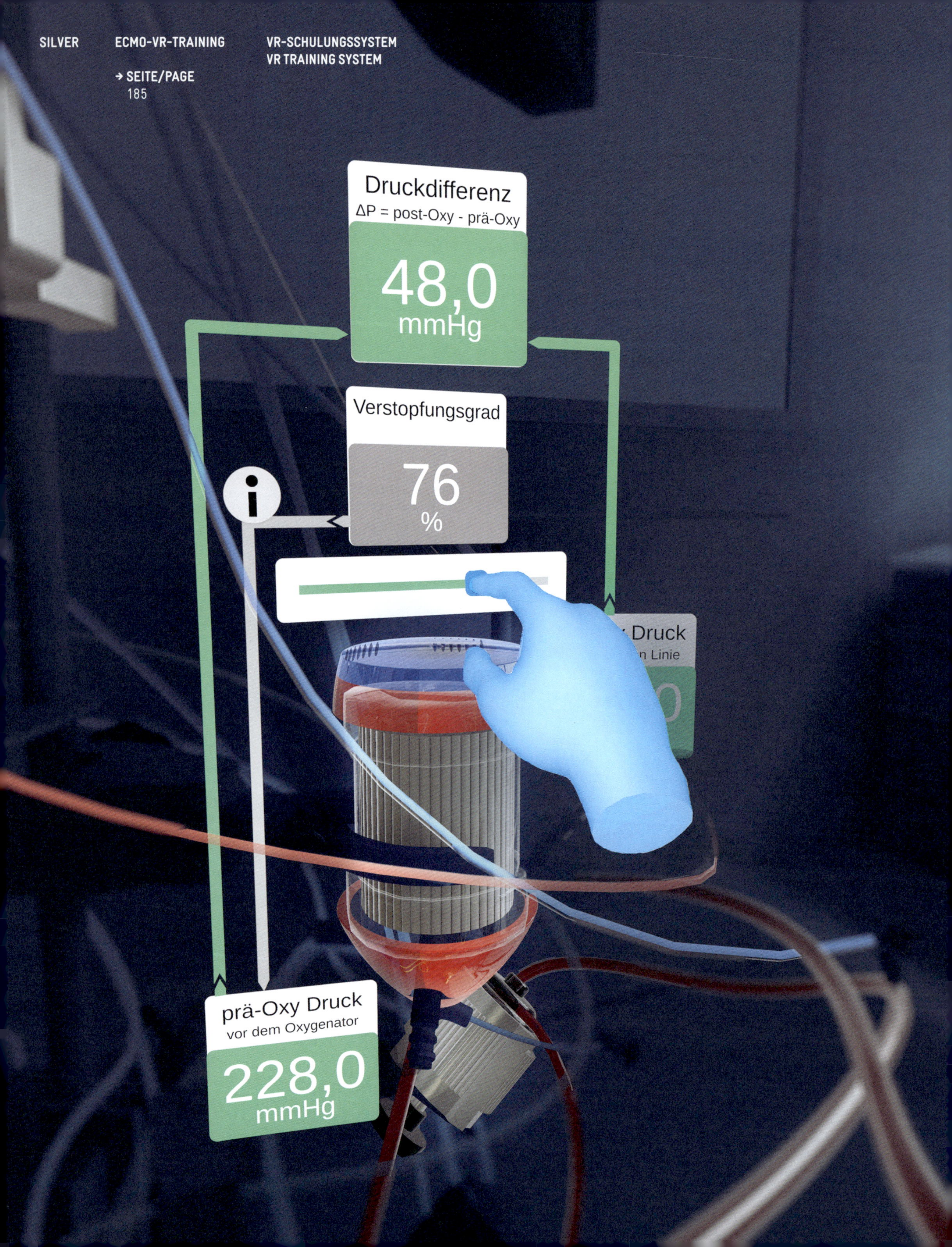

Druckdifferenz
ΔP = post-Oxy - prä-Oxy
48,0
mmHg
Verstopfungsgrad
76
%
y Druck
n Linie
prä-Oxy Druck
vor dem Oxygenator
228,0
mmHg

JURY STATEMENT

Forschung und Design haben
sich hier zu einer echten Innovation
zusammengefunden und ein System entwickelt, das fachliche
Expertise mit Nutzerzentrierung
verbindet. Es erlaubt selbst-
ständiges Lernen, bindet während-
dessen aber keine Infrastruktur.
Überdies lässt sich dieses Konzept
sehr gut ausbauen.

The synergy of research and
design has created a genuine innovation and developed a system
that combines technical expertise
with a user-centric approach.
It enables independent learning
without tying up valuable infra-
structure. Also, this concept can
be expanded very easily.

HERSTELLER/MANUFACTURER
Deutsches Herzzentrum München
München

DESIGN
UP Designstudio GmbH & Co. KG
Stuttgart

Dieses Trainingssystem entstand im Rahmen eines zweijährigen, geförderten Forschungsprojekts zusammen mit dem Herzzentrum München und
seinen Mitarbeitenden. Das in verschiedene Einzellektionen gegliederte
Trainings- und Qualifizierungsprogramm soll sowohl Basiswissen als auch
richtiges Handeln in Problemsituationen vermitteln. Das Virtual-Reality-
Konzept ermöglicht ein realistisches Training, ohne dass die realen
Geräte der Intensivmedizin aus ihrem Einsatz genommen werden müssen.
Es gibt visuelles Feedback und modelliert die Zusammenhänge der komplexen extrakorporalen Lungenunterstützung von Kleinkindern.
        Folgeprojekte mit thematischer Erweiterung sind bereits im Pla-
nungsstadium.

This training system was developed during a two-year, funded research
project in partnership with the German Heart Centre Munich and its
workforce. The training and qualification program comprises an array of
individual lessons designed to instil basic knowledge while also equip-
ping participants with the skills to deal with challenging situations. The
virtual reality concept delivers a realistic training experience without the
need to remove essential intensive-care equipment from service. It
provides visual feedback and models the interdependencies of complex
extracorporeal membrane oxygenation (ECMO) for infants.
        Follow-on projects expanding upon the subject matter are cur-
rently in the planning phase.

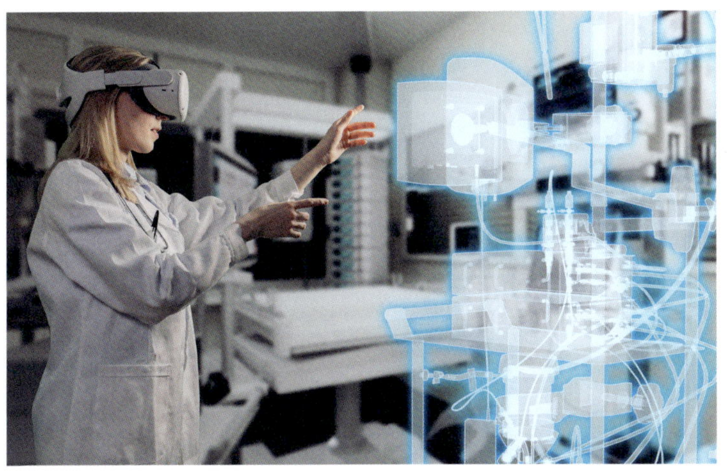

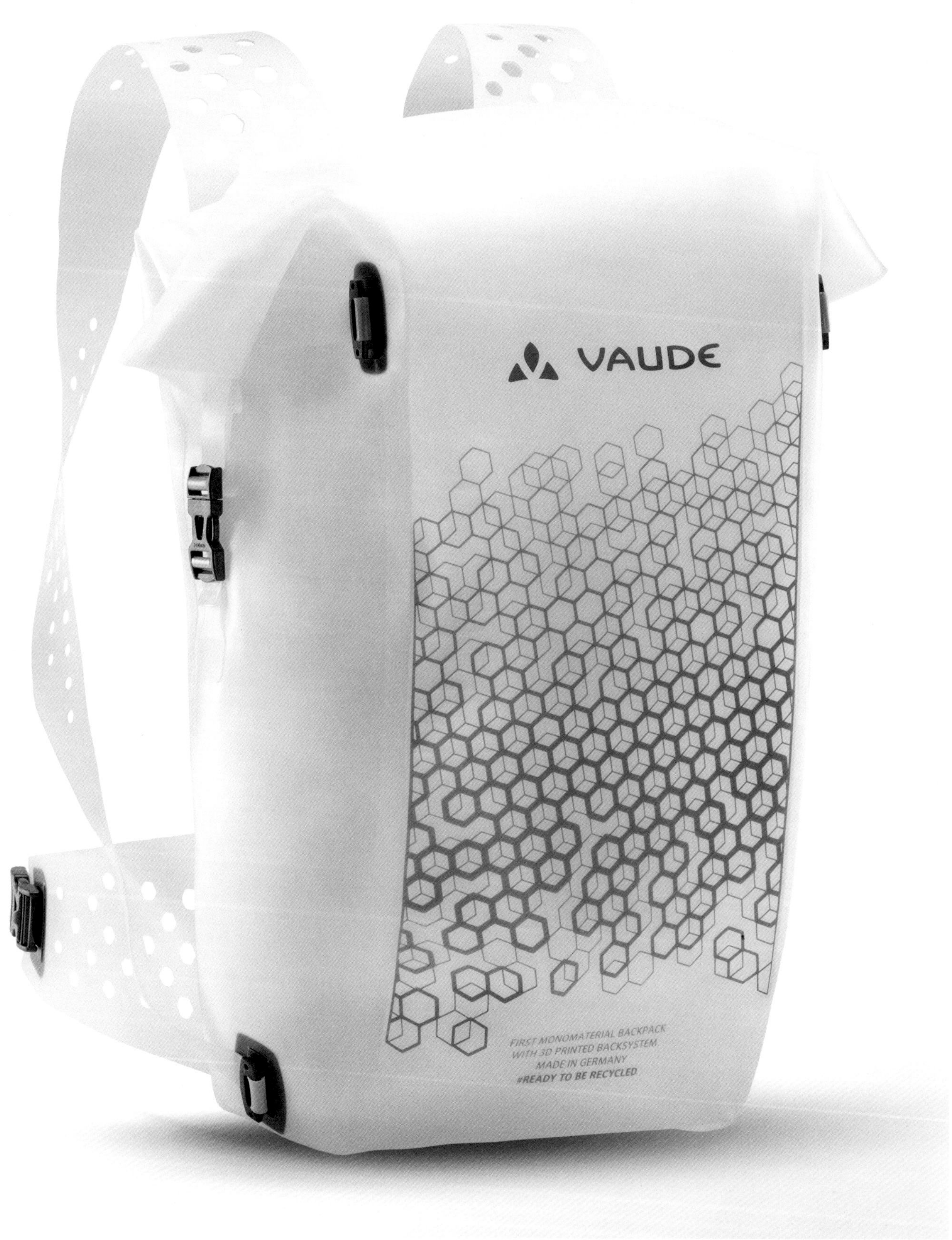
VAUDE
FIRST MONOMATERIAL BACKPACK
WITH 3D PRINTED BACKSYSTEM
MADE IN GERMANY
#READY TO BE RECYCLED

META:
1   NOVUM 3D
    Vaude Sport GmbH & Co. KG
    Tettnang

Technik beeinflusst schon immer das Design, auch Werkstoffe tun dies mehr denn je. Materialien mit innovativen Eigenschaften eröffnen Nutzungsszenarien, die zu mehr Nachhaltigkeit, geringerem Ressourcenverbrauch oder optimierter Funktionsintegration leiten. Die Grundlage dafür schafft die multidisziplinäre Kooperation von Forschung, Engineering und Design.

Technology has always influenced design, and materials are having a greater impact than ever before. Materials with innovative properties open up usage scenarios that lead to greater sustainability, reduced resource consumption and the optimised integration of functions. The foundation for this is established through multidisciplinary collaboration by specialists from research, engineering, and design.

14

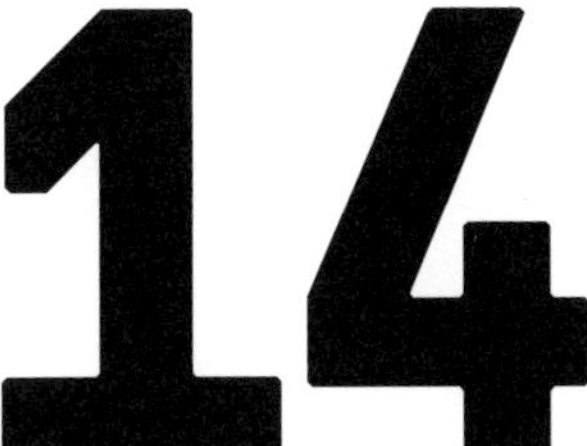

NOVUM 3D

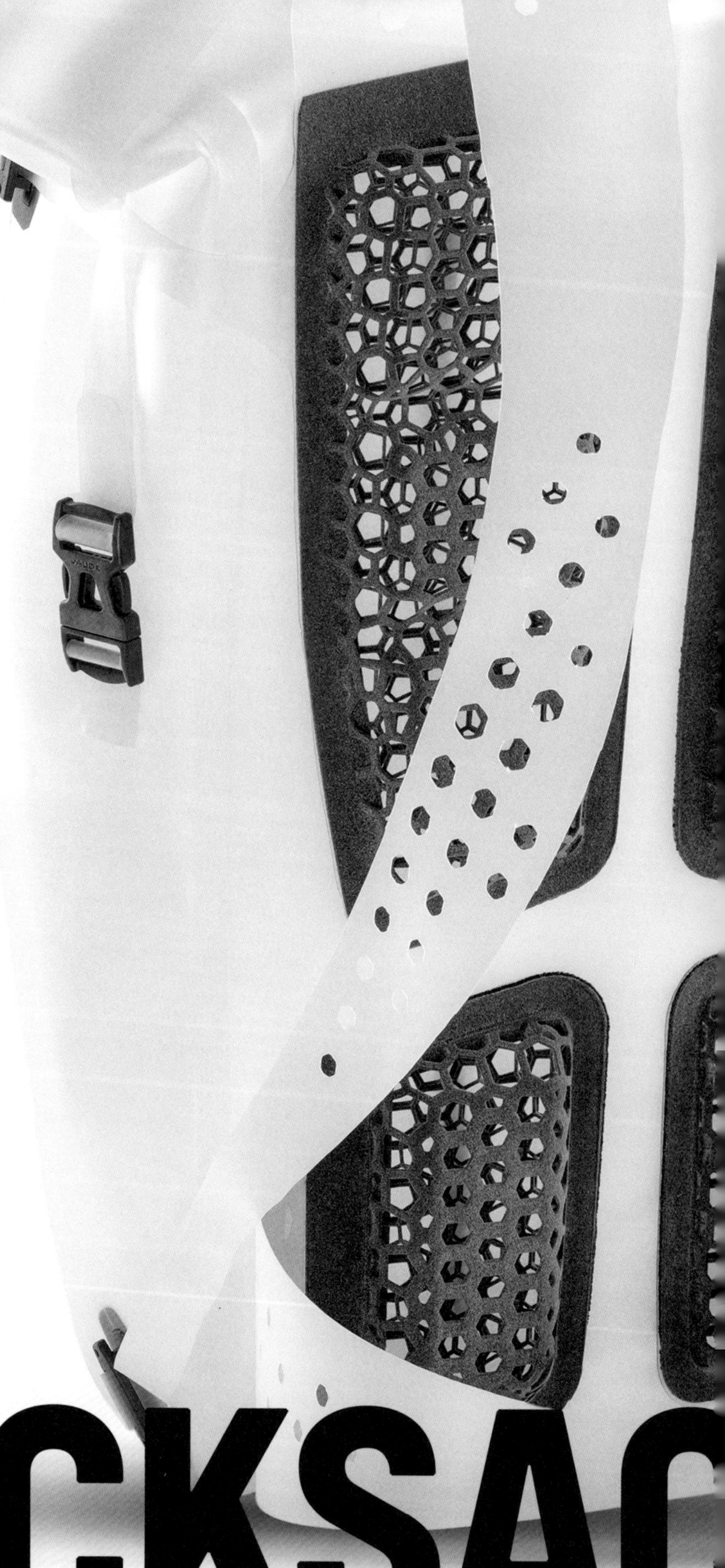

RUCKSAC

MATERIALS & SURFACES
189

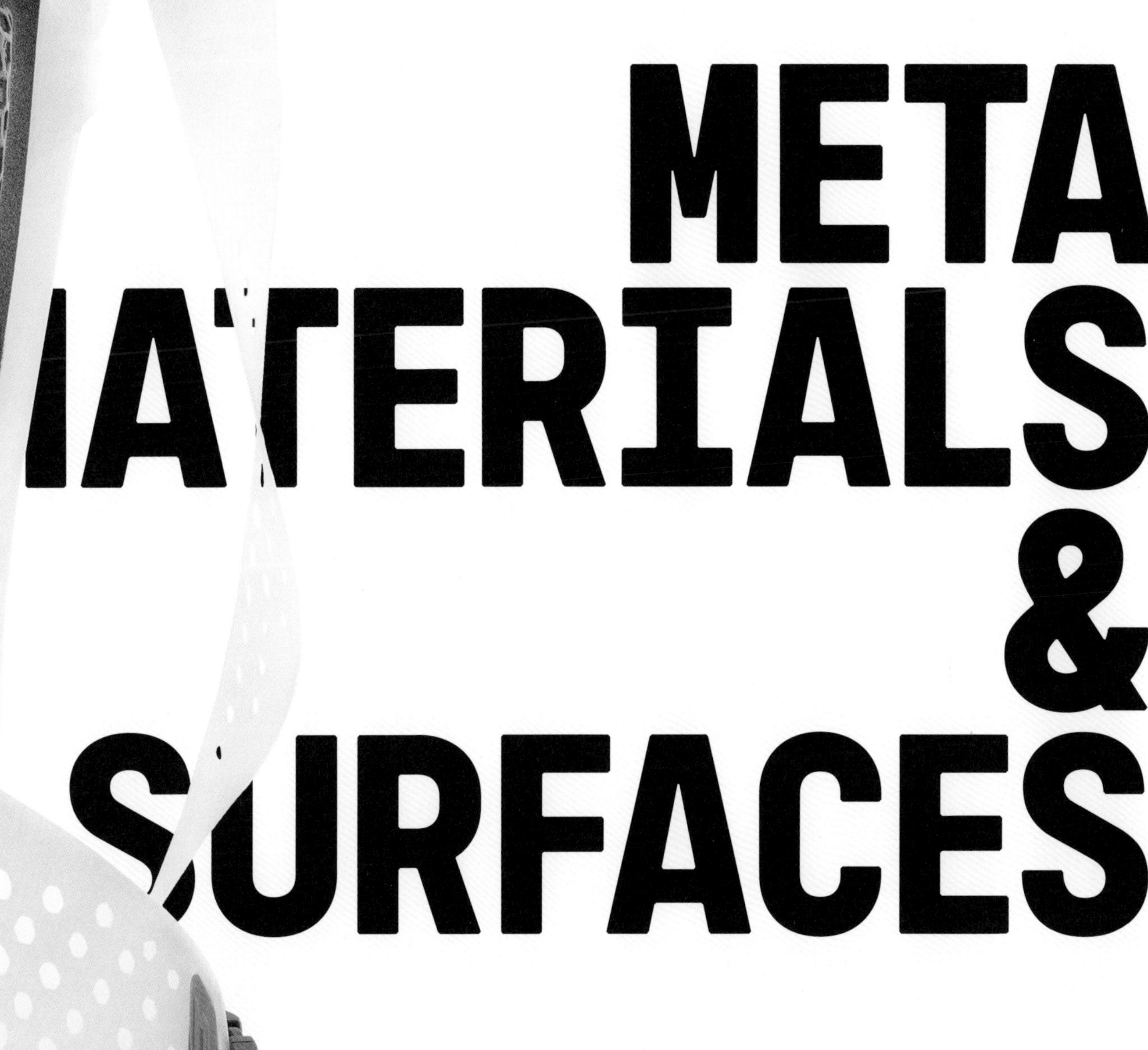

META MATERIALS & SURFACES

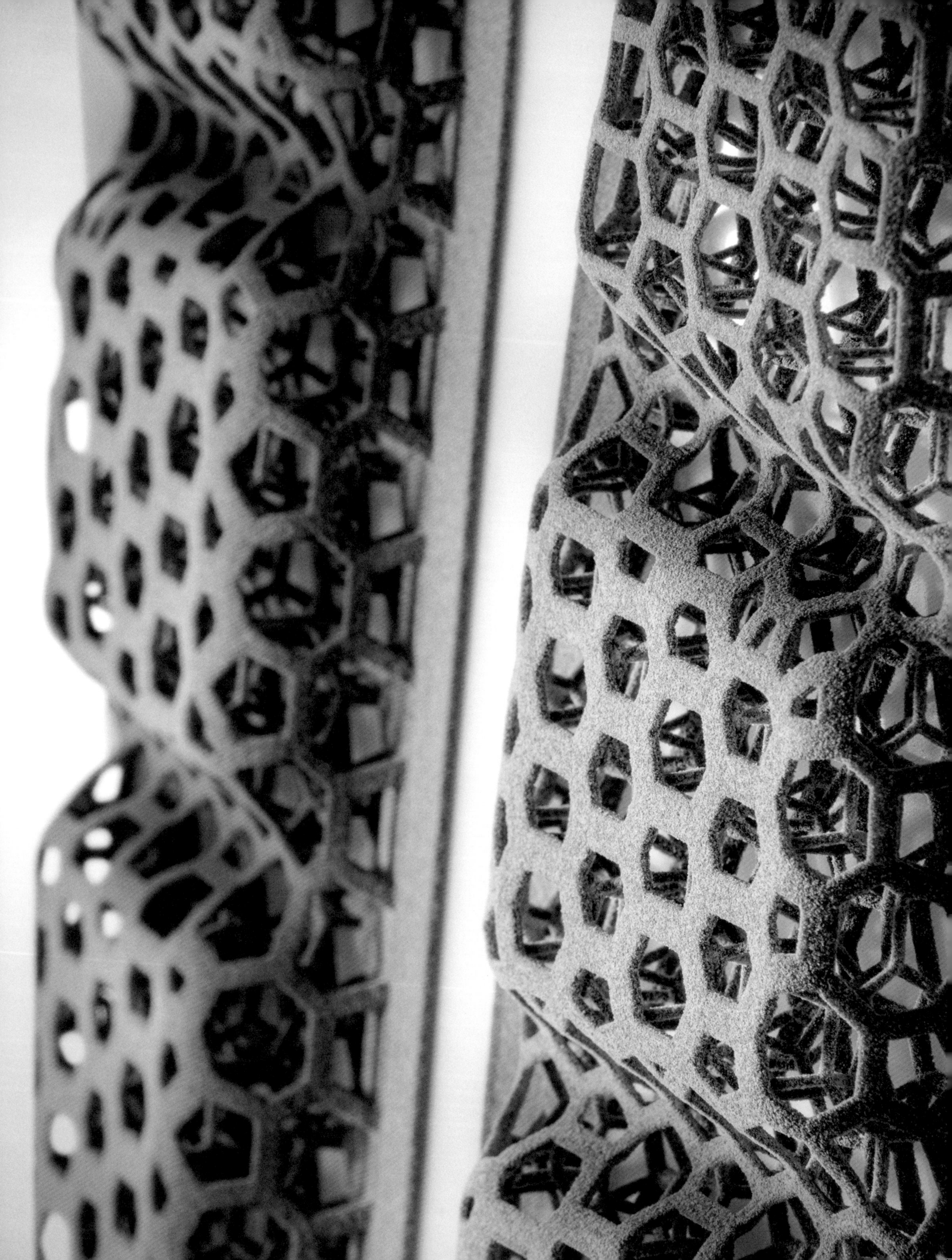

JURY STATEMENT

Dieser sehr leichte Rucksack liefert ein beeindruckendes Beispiel
für die Konzeption von Mono-
materialprodukten. Hier werden
Lösungen für künftige Kreislauf-
prozesse aufgezeigt – und für
ein Lifecycle-Denken, welches das
Ende der Nutzung berücksichtigt.
Die Transparenz des Packsacks ist
ein ungewöhnliches und zugleich
mutiges Statement.

This very lightweight backpack
is an impressive example of mono-
material product design. It highlights potential solutions for future
closed-loop processes and an
approach to lifecycle management
that considers product end of life.
The transparency of the pack is
an unusual as well as a bold statement.

AUFTRAGGEBER/CLIENT
Vaude Sport GmbH & Co. KG
Tettnang

DESIGN
Inhouse / In-house

Rucksäcke bestehen bislang aus unterschiedlichsten Materialien mit jeweils spezifischen Eigenschaften – das erschwert aber das Recycling.

Einen neuen Weg zeigt dieser Rucksack auf – er besteht aus nur
einem thermoplastischen TPU-Kunststofftyp und ist damit ein Mono-
material-Produkt. Die materialreduzierten Rückenpolster werden per 3D-
Druck erstellt, ihre Härte lässt sich über die Dichte ihrer Wabenstruktur
einstellen. Der durch Aufrollen wasserdicht verschließbare Packsack, die
Schulterriemen und der Hüftgurt bestehen aus miteinander verschweißten
TPU-Folienteilen. Schnallen und weitere Elemente aus anderen Kunststoffen lassen sich leicht trennen. Der Rucksack ist das Ergebnis eines
materialzentrierten Entwicklungsprozesses, an dem neben der Design-
und Innovationsabteilung des Herstellers auch externe Spezialisten aus
der Kunststoff-Forschung eingebunden waren.

Noch nicht in der Serienproduktion, dient der Rucksack als Showcase zur Erprobung und Marktabklärung.

Until now, backpacks have been made from a combination of different
materials, each with its own specific properties. The problem is: this makes
recycling difficult.

This backpack shows that it can be done differently. It is made
from a single thermoplastic polyurethane and is thus a mono-material
product. The minimum-material-content back padding is produced using
3D printing and its hardness can be altered by altering the density of its
honeycomb structure. The pack sack (which is completely waterproof when
rolled up), the shoulder straps and the hip belt are made from welded
TPU film. Buckles and other elements made of other plastics can be de-
tached easily. The backpack is the result of a raw material-centred development process that included not only the manufacturer's design and
innovation department but also external specialists in plastics research.

Although it is not yet in production, the backpack serves as a
showcase for testing and market clarification.

PHILIPP ZIEGLER

**TEAMLEITER PRODUKTDESIGN,
VAUDE SPORT GMBH & CO. KG**

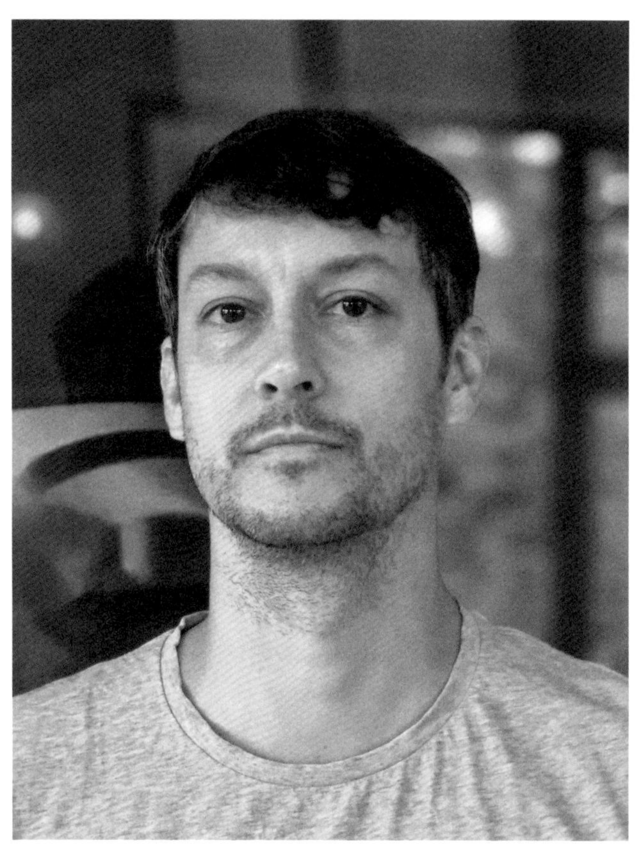

»Das Ziel war nicht, einen konventionellen Rucksack identisch nachzubauen.«

»Our aim was not to replicate a conventional backpack design.«

→ Was war für Sie die Motivation, den Typus des Rucksacks neu anzugehen?

Wir sind bereits seit einer Weile auf dem Weg hin zu zirkulärer Produktgestaltung und werden unsere Kollektionen Stück für Stück umstellen. Rucksäcke sind für Vaude schon immer ein Kern des Sortiments, weswegen wir uns gerne der Herausforderung eines zirkulär gestalteten Rucksacks stellen wollten.

Welche Anforderungen lagen der Konzeption zugrunde?

Beim Novum 3D handelt es sich um ein Showpiece, daher hatten wir bei der Erstellung des Anforderungsprofils mehr Freiheiten. Neben der Sortenreinheit war eine der Hauptanforderungen die Nutzung innovativer Fertigungsverfahren unserer hauseigenen Manufaktur in Obereisenbach. Schnell fiel die Wahl auf das Material TPU, da man mit diesem thermoplastischen Kunststoff das Hochfrequenz-Schweißverfahren nutzen kann. So konnten wir hier am Standort einen wasserdichten Packsack generieren und die 3D-gedruckten TPU-Rückenpolster direkt aufschweißen.

Inwieweit waren dabei Material- sowie Recycling-Expert:innen involviert?

Intern wie extern waren Expert:innen involviert, was unbedingt nötig ist, wenn man mit einem innovativen Produktkonzept völliges Neuland betritt. Mit externen Partnern haben wir beispielsweise eine spezielle TPU-Folie entwickelt und die 3D-gedruckten Polsterungen umgesetzt. Die internen Expert:innen aus unserer Innovationsabteilung waren zudem im engen Austausch mit Recyclingspezialist:innen aus der Kunststoffbranche.

Verglichen mit traditionellen Rucksäcken mit ihren vielen Fächern, Öffnungen und Elementen kommt der Novum 3D geradezu spartanisch daher. Weshalb?

Das Ziel war nicht, einen konventionellen Rucksack identisch nachzubauen, sondern ein Showpiece zu schaffen, das bewusst polarisiert und dadurch eine Strahlkraft entwickelt. Bei der Entwicklung zirkulärer Produkte muss nahezu jedes Detail neu gedacht werden. Dazu gehört auch, Funktionen zu vereinen und Unnötiges wegzulassen. Wobei der erste, minimalistische Eindruck täuscht, denn der Novum 3D ist ein voll wasserdichter Rucksack mit relativ komfortablem Tragesystem und einem variablen Packvolumen. Die Organisation im Inneren fehlt, das stimmt.

Auch das TPU-Folienmaterial ist in diesem Kontext neu. Welche Rückmeldungen von Tester:innen haben Sie bekommen?

Gerade das Hauptmaterial, die milchig durchsichtige TPU-Folie polarisiert enorm. Das war uns aber bewusst. Die Rückmeldungen der Nutzer:innen reichen von völliger Begeisterung (»wirkt total futuristisch«) bis hin zu absoluter Entrüstung (»man kann ja den ganzen Inhalt sehen«).

Wie steht es um die Reparierbarkeit, die im Outdoorbereich immer mehr erwartet wird?

Die Reparierbarkeit stand nicht im Fokus. Denn der Rucksack dient uns als Türöffner für zirkuläre Produkte und ist als eine Art Experiment zu sehen.

Werden Sie den Rucksack weiterentwickeln und auf dem Markt einführen? Wird das Prinzip auf andere Produkte transferiert?

Wir sind derzeit tatsächlich dabei, das Prinzip des Rucksacks auf Serienprodukte zu übertragen. Zirkulär gestaltete Kollektionen wird es bei Vaude zukünftig unter dem Titel »Rethink« immer häufiger geben. Manche – eher niederkomplexe Produkte – werden ganz aus einem langlebigen Monomaterial gefertigt sein, andere zerlegbar und voll reparabel.

Vaude Sport GmbH & Co. KG wurde 1974 gegründet, zu den ersten Produkten gehörten Rucksäcke für den Bergsport. Seit 2009 führt die Tochter des Gründers, Antje von Dewitz, das Unternehmen auf dem Weg zur Nachhaltigkeit. Seit 2012 ist das Unternehmen am Standort Obereisenbach klimaneutral, seit 2022 ist zudem das komplette Produktsortiment klimaneutral. Aktuell nicht vermeidbare Emissionen werden kompensiert. Für faire Produktionsverhältnisse in Fernost wurde das Unternehmen 2015 von der Fair Wear Foundation mit dem Leader-Status ausgezeichnet.

www.vaude.com

PHILIPP ZIEGLER

PRODUCT DESIGN TEAM LEADER, VAUDE SPORT GMBH & CO. KG

→ What motivated you to take a fresh look at the backpack?
We've been steadily adopting circular product design for some time and are in the process of gradually changing our collections. Backpacks have always been at the heart of the Vaude portfolio, which is why we were keen to take on the challenge of a backpack designed on circular principles.

What were the demands placed on the design?
Because the Novum 3D is a showcase product, we had more freedom when we created the requirements profile. Besides standardising on a single material, one of the main requirements was to take advantage of the innovative manufacturing capabilities of our in-house manufacturing facility in Obereisenbach. TPU was our material of choice due to its compatibility with the high-frequency welding process. This allowed us to create a waterproof pack sack here on site to which we welded the 3D-printed TPU back padding.

To what extent were material and recycling experts involved?
Internal and external specialists were involved, which is absolutely necessary when you are entering uncharted territory with an innovative product concept. For example, we worked with our external partners to develop a special TPU film and implement the 3D-printed padding. The experts from our own innovation department also maintained close contact with recycling specialists from the plastics industry.

The Novum 3D looks downright spartan compared to traditional backpacks with their many compartments, openings and components. Why is that?
Our aim was not to replicate a conventional backpack design but to create a showcase product that intentionally sparks controversy and thereby cultivates a distinct aura. When developing a circular product, you have to rethink almost every detail. That includes combining functions and leaving out what is not really needed. The impression of minimalism you get initially is deceptive because the Novum 3D is a fully waterproof backpack with a relatively comfortable carrying system and a variable packing volume. There is a lack of internal organisers, that's true.

The TPU film material is also new in this application. What feedback have you received from testers?
The main material used, the milky white translucent TPU film, is tremendously polarising. But we had expected that. The feedback from users has ranged from unbridled enthusiasm (»looks totally futuristic«) to absolute outrage (»you can see the entire contents«).

What about repairability, a quality that is gaining increased significance in the outdoor sector?
The project didn't focus on repairability. The backpack provides us with a door opener for circular products and should be seen as a kind of experiment.

Will you develop the backpack further and launch it on the market? Will you transfer the principle to other products?
We are in the process of transferring the principle of the backpack to some of our current product range. Under the banner of »Rethink«, circular collections will become increasingly common at Vaude in the future. We will make some – the less complex products – entirely of a robust mono-material; others will be designed with a focus on easy disassembly and full repairability.

Vaude Sport GmbH & Co. KG was established in 1974 and its first products included backpacks for mountain sports. Since 2009, the founder's daughter, Antje von Dewitz, has championed the company's pursuit of sustainability. The company's Obereisenbach factory has been climate-neutral since 2012 and the entire product range has been climate-neutral since 2022. All unavoidable emissions are currently offset. In 2015, the company was awarded Leader status by the Fair Wear Foundation, which campaigns for fair working conditions for factory workers in the Far East.

www.vaude.com

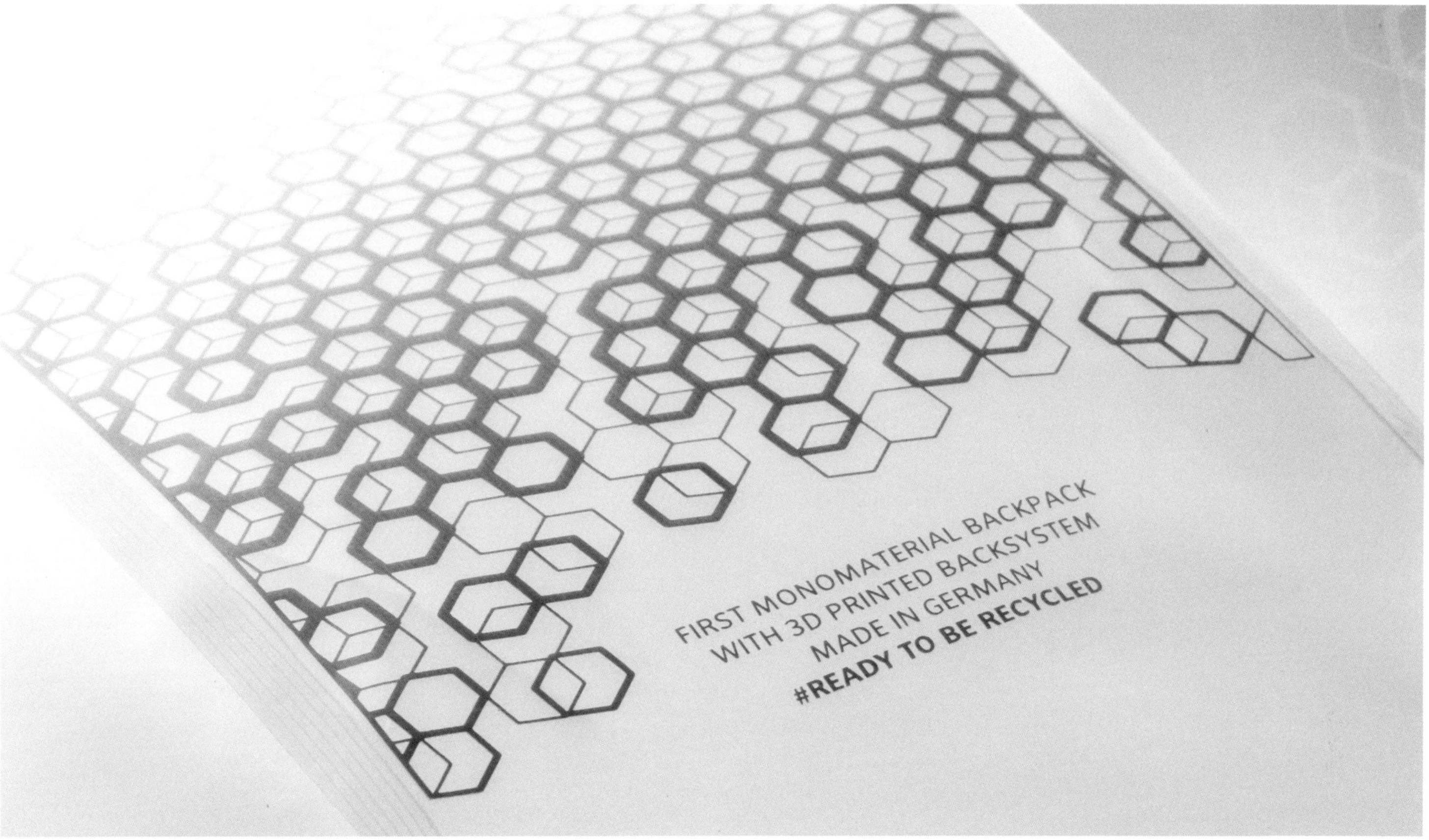

FIRST MONOMATERIAL BACKPACK
WITH 3D PRINTED BACKSYSTEM
MADE IN GERMANY
#READY TO BE RECYCLED

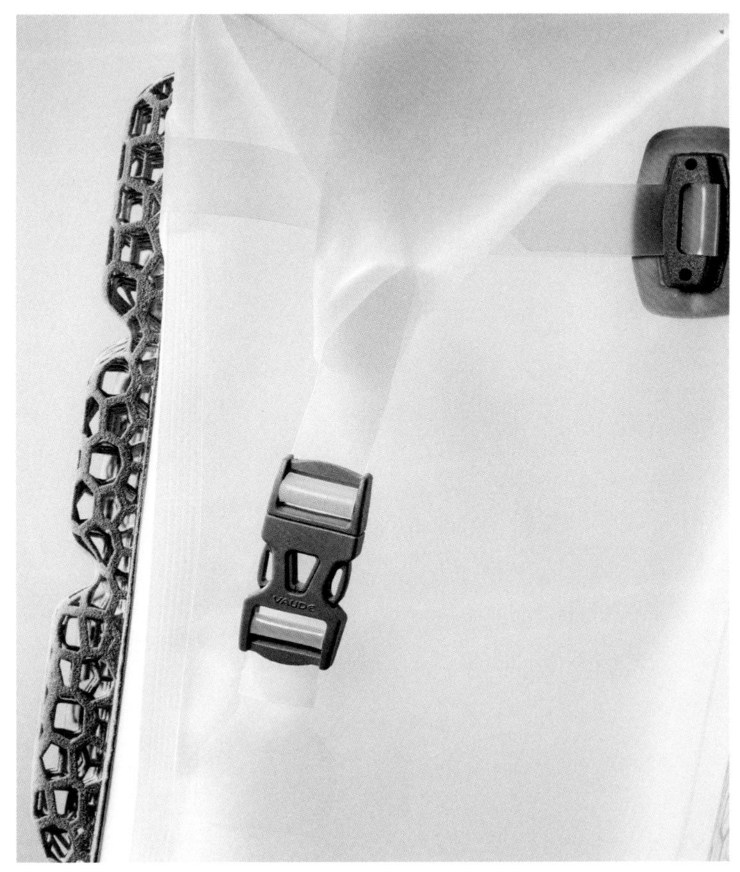

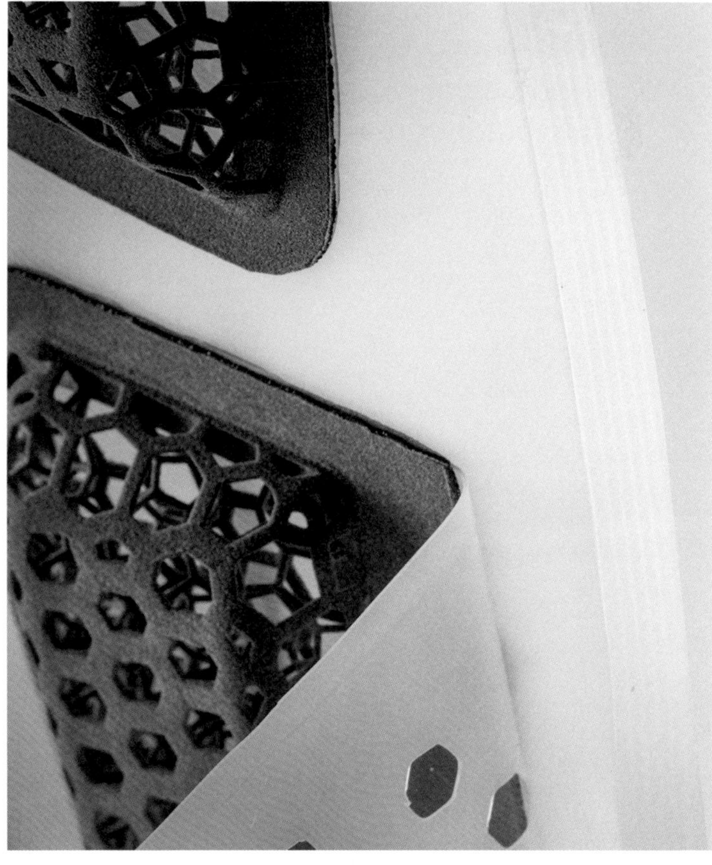

MIA SEEGER PREIS 2023

MIA SEEGER PREIS 2023

Jährlicher Wettbewerb der Mia Seeger Stiftung
für junge Designerinnen und Designer
mit freundlicher Unterstützung vieler Förderer

The Mia Seeger Foundation's annual
competition for young designers,
thanks to the generosity or several sponsors

IS

ZE

PROF.IN VERONIKA AUMANN
Textildesignerin, Staatliche Akademie
der Bildenden Künste Stuttgart
→ Textile designer, Stuttgart State
Academy of Art and Design

IMMANUEL CHI
Industrial Designer/Designtheoretiker,
Pforzheim; Mia Seeger Preisträger 1992
→ Industrial designer/design
theoretician, Pforzheim; Mia Seeger
prize winner 1992

JÜRGEN GEHM
Produktdesigner und Ökonom, Bosch
Power Tools, Leinfelden-Echterdingen;
Design Driven Innovation, Tübingen
→ Product designer and economist,
Bosch Power Tools, Leinfelden-
Echterdingen; Design Driven Innovation,
Tübingen
www.juergengehm.de

BARBARA LERSCH
Kulturmanagerin,
Hans Sauer Stiftung, München
→ Cultural manager,
Hans Sauer Foundation, Munich

STEFAN LIPPERT
Designer, UP Designstudio, Stuttgart;
Mia Seeger Preisträger 1993 und
Stipendiat 1993/94
→ Designer, UP Designstudio, Stuttgart;
Mia Seeger prize winner 1993
and scholarship winner 1993/94

MONA MITJTHAB
Sozialunternehmerin und
Designerin, Mosan Sanitation Solution,
Zürich/Guatemala
→ Social entrepreneur and
designer, Mosan Sanitation Solution,
Zurich/Guatemala

DANIEL RAUH
Designer, Shift GmbH, Falkenberg (Wabern)
→ Designer, Shift GmbH, Falkenberg
(Wabern)

PROF. PHILIPP STINGL
Industriedesigner, Hochschule Coburg,
Integriertes Produktdesign (IP)
→ Industrial designer, Coburg University
of Applied Sciences,
integrated product design (IP)

OLIVER STOTZ
Industriedesigner, Wuppertal;
Mia Seeger Preisträger 1992
→ Industrial designer, Wuppertal;
Mia Seeger prize winner 1992
stotz-design.com

JULIA VOIGTLÄNDER
Industriedesignerin und Grafikdesignerin,
Rat für Formgebung, Frankfurt
→ Industrial designer and
graphic designer, German Design Council,
Frankfurt

Zum 32. Mal konnte die Mia Seeger Stiftung den Mia Seeger Preis über insgesamt 10.000 Euro an junge Designerinnen und Designer vergeben. Mit 179 Arbeiten war die Zahl der Einreichungen noch nie so hoch. Auch die Hochschulen waren noch nie so breit vertreten wie in diesem Jahr. Diese Entwicklung zeigt sehr deutlich, wie nachhaltig das Motto der Stifterin Mia Seeger »was mehr als einem nützt« ist und dass sich immer mehr Studierende und Lehrende mit dem Thema Social Design beschäftigen.

Die Jurierung der eingereichten Projekte fand am 11. Mai 2023 in den Räumlichkeiten von UP Designstudio in Stuttgart statt. Die 10 Jurorinnen und Juroren nahmen in Präsenz und auf dem digitalen Wege an der Jurysitzung teil. Von der Mia Seeger Stiftung waren die Vorsitzende Dr. Brigitte Thamm mit einem Grußwort des Vorstands und Dr. Jons Messedat vom Beirat der Stiftung vor Ort. Nach einer ersten Vorrunde wurden die Arbeiten der engeren Wahl intensiv begutachtet und diskutiert. Im Mittelpunkt der Bewertung stand neben der Qualität der Gestaltung auch die gesellschaftliche Relevanz der Konzepte und deren Impact, nicht nur für den Einzelnen, sondern auch für die Gemeinschaft. Im Anschluss daran wurde eine Shortlist herausgegeben, in der alle Nominierungen für Preise und Auszeichnungen - noch ohne Rangfolge - genannt wurden.

Ein besonderer Dank richtet sich an die finanziellen Unterstützungen für den Preis 2023 durch Rat für Formgebung, Johannes Schwörer Stiftung, Recaro, Defortec, Hans Sauer Stiftung und Familie Daldrop-Weidmann. Der Dank gilt ebenfalls dem UP Designstudio, das seit 2023 die ehrenamtliche Erledigung sämtlicher Aufgaben der Geschäftsführung übernommen hat.

For the 32nd time, the Mia Seeger Foundation was delighted to award the Mia Seeger Prize – worth 10,000 euros in total – to young designers. The number of submissions, at 179, was higher than ever and more universities were represented than in any previous year. This development shows the enduring value of the motto of the foundation's founder, Mia Seeger – »what benefits more than one« – and reflects the fact that more and more students and teachers are developing an interest in the topic of social design.

The judging of the submitted projects took place on 11 May 2023 at the premises of UP Designstudio in Stuttgart. The ten jurors participated in the judging session in person and virtually. In attendance were the chairperson of the Mia Seeger Foundation, Dr Brigitte Thamm, who conveyed the best wishes of her management board, and Dr Jons Messedat from the Foundation's advisory board. After a first preliminary round, the jury reviewed and discussed the shortlisted projects in depth. They looked not only at the quality of the design but also at the social relevance of the concepts and their impact both on individuals and the wider community. A shortlist was then issued containing all the nominations for prizes and awards, although not yet ranked in any particular order.

Special thanks go to the German Design Council, the Johannes Schwörer Foundation, Recaro, Defortec, the Hans Sauer Foundation and the Daldrop-Weidmann family for their financial support for the 2023 Award. Thanks are also due to the UP Designstudio, which took over all the management work on a pro bono basis in 2023.

MIA SEEGER PREIS 2023
MIA SEEGER PRIZE 2023

ZWEIRAD
TWO-WHEELER

Das Konzept »zweirad« kombiniert das herkömmliche Fahrrad mit der Möglichkeit, eine zweite Person zu befördern. Um eine bequeme Fahrt zu garantieren, verfügt es über den charakteristischen langen Sattel, sowie einen Handlauf und eine Fußstütze für die zweite Person. Die speziellen Schutzbleche bieten Schutz vor einem möglichen Kontakt der Füße mit den Rädern. Der vergrößerte Radstand ermöglicht es den Mitfahrenden vor der Hinterradachse zu sitzen und sorgt für eine stabile und sichere Fahrt. Zudem soll der Sharing-Aspekt der gemeinsamen Nutzung von öffentlichen Fahrrädern weitergedacht werden.

This »two-wheeler« concept takes a conventional bicycle and adds the option of carrying a passenger. To ensure a comfortable ride, it is equipped with a long saddle as well as a passenger grab rail and footrest. The special mudguards prevent the feet from coming into contact with the wheels. The increased wheelbase allows the passenger to sit in front of the rear wheel axle, ensuring a stable and safe ride. The developers now plan to look into the sharing aspect of public bicycles.

ENTWURF/DEVELOPERS
Felix Stockhausen
Michael Mahle

STUDIUM/DEGREE COURSE
Bauhaus-Universität Weimar
Produkt Design

BETREUUNG/SUPERVISORS
Prof. Andreas Mühlenberend
MA Niklas Hamann

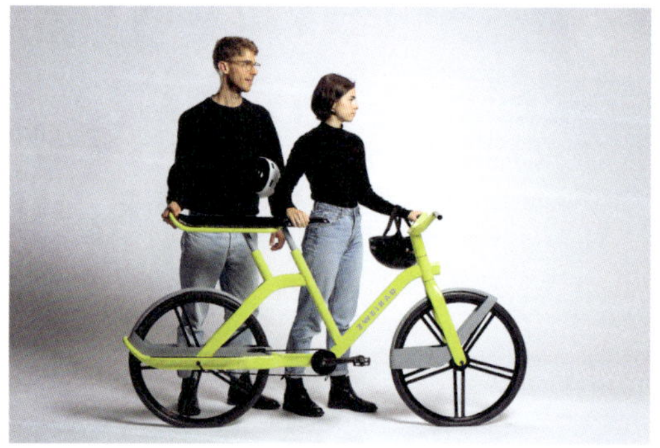

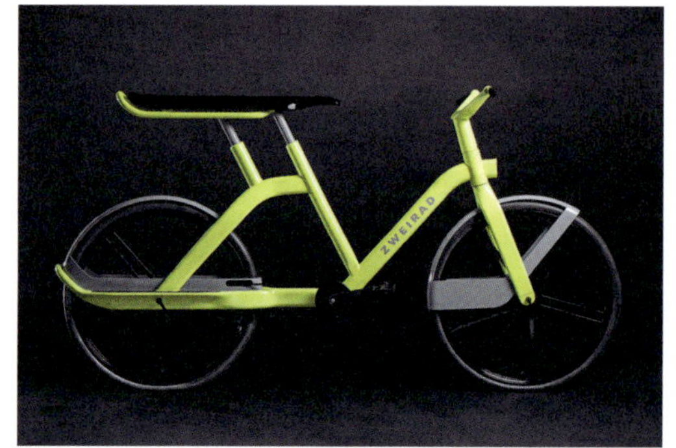

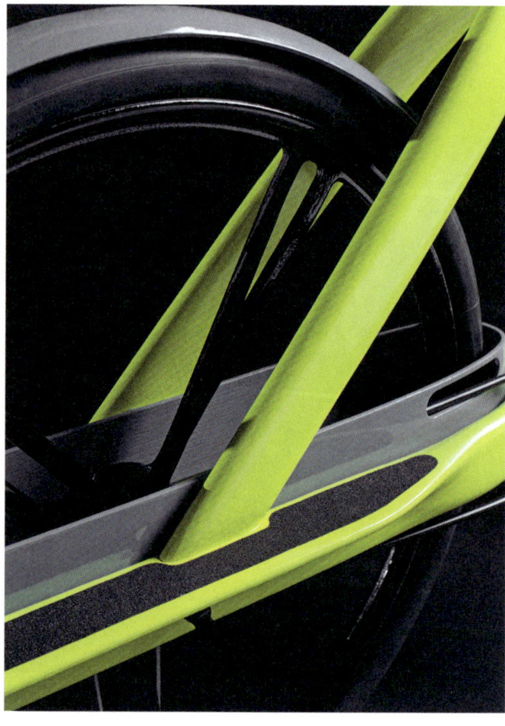

JURY STATEMENT

Wo genau der Borkenkäfer sich massiv verbreitet, konnte bisher nicht genau lokalisiert werden. Meist blieb der Forstwirtschaft und den Waldbesuchern nur der traurige Anblick seines zerstörerischen Werkes. Durch intensive Recherche und mit einer deutlichen Affinität zur Wald- und Forstwirtschaft, ist es dem Absolventen Konstantin Wolf gelungen, eine Art Frühwarnsystem zum Schutz unserer Wälder zu schaffen. Die teleskopartig ausfahrbarere Stabsonde Pilum leistet einen wertvollen Beitrag zur nachhaltigen Waldwirtschaft und zum Erhalt des Waldes als Kulturlandschaft und Lebensraum. Es bleibt zu hoffen, dass der elegante Speer im Wald keine Begehrlichkeiten weckt und von Vandalismus verschont wird.

Until now, it has not been possible to accurately localise bark beetle infestations. Forestry professionals and forest enthusiasts alike have been forced to witness the scene of devastation these insects leave in their wake. Thanks to his intensive research and obvious passion for forestry and forest management, Konstantin Wolf has succeeded in creating an early warning system with the potential to protect our forests. The extendable Pilum lance-type probe makes a valuable contribution to sustainable forest management and the preservation of the forest as a cultural landscape and habitat. It is to be hoped that the elegant lance will not be stolen or vandalised while it is in the forest.

ENTWURF/DEVELOPER
Konstantin Wolf

STUDIUM/DEGREE COURSE
Muthesius Kunsthochschule / Kiel
Medical Design

BETREUUNG/SUPERVISOR
Prof. Detlef Rhein

Pilum ist eine Stabsonde, die in der Wald- und Forstwirtschaft eingesetzt wird, um Schäden durch Borkenkäferbefall zu verhindern. Mit bloßem Auge ist eine Massenvermehrung aber nur schwer zu entdecken. Mit integrierten Sonden analysiert Pilum die Umluft nach Pheromonen, die im Vermehrungszyklus des Käfers entstehen. Gemeinsam mit der Feststellung der Windrichtung werden Informationen gesammelt, die einen direkten Einblick in das Aufkommen des Käfers erlauben. Die erhobenen Daten sind auf einer Applikation einsehbar, um so eine präzise und fundierte Behandlung des Waldes zu ermöglichen.

Pilum is a monitoring probe used in forestry to prevent damage from bark beetle infestations. Mass infestations are difficult to detect with the naked eye. Pilum's built-in probes analyse the air for the pheromones the beetles produce during their reproductive cycle. The device gathers information that, along with the wind direction, provides direct insight into beetle activity. The collected data is readily accessible via a dedicated application, enabling accurate and scientific forest management.

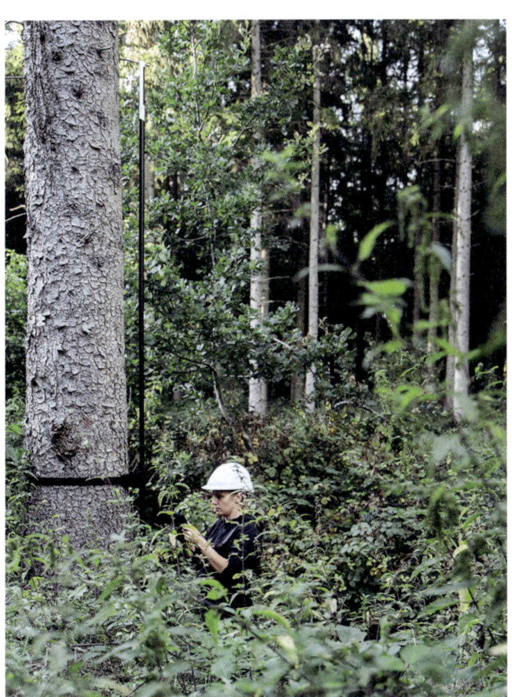

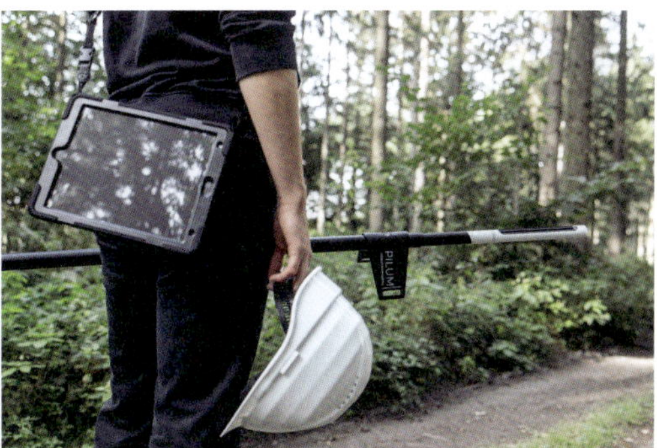

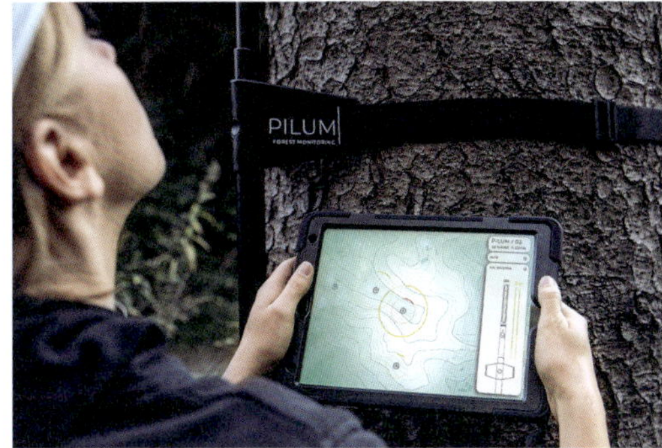

MIA SEEGER PREIS 2023
MIA SEEGER PRIZE 2023

THE ESSENCE OF BIOCEMENT

JURY STATEMENT

Vom Bugholz über Stahlrohr oder Polypropylen – der Transfer von neuen Materialideen hat in der gesamten Designgeschichte neue Produktionsweisen, Produkte und auch Entwürfe für Sitzmöbel beflügelt. Im Projekt werden für das unbedenkliche Naturprodukt Biozement neue Anwendungsgebiete und digitale Werkzeuge getestet. Der Transferprozess ist anschaulich und verdeutlicht, dass der Einsatz von neuen Materialien und Fertigungsverfahren zu einer ungewohnten Formensprache führen kann. Ein greifbarer Denkanstoß, der auch für Produktgruppen mit weniger ergonomischen Anforderungen, wie bei einem Stuhl, geeignet wäre.

Throughout the history of design, the transfer of ideas for new materials – from bentwood to tubular steel or polypropylene – has inspired new production methods and products as well as designs for seating furniture. This project tests possible new areas of application and digital tools for biocement, which is a safe, natural product. The transfer process demonstrates in compelling fashion how the use of new materials and manufacturing processes can give rise to a fresh and unfamiliar design language. This is a practical example of a process that lends itself to products, like a chair, where ergonomic requirements are not excessive.

ENTWURF/DEVELOPERS
Friedrich Gerlach
Julia Huhnholz

STUDIUM/DEGREE COURSE
Bauhaus-Universität Weimar
Produkt Design

BETREUUNG/SUPERVISORS
Prof. Dr. Jan Willmann
M.A. Katrin Krupka
M.A. Michael Braun

Biozement wird mithilfe von Bakterien hergestellt, die recycelte Ziegelsteine mit Calciumcarbonat verbinden. Die Produktion erfordert keinen Brennvorgang und emittiert kein CO_2. Durch die Kombination von Biofabrikation mit digitalen Werkzeugen entstehen neue Ansätze der Formgebung. Ziel der Arbeit ist der Transfer des Materials aus dem Labor in ein greifbares Objekt. Das Projekt erforscht die funktionalen und ästhetischen Potenziale von Biozement und übersetzt sie in ein Sitzmöbel. Der Stuhl besteht aus drei Profilen und wurde entwickelt, um Forschung durch Design zugänglicher zu machen.

Biocement is produced by stimulating bacteria to combine recycled bricks with calcium carbonate. No firing process is necessary, and no carbon is emitted during production. The combination of biofabrication and digital tools is making new approaches to moulding possible. The aim of the project is to transfer the material from the lab to a tangible object. The project explores the functional and aesthetic potential of biocement and harnesses it to craft a piece of seating furniture. The chair comprises three profiles and was designed to enhance the accessibility of the research.

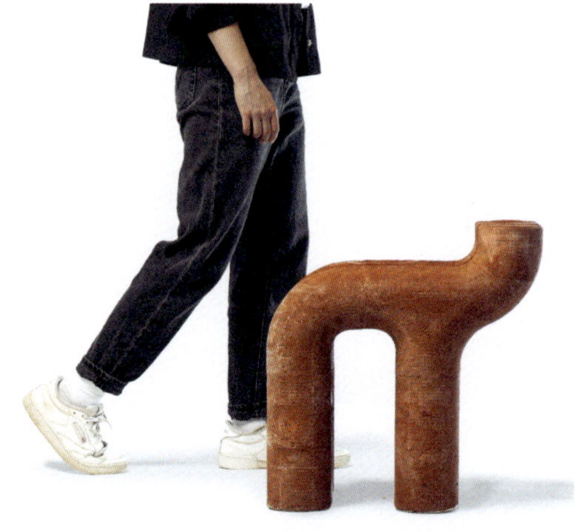
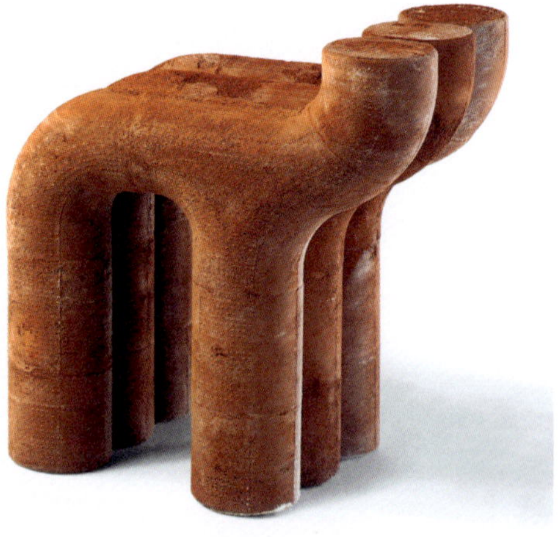

JURY STATEMENT

Die Behandlung von Typ-1-Diabetes stellt nicht nur für betroffene Kinder und Jugendliche eine stetige Belastung im Alltag dar. Auch Eltern und Betreuungspersonen sind oftmals durch die Vielzahl der Maßnahmen und Gerätschaften im Therapiemanagement stark gefordert. Mit dem Therapie-Kit dia+ fasst Theresa Werner viele der bisher separat gestalteten medizinischen Elemente in einem ganzheitlichen und einfach verständlichen System zusammen. Die zugehörige Applikation hilft dabei, den Überblick zu behalten und Hemmschwellen bei den Helfenden abzubauen. Der Alltag wird damit nicht nur für den Einzelnen, sondern auch für das unmittelbare Umfeld wesentlich erleichtert und intuitiv sicherer.

Treating type 1 diabetes is a constant everyday chore – and not only for the children and adolescents affected. Parents and caregivers also often struggle to deal with the equipment and the many tasks involved in therapy management. With this dia+ therapy kit, Theresa Werner has combined many of the previously separate medical components into an integrated and easy-to-understand system. The associated app helps to provide an overview of the situation and makes it easier for helpers to be involved. This makes day-to-day living much easier and safer not only for the person concerned but also for their immediate environment.

ENTWURF/DEVELOPER
Theresa Werner

STUDIUM/DEGREE COURSE
Hochschule für Technik und Wirtschaft Berlin HTW
Industrial Design

BETREUUNG/SUPERVISORS
Prof. Pelin Celik
Prof. Jan Vietze

Dia+ ist ein ganzheitliches, kindgerechtes Therapiekonzept für Typ-1-Diabetes, mit dem die Inklusion betroffener Kinder unterstützt wird. Das dia+ Kit enthält dazu alle notwendigen Therapiegeräte und Hilfsmittel, sowohl für das tägliche Leben als auch für die schnelle Hilfe im Notfall. Alle Komponenten sind smart vernetzt und aufeinander abgestimmt. In der zugehörigen dia+ App werden alle Werte kontinuierlich analysiert und verständlich visualisiert. Die Informationen sind sowohl von Eltern, Betreuer:innen in KiTa/Schule als auch altersentsprechend von jungen Patient:innen abrufbar.

Dia+ is a holistic, child-friendly therapy concept that supports children with type 1 diabetes. The dia+ kit contains all the therapy devices and aids needed both for daily living and for emergency situations. All the components are connected via a smart network. The accompanying dia+ app continuously analyses all measurements and displays them in an easy-to-understand way. The information may be accessed by parents, carers at daycare centres and schools, as well as by the young patients themselves, depending on age.

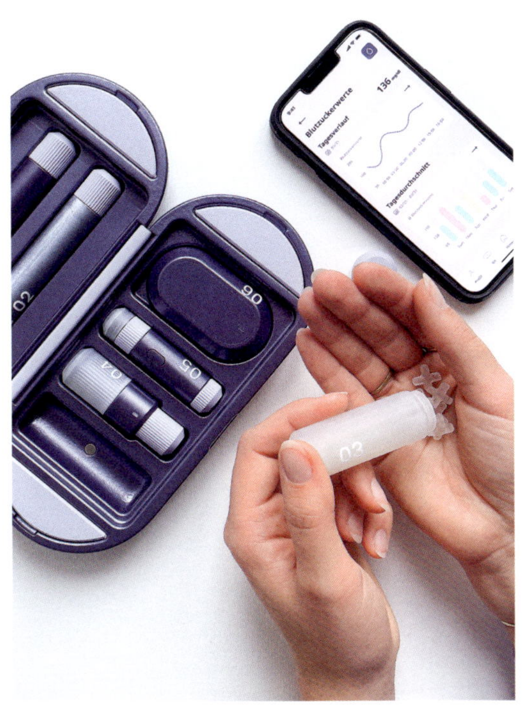

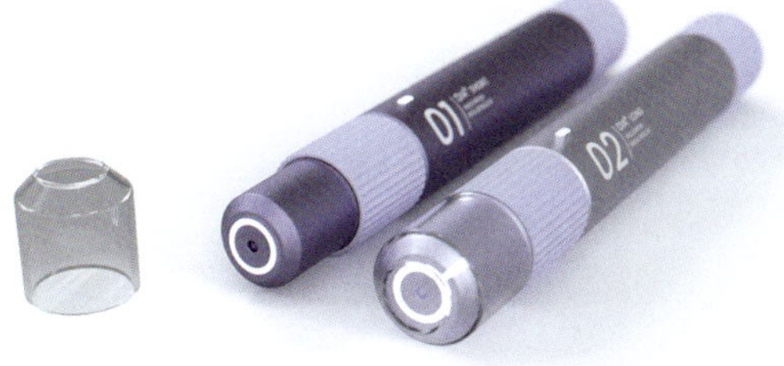

MIA SEEGER PREIS 2023
MIA SEEGER PRIZE 2023

CONNECT – MIT DEN HÄNDEN ZWEI WELTEN VERBINDEN
CONNECT – CONNECTING TWO WORLDS WITH HANDS

JURY STATEMENT

Gut verständliche zwischenmensch-
liche Kommunikation ist ein Grundbedürf-
nis, das vielen Menschen verwehrt
bleibt. Der Deutsche Schwerhörigenbund
e.V. schätzt, dass in Deutschland rund
16 Millionen von einer Hörbeeinträchti-
gung betroffen sind. Gleichzeitig be-
herrschen nur sehr wenige Experten die
deutsche Gebärdensprache flüssig.
Connect bildet einen ebenso sinnvollen,
wie sinnfälligen Zwischenschritt, um
die Kluft zwischen der Gehörlosen-
gemeinschaft und der hörenden Welt zu
verringern. Der Einzelne fühlt sich
weniger ausgeschlossen und das Leben
in der Gemeinschaft wird vereinfacht.

Clear interpersonal communication is
a basic need that is denied to many
people. The German Association of the
Hearing Impaired estimates that around
16 million people in Germany have a
hearing impairment. Yet there are very
few experts fluent in German sign
language. Connect offers a useful and
meaningful intermediate step aimed
at narrowing the gap between the deaf
community and the hearing world. It
fosters a sense of inclusion and enhances the experience of living in the
community.

Connect ist ein Notationssystem, mit dem Gebärden in Texte übersetzt
werden können. Die Gebärden werden in einen verständlichen Zeichensatz
übertragen, der es ermöglicht, die richtige Ausführung der Gebärde zu
verstehen und anzuwenden. So müssen Menschen nicht die gesamte Gebärdensprache erlernen, sondern lediglich das Prinzip verstehen. Die
Regeln dafür wurden in einem Buch zusammengefasst. Das übergeordnete
Ziel der Arbeit ist nicht nur die Überwindung sprachlicher Barrieren,
sondern auch das Erwecken von Neugier und Sensibilität für die vielfältige
Welt der Gebärdensprach-Community.

Connect is a notation system that converts signing into text. Signs are
translated into an easy-to-understand character set, enabling users
to understand and use sign language correctly. As long as they understand
the principles involved, people do not therefore have to learn an entire
sign language. The rules for the system are contained in a book. The ultimate goal of the project is not just to overcome language barriers but also
to awaken curiosity and awareness of the diverse world of the signing
community.

ENTWURF/DEVELOPER
Anke Westphal

STUDIUM/DEGREE COURSE
Hochschule für Technik,
Wirtschaft und Gestaltung Konstanz
Gestaltung

BETREUUNG/SUPERVISORS
Prof. Jo Wickert
Prof. Andreas Bechtold

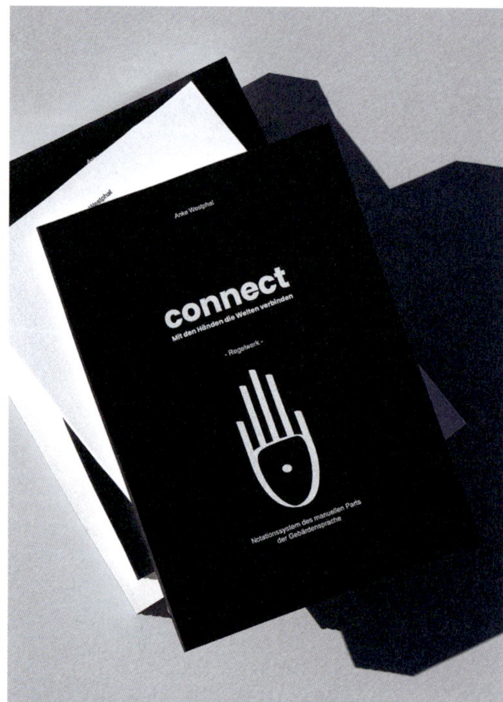

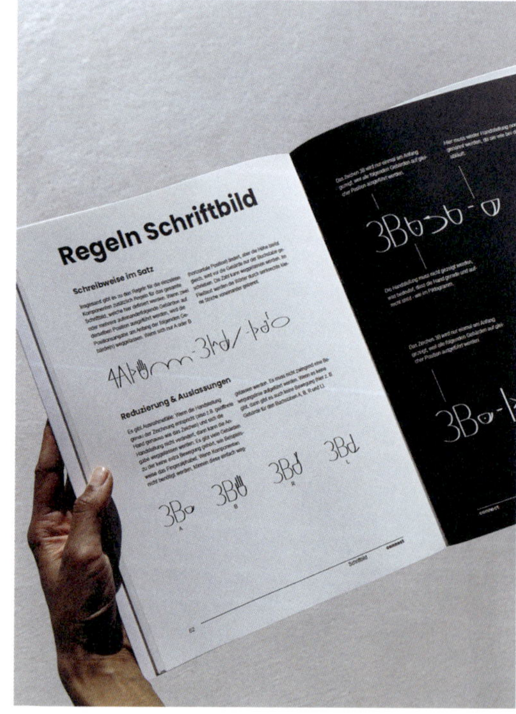

JURY STATEMENT

Oft sind es die kleinen Hindernisse des Alltags, die uns viel Zeit und Geduld abverlangen. Wenn dann noch motorische Hindernisse und Multitasking-Anforderungen hinzukommen, wird ein kleines Problem rasch zur unüberwindbaren Hürde. Die drei Gestalterinnen haben eine der alltäglichen Herausforderungen identifiziert und dafür einen ebenso praktischen wie dekorativen Lösungsvorschlag erarbeitet. Mit organischen Formen, die an die Savoy-Vase des finnischen Designerpaars Aino und Alvar Aalto erinnern, schmiegt sich die Schale an und bietet Halt für verschiedene Gefäße. Mit den üppigen Abmessungen könnte das Objekt in beengten Haushalten allerdings selbst zu einem Hindernis werden.

Small everyday challenges can often demand a significant investment of our time and patience. If you then add in motor issues and multitask requirements, a small problem can quickly become an insurmountable obstacle. The three designers have identified one of these everyday challenges and devised a solution that is as practical as it is decorative. With organic shapes reminiscent of the Savoy vase by the Finnish designer couple Aino and Alvar Aalto, the bowl clings to and helps the user grasp a variety of containers. However, its generous dimensions mean that the aid itself could become an obstacle in a household short of space.

ENTWURF/DEVELOPERS
Paula Greitemann
Nadja Schlepper
Marie Kapferer

STUDIUM/DEGREE COURSE
Münster School of Design / FH Münster
Universal Design

BETREUUNG/SUPERVISOR
Prof. Dipl.-Des. Steffen Schulz

Ob aufgrund fehlender Kraft, wegen körperlicher Beeinträchtigungen oder in Situationen, wo Multitasking gefragt ist; das Öffnen und Schließen von Gefäßen erfordert oft einen hohen Aufwand. Meistens wird eine zweite Hand zur Fixierung benötigt. Um die Vielzahl an Formen und Größen fixieren zu können, besteht HUG aus konisch zulaufenden Wandungen auf verschiedenen Ebenen mit rutschfesten Silikonnoppen an der Unterseite und einem Silikon-Inlay an der Innenwand. Dieses passt sich der geschwungenen Form der Schale an und sorgt für einen besseren Halt der zu öffnenden Gefäße mit nur einer Hand.

Whether due to lack of strength, physical impairments, or in situations where multitasking is required, opening and closing containers often requires a lot of effort. Usually, a second hand is needed to hold the container steady. To enable it to grip a wide variety of shapes and sizes, HUG has been designed with tapered walls on different levels, with non-slip silicone nubs on the bottom and a silicone inlay in the interior wall. This adapts to the curved shape of the tray, allowing containers to be gripped more securely and opened with just one hand.

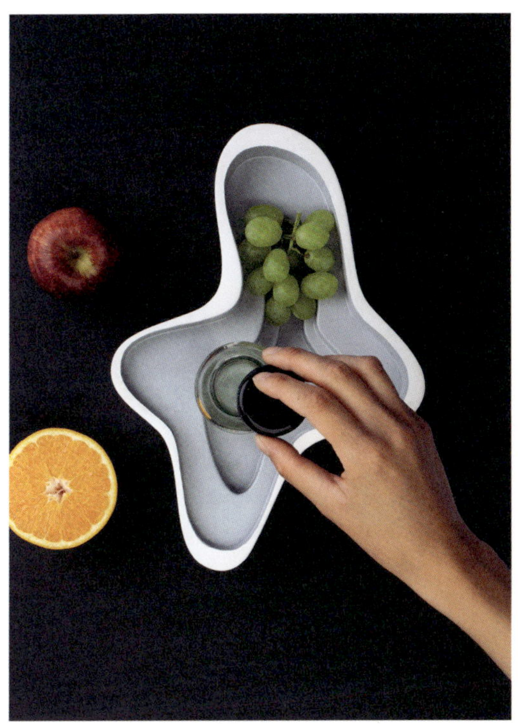
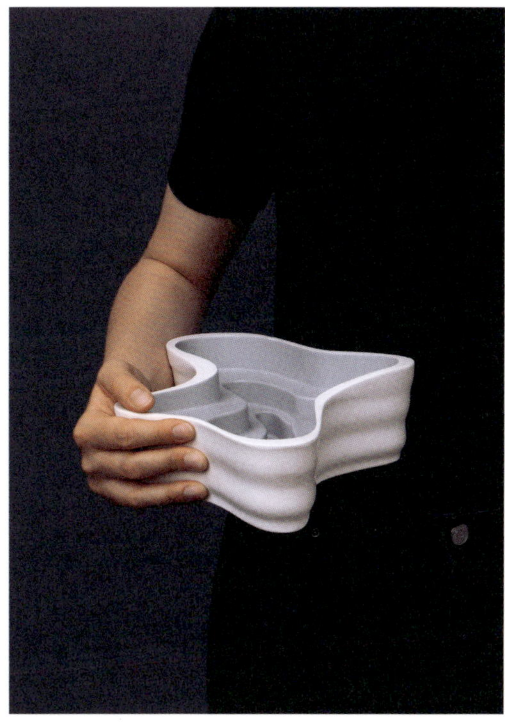

CELLULAR – THE BREATHING FAÇADE TILE

JURY STATEMENT

Die Beschäftigung mit Mikroorganismen, die bisher als eher unliebsame Verschmutzungen wahrgenommen und denen mithilfe von Dampfstrahlern und Reinigungsmitteln zu Leibe gerückt wurde, ist der Schlüssel zu einer »atmenden« keramischen Fassadenschicht. Auf den damit bekleideten Wänden entsteht eine feuchte Umgebung als Lebensraum für Luftalgen und im größeren Maßstab eine angenehme Luftqualität für die Menschen. Dies dient nicht nur der Verbesserung des Klimas in den dicht bebauten Städten, sondern bietet auch eine große Vielfalt an optisch lebendigen Fassadenstrukturen. Ob die keramischen Elemente mit ihren ausgeklügelten Luft- und Wasserkammern auch in kalten Regionen und bei Minustemperaturen Bestand haben, wäre noch in der Praxis nachzuweisen.

Micro-organisms, which were previously perceived as rather unpleasant contaminants to be tackled with the help of steam cleaners and detergents, are the key to the »breathing« ceramic façade layer. When applied to a wall, the tiles provide a moisture-rich environment that fosters the growth of airborne algae and contributes to a more pleasant air quality for people. This not only contributes to improving the climate in built-up cities but also offers a wide variety of visually interesting façade designs. It remains to be seen whether these ceramic components, with their sophisticated air and water chambers, can cope with the challenges of colder regions and sub-zero temperatures.

ENTWURF/DEVELOPER
Vivian Tamm

STUDIUM/DEGREE COURSE
Weißensee Kunsthochschule Berlin
Produkt Design

BETREUUNG/SUPERVISOR
Prof. Barbara Schmidt

Mit dem keramischen Fassadenelement Cellular werden vertikale Flächen und Fassaden entsiegelt und mithilfe von Luftalgen photosynthetisch aktiviert. In Analogie zum Konzept der »Schwammstadt«, in der Niederschläge lokal gesammelt und bewirtschaftet werden, fungieren die doppelwandigen Wandfliesen als makroporöse, absorbierende Regenwasserspeicher. Durch die strömungslenkende Oberflächengeometrie wird einfallendes Regenwasser in die Öffnungen der darunter liegenden Fliesen geleitet. Sind diese gesättigt, kommt es auf den porösen Fliesenoberflächen zum natürlichen Effekt der Verdunstungskühlung.

The Cellular ceramic façade tile unseals and photosynthetically activates vertical surfaces and façades with the aid of airborne algae. Based on the »sponge city« concept, whereby rainwater is collected and used where it falls, the double-walled wall tiles act as macroporous, absorbing rainwater reservoirs. The surface geometry of the tiles directs the flow of incoming rainwater into the openings of the tiles below. When these are saturated, the porous tile surfaces are subject to the natural effect of evaporative cooling.

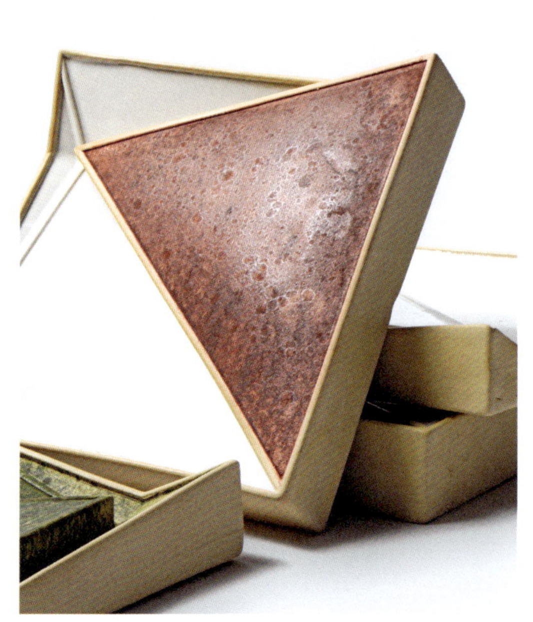

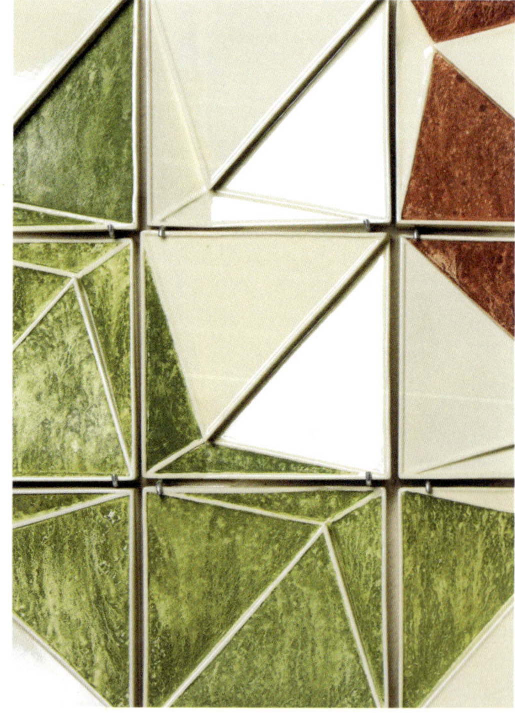

JURY STATEMENT

Die Flaschenpost aus Dresden ist Teil einer Reise, von der authentisch und mit beeindruckenden Bildern berichtet wird. Eindringlich wird bewusst, dass die einzelne Bierflasche, die der Filmemacher Steffen Krones auf einer zu Fuß unerreichbaren Insel gefunden hat, nur der Vorbote einer immensen Flut von Plastikflaschen ist. Als Reaktion darauf hat er gemeinsam mit Paul Weiß ein Projekt zur Lokalisierung des Problems gestartet. Aus der Zusammenarbeit in der Gemeinschaftswerkstatt ist eine robuste Klein(st)serie entstanden, die das Problem für alle sichtbar macht.

Message in a Bottle from Dresden is part of a journey that is reported authentically and with some impressive pictures. It soon becomes clear to filmmaker Steffen Krones that the single beer bottle found on an island inaccessible by foot is just the harbinger of a huge tidal wave of plastic bottles. In response, he and Paul Weiß launched a project aimed at localising the problem. The community workshop collaboration has resulted in a powerful, short series that highlights the problem for everyone.

ENTWURF/DEVELOPER
Paul Weiß

STUDIUM/DEGREE COURSE
Technische Universität Dresden
Technisches Design

BETREUUNG/SUPERVISOR
Lenard Opeskin
Prof. Jens Krzywinski

Das Projekt Flaschenpost aus Dresden untersucht die Verbreitung von Plastikmüll an der Wasseroberfläche. Die dafür notwendigen GPS-Drifter imitieren die Bewegungen der Müllteppiche in den Weltmeeren. Dafür mussten die Drifter nicht nur günstig und einfach herzustellen, sondern auch beständig gegen Wind und Wetter sein. Die Konstruktion besteht aus handelsüblichen Materialien, die mit einfachen Werkzeugen in Kleinserie zusammengefügt werden. Als schützende und stabilisierende Elemente dienen Kunststoff-Rahmen aus Plastikmüll, den der Gestalter selbst gesammelt und recycelt hat.

The Message in a Bottle from Dresden project is investigating the spread of plastic waste in our waters. It makes use of GPS drifters that imitate the movement of the waste plastic in the world's oceans. These drifters not only had to be cheap and easy to manufacture but also able to withstand the wind and weather. They are designed using commercially available materials and assembled in small batches using simple tools. Plastic frames made from plastic waste that the designer has collected and recycled himself help to protect and stabilise the drifters.

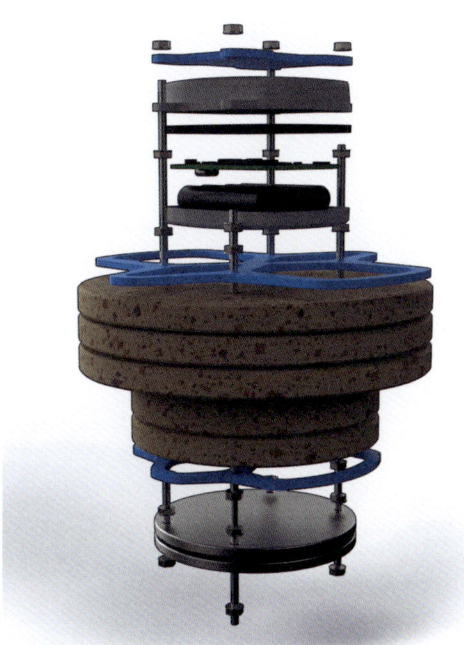

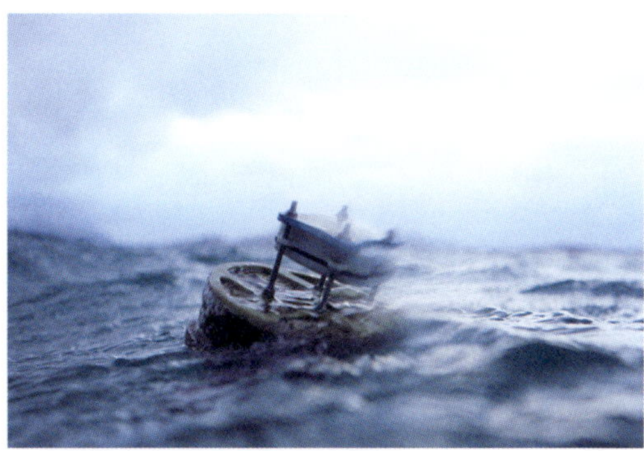

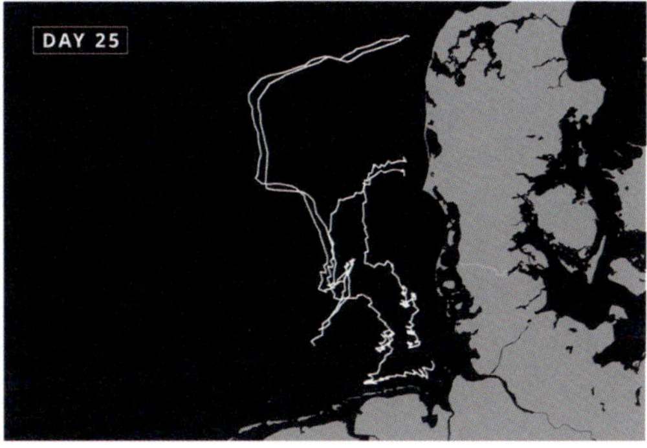

WAS MEHR ALS EINEM NÜTZT

Auch in diesem Jahr wurden wieder Konzepte und Produkte ausgezeichnet, die sich mit wichtigen Aspekten unseres Lebens und Zusammenlebens befassen und hierfür neuartige, sinnvolle Lösungen vorschlagen. Dabei soll der Art, wie Menschen – beruflich oder privat, alt oder jung, gesund oder krank – untereinander kommunizieren und miteinander umgehen, besonderes Augenmerk gelten.

BENEFITTING MORE THAN THE INDIVIDUAL

This year too, the prizes and commendations were presented to concepts and product designs that address important aspects of our lives and living together and propose innovative, meaningful solutions. Particular attention was to be focused on how people communicate and interact with one another – in a professional or private setting, young or old, healthy or ill.

JURY STATEMENT

Auf Schwarmintelligenz statt Muskelkraft setzen Jan Haller und Marius Knipp, um die beschwerliche Bearbeitung von Holzböden zu vereinfachen. Dabei denken sie nicht nur an die Erleichterung der Arbeit von Fachkräften, an denen es ohnehin mangelt, sondern auch an die DIY »do it yourself« Begeisterten im privaten Bereich. Die Integration von autonomen Systemen, von der Robotik bis hin zum 3D-Druck ganzer Wohneinheiten ist eine zukunftsweisende Entwicklung. Vor dem Hintergrund rasant steigender Baukosten und dem weiterhin prognostizierten Wohnungsmangel ist der Einsatz von intelligenter Technologie und auch das Bauen mit Holz eine Notwendigkeit. Warum den Gestaltungshorizont für Floorens auf das Jahr 2033 terminieren? Bitte sofort loslegen.

Jan Haller and Marius Knipp are replacing muscle power with swarm intelligence to simplify the onerous task of finishing wooden floors. This will not only make the work easier for skilled workers, who are in short supply anyway, but also for DIY enthusiasts. The integration of autonomous systems, from robotics to the 3D printing of entire residential units, is a trend-setting development. Viewed in the context of rapidly rising construction costs and a housing shortage expected to continue well into the future, there is a clear need to deploy smart technologies and to increase the amount of wood used in construction. Why set the design horizon for Floorens to 2033? We need to start right away.

ENTWURF/DEVELOPERS
Jan Haller
Marius Knipp

STUDIUM/DEGREE COURSE
HfG Schwäbisch Gmünd
Produkt Design

BETREUUNG/SUPERVISORS
Prof. Dr. habil. Jürgen Held
Dipl.-Des. Stefan Lippert

FLOORENS ist eine Designstudie zur vollautonomen Bearbeitung von Holzfußböden. Zentraler Baustein ist ein Hub, der alle Betriebsmittel vereint. Ein Roboterarm bestückt sechs kleine Units, die mit Hilfe von Schwarmintelligenz die Bodenfläche in einer Kolonnenformation bearbeiten. Je nach Arbeitsschritt kehren die Units zurück zum Hub, um abgesaugt und geladen zu werden. Mit der Annahme, dass die gesellschaftliche Akzeptanz gegenüber Robotik im Eigenheim und die technische Machbarkeit in den nächsten 10 Jahren stark zunehmen wird, setzt das Designerduo den Gestaltungshorizont auf das Jahr 2033.

FLOORENS is a design study on the fully autonomous finishing of wooden flooring. It is based on the use of a hub linking all the necessary equipment. A robotic arm operates six small units that use swarm intelligence to work collaboratively in columns across the surface of the floor. Depending on the operation involved, the units return to the hub to be vacuumed and reloaded. Based on the assumption that the technical feasibility of robotics and their social acceptance in the home will increase significantly over the next 10 years, the two designers set the design horizon to the year 2033.

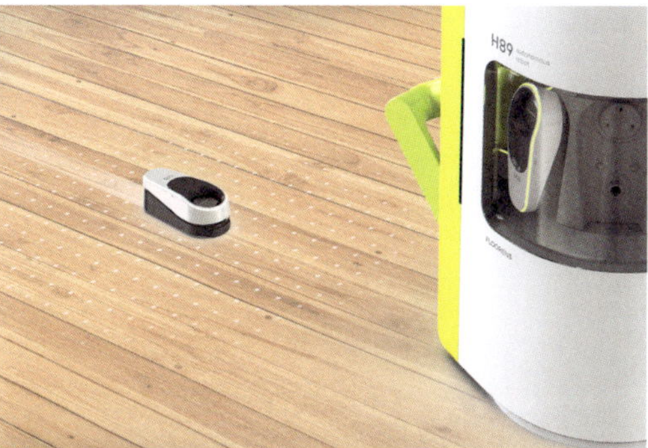

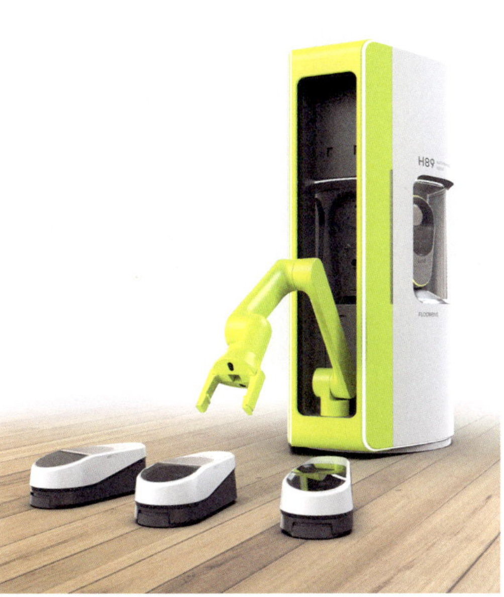

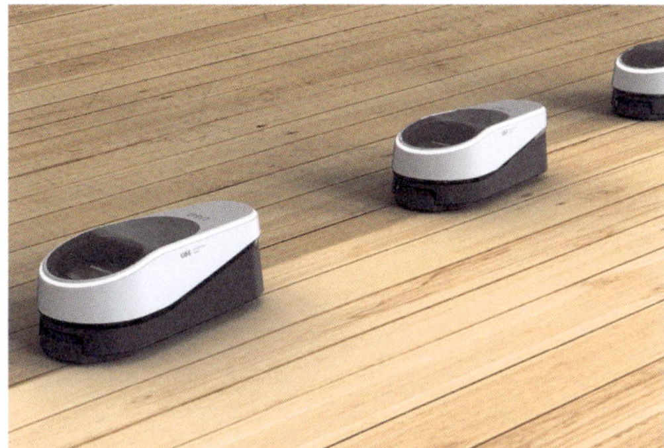

PINHÃO – ERNÄHRUNGSSYSTEM INDIGENER VÖLKER
PINHÃO – FOOD SYSTEM OF INDIGENOUS PEOPLE

JURY STATEMENT

Zunächst sind die Betrachtenden irritiert. Wie kommen junge Gestalterinnen darauf, in der zunehmend digitalen Welt Briefmarken zum Ankerpunkt einer Kampagne zu machen? Die Antwort ist einfach: es geht darum, kulturelles Gut zu erhalten und auf die Vielfalt des kulturellen Erbes anhand von regionalen Lebensmitteln hinzuweisen. In der Verknüpfung zum Katalog und Onlineauftritt wird die Tiefe der Ausarbeitung deutlich, die nicht nur auf bedrohte Ernährungsformen hinweist, sondern auch, wie eng die Aufrechterhaltung der kulturellen und natürlichen Vielfalt zusammenhängt.

The jury found this project puzzling at first. How can young designers come up with the idea of building a campaign around stamps in an increasingly digital world? The answer is simple: it's about preserving cultural assets and highlighting the diversity of our cultural heritage as exemplified by our regional foods. The link to the catalogue and website reveals the depth of the project, which not only lists endangered forms of nutrition but also shows how closely the preservation of cultural and natural diversity are interrelated.

ENTWURF/DEVELOPERS
Jasmin Oeller
Barbara Schmid

STUDIUM/DEGREE COURSE
Technische Hochschule Würzburg-Schweinfurt
Kommunikationsdesign

BETREUUNG/SUPERVISOR
Prof. Christoph Barth

Pinhão erzählt Geschichten von aussterbenden Lebensmitteln, die beispielhaft verdeutlichen, welche Vielfalt wir verlieren könnten. Einen Schwerpunkt bilden die Ernährungssysteme indigener Völker, die durch den Bezug zur Natur die Biodiversität schützen. Um das Anliegen zu kommunizieren, wurden Briefmarken als ebenfalls aussterbendes kulturelles Medium gestaltet und es ist eine Website entstanden. Während die sachlichen Informationen linear gehalten sind, werden emotionale Inhalte mit farbigen Illustrationen dargestellt, um Faszination für die Vielfalt der Ernährungssysteme zu wecken.

Pinhão presents a series of stories about foods that are dying out and draws attention to the diversity we could lose as a result. One of its themes is the food systems of indigenous peoples, whose relationship with nature helps to protect biodiversity. To highlight the problem, the developers created stamps – a cultural medium also on the brink of extinction – and launched a dedicated website. While the factual information is presented in a linear form, the emotional content is accompanied by colourful illustrations aimed at inspiring appreciation for the rich diversity of these food systems.

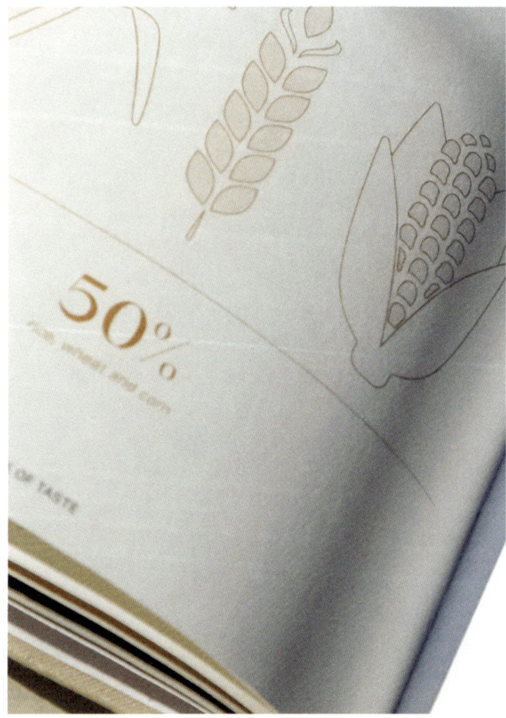

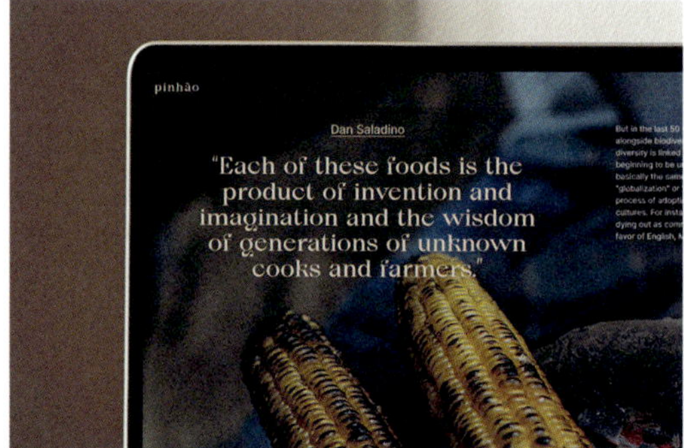

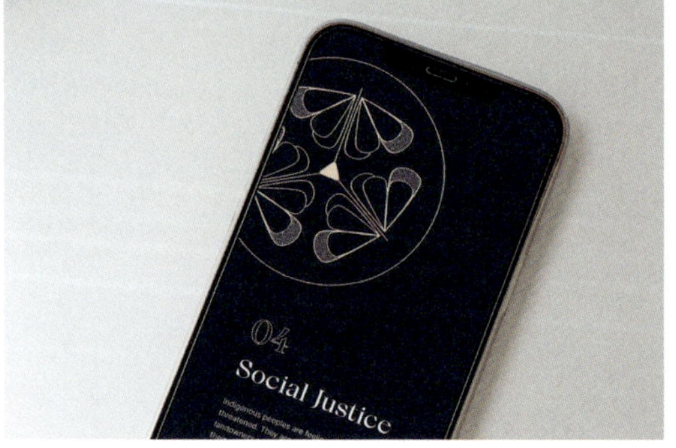

JURY STATEMENT

Nur die wenigsten haben einen Überblick über die verschiedenen Formen, Ursachen und Konsequenzen von Behinderung. Unabhängig vom individuellen Vorwissen schafft die Gestalterin und Buchautorin eine Möglichkeit, sich auf verständliche Art zu informieren, einzufühlen und mitzudenken. In das ansprechend gestaltete Buch fließen nicht nur Fakten, Symptome und Rechtliches mit ein, sondern auch emotionales Erleben und persönliche Erfahrungen. Die Gliederung in einen Sachteil und einen persönlichen Teil spiegelt sich in der unterschiedlichen Art der Bebilderung wider. Besonders, wenn die betroffenen Menschen selbst zu Wort kommen, wird das komplexe Thema authentisch und empathisch vermittelt.

Very few people have a broad overview of the various forms, causes and consequences of disabilities. The designer and author of this book enables readers to acquire knowledge, cultivate empathy and engage in reflection, irrespective of their current level of understanding. The attractively designed book covers not only facts, symptoms and legal issues but also discusses emotional and personal experiences. The different types of illustration reflect the division into factual and personal sections. This complex topic is conveyed authentically and empathetically, especially when those directly affected are allowed to share their perspectives.

ENTWURF/DEVELOPER
Cornelia Pock

STUDIUM/DEGREE COURSE
Technische Hochschule Nürnberg
Georg Simon Ohm
Fakultät Design

BETREUUNG/SUPERVISOR
Prof. Oliver Kussinger
Prof.Dr. Max Ackermann
Prof. Burkard Vetter

Was bedeutet es, eine Behinderung zu haben und was bedeuten Behinderungen in unserer Gesellschaft? Cornelia Pock hat ein umfassendes foto-illustriertes Sachbuch erstellt, das diese und weitere Fragestellungen beleuchtet. Es wird dargestellt, wer in unserer Gesellschaft als behindert gilt, welche Formen von Behinderung existieren, wie es dazu kommt und inwiefern ein Leben dadurch von anderen abweicht. Jedes Kapitel besteht aus einem sachlichen und einem persönlichen Teil, den eine betroffene Person in ihren Worten verfasst hat und der von einer sinnbildlichen Fotografie ergänzt wird.

What does it mean to have a disability and what do disabilities mean in our society? Cornelia Pock has produced a comprehensive photo-illustrated non-fiction book that explores these and other related issues. It explains who in our society is classified as having a disability, what forms of disability exist, how disabilities come about, and what impact they have on people's lives. Each chapter contains a factual section and a personal narrative, the latter written in the authentic voice of a person with a disability and complemented by a symbolic photograph.

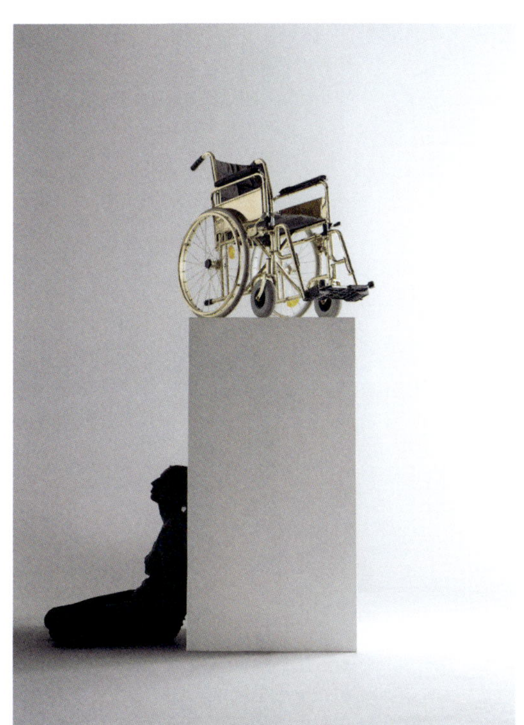

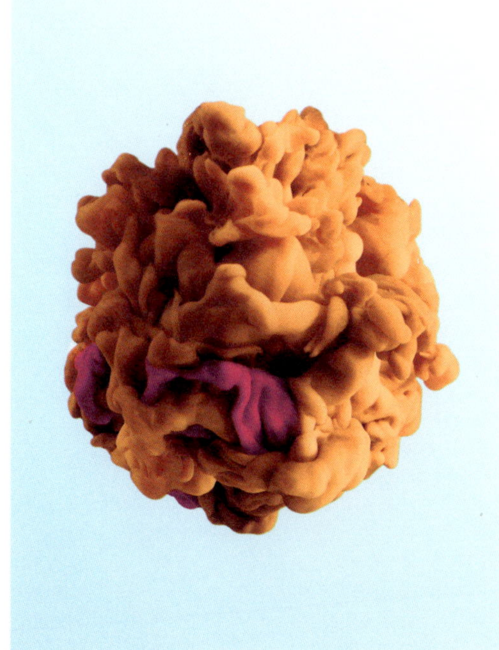

MIA SEEGER STIFTUNG

THE MIA SEEGER FOUNDATION

IMPRESSUM/PUBLISHING DETAILS

HERAUSGEBER/PUBLISHED BY
Mia Seeger Stiftung

REDAKTION/EDITOR
Dr. Jons Messedat, Stuttgart/Lindau

ÜBERSETZUNG/TRANSLATION
Stephen McLuckie, Dorchester GB

GRAFIKDESIGN/GRAPHIC DESIGN
stapelberg & fritz, Stuttgart

**AUSSTELLUNGSGESTALTUNG/
EXHIBITION DESIGN**
Thomas Simianer, Stuttgart

FOTOS/PHOTOS
Preisträger, Ausgezeichnete/
Prize winners, commended entrants,
Karl Fisch

**KOORDINATION MIT FOCUS OPEN/
COORDINATION WITH FOCUS OPEN**
Birgit Herzberg-Jochum
Renate Seeger

**JURYVORBEREITUNG/
JUDGING ORGANISED BY**
Team UP Designstudio

**DIGITALE TECHNIK, VIDEO-KONFERENZEN/
DIGITAL TECHNOLOGY, VIDEO CONFERENCES**
Stefan Lippert, UP Designstudio

Mia Seeger Stiftung
c/o Design Center
Baden-Württemberg
im Haus der Wirtschaft
Willi-Bleicher-Straße 19
D-70174 Stuttgart
T +49 711 123 2781
F +49 711 123 2771

E-Mail: design@rps.bwl.de
www.mia-seeger.de
instagram.com/miaseeger

Mia Seeger war die »Grande Dame« des Design. Mit der Weißenhofsiedlung 1927 in Stuttgart begann ihre Laufbahn. Bald war sie an weiteren Ausstellungen des Deutschen Werkbundes beteiligt.

Die Bundesrepublik hat sie vielfach als Kommissarin zu Triennalen in Mailand entsandt und zur ersten Leiterin des Rat für Formgebung berufen, den sie zwölf Jahre lang führte. Sie war selbst keine Designerin, sondern Design-Vermittlerin und -Beraterin. 1986 rief sie die nach ihr benannte Stiftung ins Leben, deren Zweck die Bildung junger Gestalterinnen und Gestalter ist. Namhafte Sponsoren aus der Wirtschaft haben sich ihren Zielen angeschlossen.

Mit der Absicht, besonders den Nachwuchs im Design zu fördern und ihn dabei zur Auseinandersetzung mit sozialen Fragen aufzufordern, schreibt die Stiftung jährlich den Mia Seeger Preis unter dem Motto »was mehr als einem nützt« aus. Seit Jahren kann sie die Ergebnisse ihres Designwettbewerbs im Rahmen der Preisverleihung und Ausstellung »FOCUS OPEN – Internationaler Designpreis Baden-Württemberg« präsentieren. Dafür ist sie dem Design Center sehr dankbar.

Der Mia Seeger Preis konnte 2023 dank folgender finanzieller Unterstützer erneut ausgeschrieben werden: Rat für Formgebung, Johannes Schwörer Stiftung, Recaro, Defortec, Hans Sauer Stiftung und Familie Daldrop-Weidmann. Wer in dieser oder ähnlicher Weise die gemeinnützige Stiftung unterstützen möchte, wendet sich sehr gerne direkt an die Vorstandsvorsitzende Dr. Brigitte Thamm, dr.thamm@mia-seeger.de.

Mia Seeger was the »grande dame« of design. Her career began with the Weissenhof Estate in Stuttgart in 1927. She was soon involved with further exhibitions by the Deutscher Werkbund as well.

The Federal Republic of Germany sent her to the Triennial exhibitions in Milan as its commissioner multiple times and appointed her the first director of the German Design Council, which she headed for 12 years. She herself was not a designer but a design mediator and adviser. She established the foundation that bears her name in 1986 for the purpose of promoting young designers' education. Renowned sponsors from commerce and industry have joined the foundation in the pursuit of its goals.

With the specific aim of promoting young designers and challenging them to tackle social issues, the foundation invites entries for the annual Mia Seeger Prize under the motto »What benefits more than one«. For some years now, it has been able to present the results of its design competition within the context of the FOCUS OPEN – Baden-Württemberg International Design Award exhibition. The foundation is deeply obliged to the Design Center for its assistance.

The presentation of the Mia Seeger Award in 2023 was only possible thanks to the generosity of the following supporters: the German Design Council, the Johannes Schwörer Foundation, Recaro, Defortec, the Hans Sauer Foundation and the Daldrop-Weidmann family. If you would like to support the charitable foundation in this or a similar way, you are invited to contact the chairperson of the board, Dr Brigitte Thamm, directly at dr.thamm@mia-seeger.de.

Abbildung rechts: Mia Seeger in der Zentrale des Deutschen Werkbundes in Berlin, 1928; Foto: Cami Stone, Stadtarchiv Stuttgart aus dem Nachlass Mia Seeger/ Right: Mia Seeger at the headquarters of the Deutscher Werkbund in Berlin, 1928; photo: Cami Stone, from the Mia Seeger papers held by Stuttgart City Archives

Über ihre Arbeit informiert die Stiftung auf ihrer Internetseite: www.mia-seeger.de
Darüber hinaus gibt es News und Posts rund um Design mit sozialem Anspruch auf: instagram.com/miaseeger

Detailed information about the foundation's work is available on its website: www.mia-seeger.de
The foundation also publishes news and posts about design with a social slant at Instagram.com/miaseeger

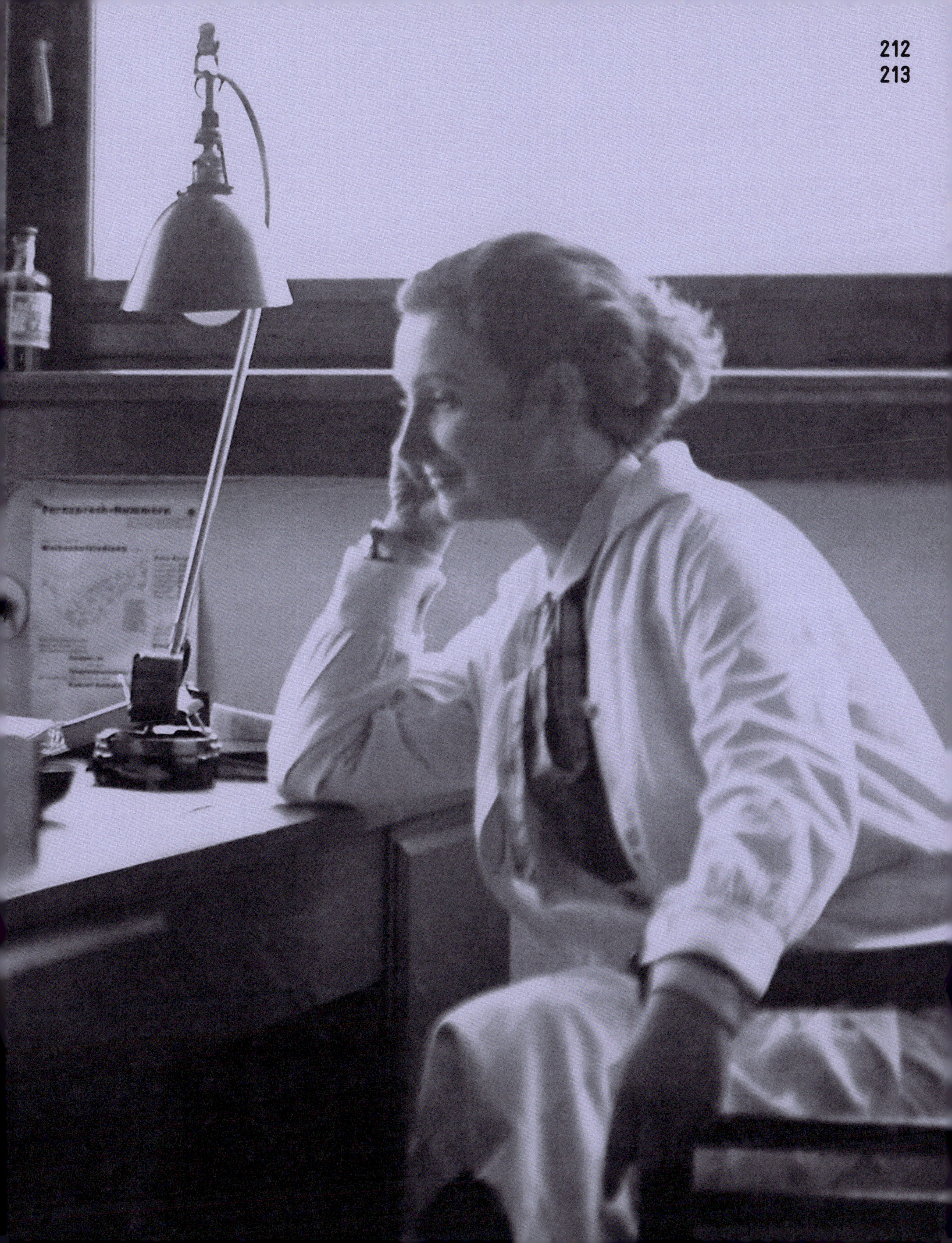

APPENDIX
A—Z

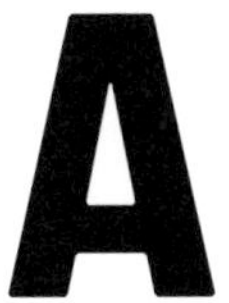

A

AHAPE DESIGN GMBH
Kirchstr. 5
67487 Sankt Martin
+49 6323 80300 93
www.ahape.de
S/P 148

B

BERNOTAT & CO DESIGN STUDIO
Damaschkeweg 35
42113 Wuppertal
T +49 202 69 513 862
www.bernotat.eu
S/P 167

BESSEY TOOL GMBH & CO. KG
Mühlwiesenstr. 40
74321 Bietigheim-Bissingen
T +49 7142 4010
www.bessey.de
S/P 48

BFGF GMBH & CO. KG
Lippmannstr. 53–55
22769 Hamburg
+49 40 317 870 0
www.bfgf.de
S/P 100

BRAUN-STEINE GMBH
Hauptstr. 5–7
73340 Amstetten
+49 7331 3003 0
www.braun-steine.de
S/P 154

BRUKER OPTICS GMBH & CO. KG
Rudolf-Plank-Str. 27
76275 Ettlingen
+49 7243 504 0
www.bruker.com
S/P 34, 50

BUSS AG
Hochrainstr. 10
CH-4133 Pratteln
+41 825 66 00
www.busscorp.com
S/P 47

B612 GMBH
Tübinger Str. 77-1
70178 Stuttgart
+49 711 1622 1160
www.b612-design.de
S/P 164

C

COGNITO GBR
Egon-Eiermann-Allee 12
76187 Karlsruhe
+49 721 467 172 80
www.cognito.de
S/P 49

CORPORATE FRIENDS GMBH
Pulsnitzer Str. 46
01917 Kamenz
+49 3578 7043 0550
www.corporatefriends.de
S/P 137

CWA CONSTRUCTIONS SA/CORP.
Bornfeldstr. 6
CH-4601 Olten
+41 62 205 6000
www.cwa.cj
S/P 178

D

**DEUTSCHES HERZZENTRUM
MÜNCHEN**
Lazarettstr. 36
80636 München
+49 89 1218 0
www.deutsches-herzzentrum-mu-
enchen.de
S/P 184

DQBD GMBH
Schulstr. 15
73614 Schorndorf
+49 7181 937 6660
www.dqbd.de
S/P 58

F

FORMAGENDA GMBH
Münchner Freiheit 24
80802 München
+49 89 4142 4088 0
www.formagenda.com
S/P 135

G

**GEMTEC
LASEROPTISCHE SYSTEME GMBH**
Otto-Hahn-Str. 3
71364 Winnenden
+49 7195 911 2950
www.gemtec-online.de
S/P 58

GROHE AG
Feldmühleplatz 15
50545 Düsseldorf
T +49 5 71 39 89 333
www.grohe.com
S/P 62

H

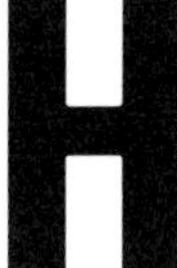

**HAMBURGER
WASSERWERKE GMBH**
Billhorner Deich 2
20539 Hamburg
T +49 40 78 88 0
www.hamburgwasser.de
S/P 165

**HEINKEL
PROCESS TECHNOLOGY GMBH**
Ferdinand-Porsche-Str. 8
74354 Besigheim
+49 7143 9692 0
www.heinkel.de
S/P 49

I

ICEBERG GMBH
Anton-Huber-Str. 20
73430 Aalen
T +49 176 456b215 20
www.uniture.de
S/P 110

ID AID GMBH
Vogelsangstr. 12
70176 Stuttgart
T + 49 711 273 50 888
www.idaid.com
S/P 84,112

**INTERSTUHL
BÜROMÖBEL GMBH & CO. KG**
Brühlstr. 21
72469 Meßstetten-Tieringen
+49 7436 871 0
www.interstuhl.de
S/P 84

IONDESIGN GMBH
Xantener Str. 22
10707 Berlin
T +40 30 720 2150 00
www.iondesign.de
S/P 165

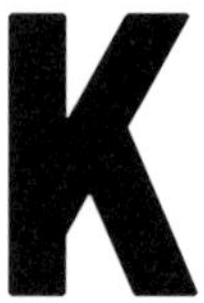

K

ALFRED KÄRCHER SE & CO. KG
Alfred-Kärcher-Str. 28–40
71364 Winnenden
T +49 7195 9030
www.kaercher.com
S/P 77

KÜBLER GMBH
Am Bubenpfad 1A
67065 Ludwigshafen
+49 621 570 000
www.kuebler-hallenheizungen.de
S/P 148

L

LANDESMUSEUM WÜRTTEMBERG
Schillerplatz 6
70173 Stuttgart
T +49 711 89 535 111
www.junges-schloss.de
S/P 167

LANDRATSAMT BÖBLINGEN
Parkstr. 16
71034 Böblingen
+49 7031 663 0
www.lrabb.de
S/P 164

LIEB DE PALMA GMBH
Stettiner Str. 15
71638 Ludwigsburg
T +49 7141 239 50 20
www.lieb-depalma.com
S/P 110

LIXIL GLOBAL DESIGN
Feldmühleplatz 15
50545 Düsseldorf
T +49 5 71 39 89 333
www.grohe.com
S/P 62

LUDWIGSBURG MUSEUM IM MIK
Eberhardtstr. 1
71634 Ludwigsburg
T +49 7141 91 00
www.ludwigsburgmuseum.de
S/P 166

LUXWERK – MANUFAKTUR FÜR LICHTTECHNIK GMBH
Gewerbestr. 11
79364 Malterdingen
+49 7644 92699 200
www.luxwerk-lichttecnik.com
S/P 134

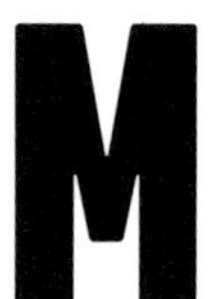

M

MAOMI
Augartenstr. 68
68165 Mannheim
T +49 621 391 868 07
www.maomi.de
S/P 78

METALLBUDE SK GMBH
Sylbeckestr. 20
32756 Detmold
+49 5231 500 4949
www.metallbude.com
S/P 102

MOJA DESIGN GMBH
Römerstr. 32
70180 Stuttgart
+49 711 219 505 71
www.moja-design.de
S/P 178

MONO GMBH
Industriestr. 5
40822 Mettmann
T +49 2104 919 80
www.mono.de
S/P 76

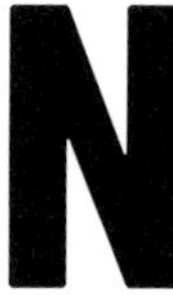

N

NAGEL MASCHINEN- UND WERKZEUGFABRIK GMBH
Oberboihingerstr. 60
72622 Nürtingen
+49 722 6050
www.ecohone.com
S/P 22

NUBERT ELECTRONIC GMBH
Nubertstr. 1
73529 Schwäbisch Gmünd
+49 7171 8712 0
www.nubert.de
S/P 143

NYTA UG
Sophienstr. 108–110
76135 Karlsruhe
+49 721 4704 4707
www.nyta.eu
S/P 136

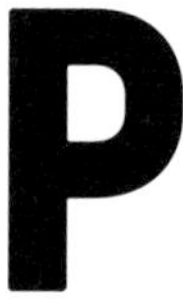

P

PHOENIX DESIGN GMBH + CO. KG
Kölner Str. 16
70376 Stuttgart
+49 711 955 976 0
www.phoenixdesign.com
S/P 134

PICA MARKER GMBH
Sonnengarten 11
91356 Kirchehrenbach
T +49 9191 320 403 0
www.pica-marker.com
S/P 28

POZSGAI MÖBELSCHREINEREI
Schwarzwaldstr. 8
79423 Heitersheim
+49 7634 798 167
www.pozsgai.de
S/P 90

PRAKTIKAPP FORSCHUNGSGRUPPE
c/o Universität Siegen
Fakultät III / Ubiquitous Design
Kohlbettstr. 15
57072 Siegen
www.praktikapp.com
S/P 142

PRIELER DESIGN
Marktstr. 19
32791 Lage
+49 5232 799 9819
www.prieler-design.com
S/P 102

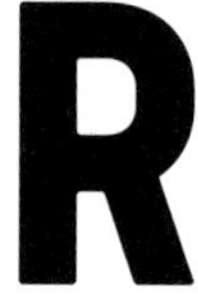

R

RECYTEX GMBH & CO. KG
Heiligenstr. 75
41751 Viersen
+49 2162 9583 0
www.recytex.de
S/P 103

REINBOLD GMBH & CO. KG
Im Kreuzfeld 3
79364 Malterdingen
+49 7644 926 920
www.reinbold-online.de
S/P 59

RIEBER GMBH & CO. KG
Hoffmannstr. 44
72770 Reutlingen
T +49 7121 518 0
www.rieber.systems/de
S/P 74

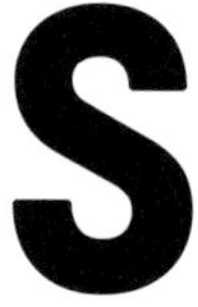

S

SCHREIBER INNENAUSBAU GMBH
Elterleiner Str. 62–64
09468 Geyer
+49 3734 66376
www.schreiber-innenausbau.de
S/P 118

SERIEN RAUMLEUCHTEN GMBH
Hainhäuser Str. 3–7
63110 Rodgau
+49 6106 6909 0
www.serien.com
S/P 124

SPEK DESIGN
Schopenhauerstr. 39
70565 Stuttgart
+49 711 7454 3136
www.spek-design.de
S/P 142

STABILO INTERNATIONAL GMBH
Schwanweg 1
90562 Heroldsberg
T +49 911 567 0
www.stabilo.com
S/P 111

STADTNOMADEN GMBH
Schlossstr. 11
88377 Riedhausen
T +49 7587 95 99 887
www.stadtnomaden.com
S/P 75

STUDIO MARK BRAUN
Mengerzeile 1–3
12435 Berlin
+49 30 53023824
www.markbraun.org
S/P 76

STUDIO BENJAMIN HOPF
Münchner Freiheit 24
80802 München
+49 172 8128 576
www.benjaminhopf.com
S/P 135

SUPERHERODESIGN
Agentur für Gestaltung –
Print & Digital
Olgastr. 109
70180 Stuttgart
T +49 711 469 746 28
www.superherodesign.de
S/P 166

SUPERNOVA DESIGN GMBH
Industriestr. 26
79194 Gundelfingen
+49 761 600 629 0
www.supernova-lights.com
S/P 172

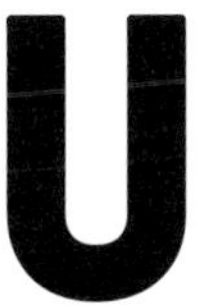

TARGET DESIGN
Wildmoss 7
82266 Inning
+49 8143 9915 465
www.target-design.com
S/P 16, 47

TEC TARGET SCHNEIDER GMBH
Lärchenweg 2
78661 Dietingen
+49 741 43796
www.tec-target-schneider.de
S/P 16

UNIVERSITÄT SIEGEN
Fakultät III / Ubiquitous Design
Kohlbettstr. 15
57072 Siegen
www.praktikapp.com
S/P 142

UNTERNEHMENFORM GMBH & CO. KG
Nesenbachstr. 48
70178 Stuttgart
+49 711 9988 780
www.unternehmenform.de
S/P 101

UP DESIGNSTUDIO GMBH & CO. KG
Dornierstr. 17
70469 Stuttgart
T +49 711 3265460
www.updesignstudio.com
S/P 22, 184

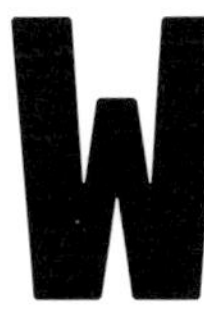

VAUDE SPORT GMBH & CO. KG
Vaude-Str. 2
88069 Tettnang
+49 7542 5306 0
www.vaude.com
S/P 188

V'EYE
Rummenhöller, Hoffmann & Bujak
GmbH
Arrenbergerstr. 66
42117 Wuppertal
T +49 176 56532537
S/P 112

WD3 GMBH
Seidenstr. 57
70174 Stuttgart
T +49 711 284 977 20
www.wd3.design
S/P 103

WEINBERG & RUF GBR
Martinstr. 5
70794 Filderstadt
T +49 711 7085 010
www.weinberg-ruf.de
S/P 48

WHITE ID GMBH & CO. KG
Nicolaus-Otto-Str. 8
73614 Schorndorf
T +49 7181 99198 0
www.white-id.com
S/P 143

WINKELBAUER-DESIGN
Myliusstr. 3
71638 Ludwigsburg
T +49 7141 903 222
www.winkelbauer-design.de
S/P 28

WIHA WERKZEUGE GMBH
Obertalstr. 3–7
78136 Schonach
+49 7722 959 0
www.wiha.com
S/P 46

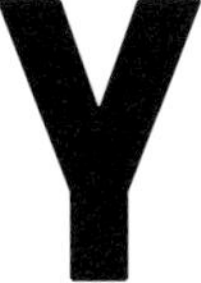

YELLOW DESIGN GMBH
Bissingerstr. 6
75172 Pforzheim
T +49 7231 457 640
www.yellowdesign.com
S/P 34, 50

LET'S THANK ...

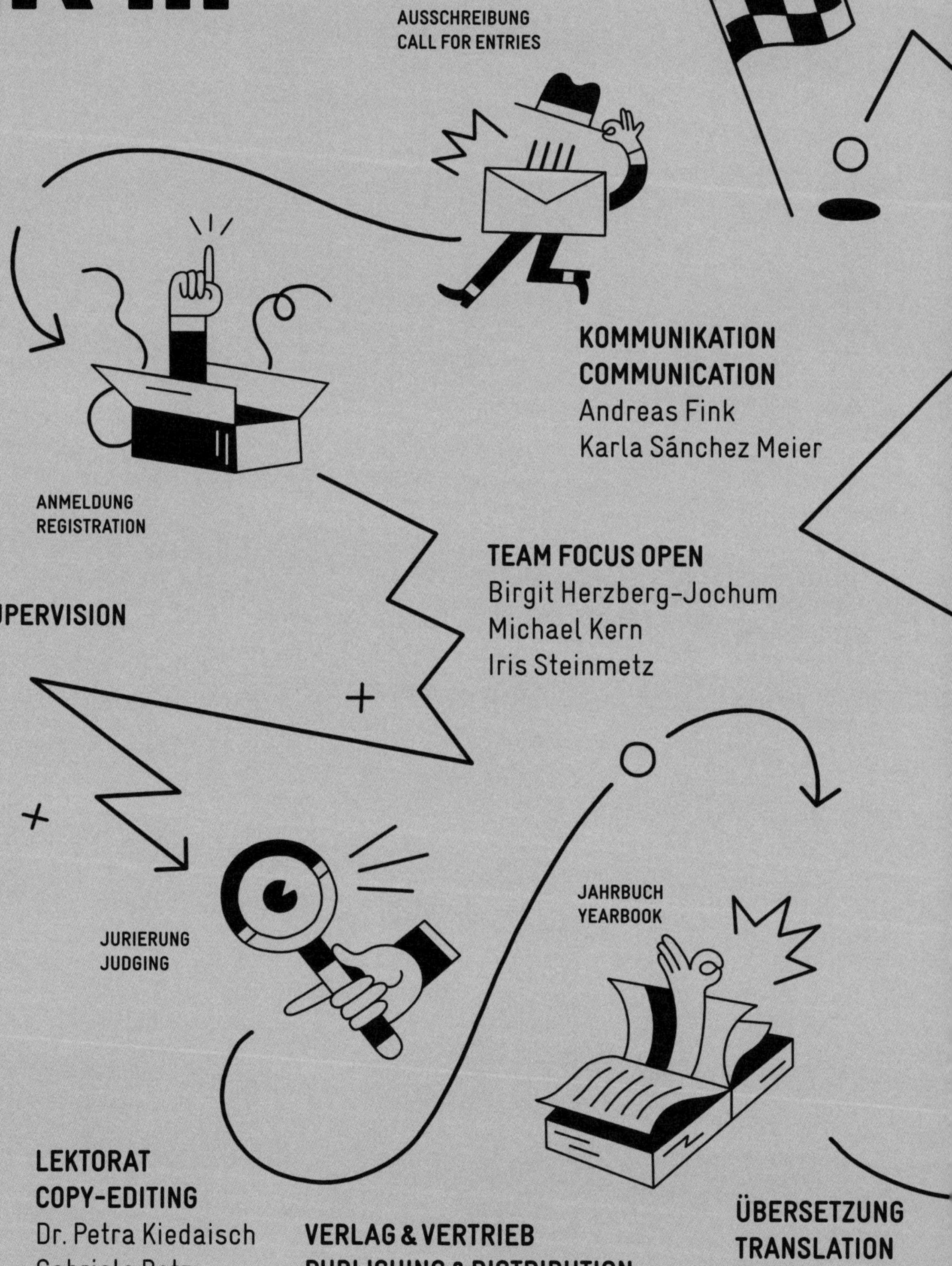

GRAFIKDESIGN
GRAPHIC DESIGN
stapelberg&fritz
Daniel Fritz

KOMMUNIKATION
COMMUNICATION
Andreas Fink
Karla Sánchez Meier

TEXT & REDAKTION
TEXT & EDITORIAL SUPERVISION
Armin Scharf
Gabriele Betz

TEAM FOCUS OPEN
Birgit Herzberg-Jochum
Michael Kern
Iris Steinmetz

JURY
Julian Appelius
Matthias Bohner
Claudia S. Friedrich
Linda Ruth Schmidt
Judith Tenzer
Prof. Mario Zeppetzauer

LEKTORAT
COPY-EDITING
Dr. Petra Kiedaisch
Gabriele Betz

VERLAG & VERTRIEB
PUBLISHING & DISTRIBUTION
avedition
Dr. Petra Kiedaisch

ÜBERSETZUNG
TRANSLATION
Alison Du Bovis
Stephen McLuckie

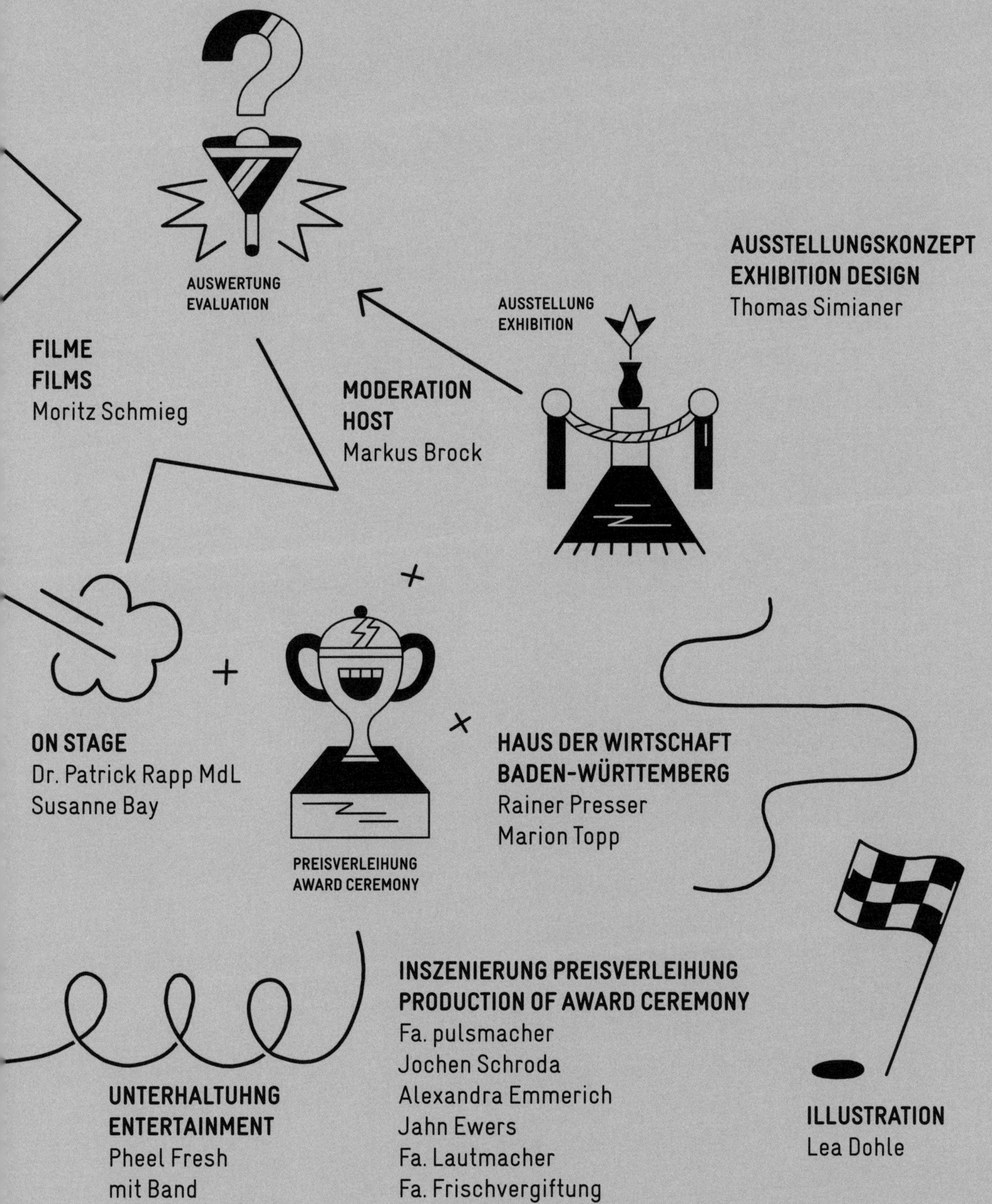
AUSWERTUNG
EVALUATION
AUSSTELLUNG
EXHIBITION
AUSSTELLUNGSKONZEPT
EXHIBITION DESIGN
Thomas Simianer
FILME
FILMS
Moritz Schmieg
MODERATION
HOST
Markus Brock
ON STAGE
Dr. Patrick Rapp MdL
Susanne Bay
PREISVERLEIHUNG
AWARD CEREMONY
HAUS DER WIRTSCHAFT
BADEN-WÜRTTEMBERG
Rainer Presser
Marion Topp
INSZENIERUNG PREISVERLEIHUNG
PRODUCTION OF AWARD CEREMONY
Fa. pulsmacher
Jochen Schroda
Alexandra Emmerich
Jahn Ewers
Fa. Lautmacher
Fa. Frischvergiftung
UNTERHALTUHNG
ENTERTAINMENT
Pheel Fresh
mit Band
ILLUSTRATION
Lea Dohle

DESIGN IM DIALOG

Beratung, Fortbildung, Information und Präsentationen – das Design Center Baden-Württemberg ist eine nicht-kommerzielle Plattform für Design-Profis, Einsteiger und Unternehmer zugleich

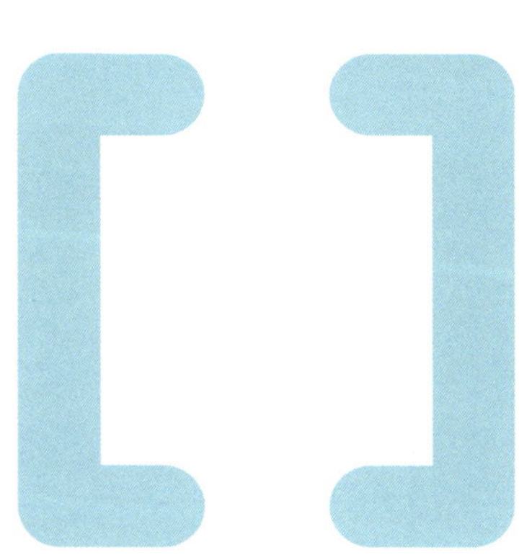

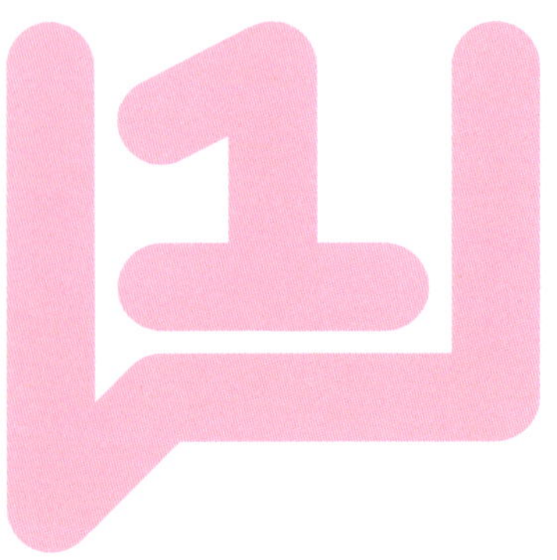

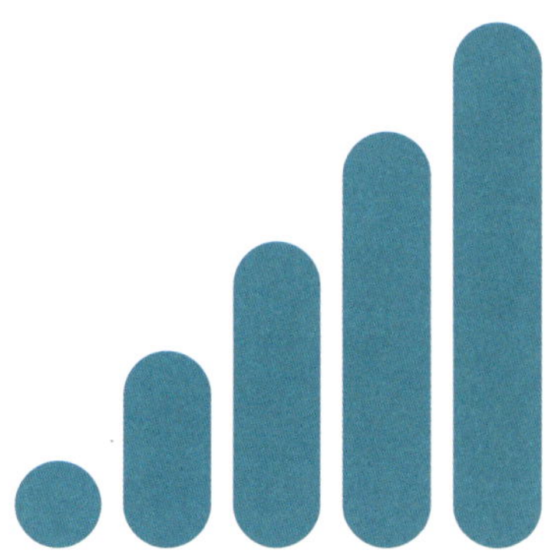

DESIGN LESE

Vorträge, Medienpräsentationen und Diskussionsrunden zu aktuellen Themenbereichen aus Industrie, Design, Technik, Forschung und Wirtschaft.

DESIGN LESE LECTURES

Lectures, media presentations and panel discussions on up-to-the-minute topics from industry, design, technology, research and business.

EINSICHTEN

Austauschplattform für Industrie, Designwirtschaft, Forschung und Ausbildung. Unternehmen, Designagenturen und auch Design-Ausbildungsstätten erhalten die Möglichkeit, sich im Haus der Wirtschaft in Stuttgart detailliert zu präsentieren.

EINSICHTEN PRESENTATION PLATFORM

A platform for industry, the design sector, research and education where companies, design agencies and design schools are given the opportunity to stage detailed presentations at the Haus der Wirtschaft in Stuttgart.

DESIGN1ST BERATUNG

Im Rahmen unserer kostenfreien Design1st Beratung erhalten Unternehmer*innen Auskunft zu allen Fragen rund um Designleistungen und zu direkten Kooperationsmöglichkeiten mit der Designwirtschaft.

DESIGN1ST ADVISORY SERVICE

Our free Design1st advisory service provides entrepreneurs with information about anything to do with design services and advises them on the possibilities for direct cooperation with the design sector.

FIT FOR MARKET

Der richtige Schutz innovativer Produkte, die Anmeldung von Marken, die Honorierung kreativer Leistung oder die Vertragsgestaltung mit Designer*innen sind Themenfelder dieser Veranstaltungsreihe.

FIT FOR MAKET

This series of events covers topics like the right protection for innovative products, registering trademarks, appropriate payment for creative services and contractual arrangements with designers.

Advice, training, information and presentations – the Design Center Baden-Württemberg is a non-commercial platform aimed not just at design professionals but at newcomers and entrepreneurs too.

DESIGN CENTER ROADSHOW

Veranstaltungen mit und bei unterschiedlichsten externen Kooperationspartnern, als Foren des Austauschs zwischen Industrie und Designwirtschaft.

DESIGN CENTER ROADSHOW

Events hosted by a wide range of external cooperation partners as forums where industry and the design sector can swap ideas and views.

DESIGN BIBLIOTHEK

Präsenzbibliothek für Designprofis und Designinteressierte, mit Online-Katalog und einem spezialisierten Publikationsbestand von rund 10.000 Büchern rund um das Thema Gestaltung.

DESIGN LIBRARY

A bricks-and-mortar library for design professionals and anyone interested in design, with an online catalogue and a specialised collection of around 10,000 publications on all aspects of design.

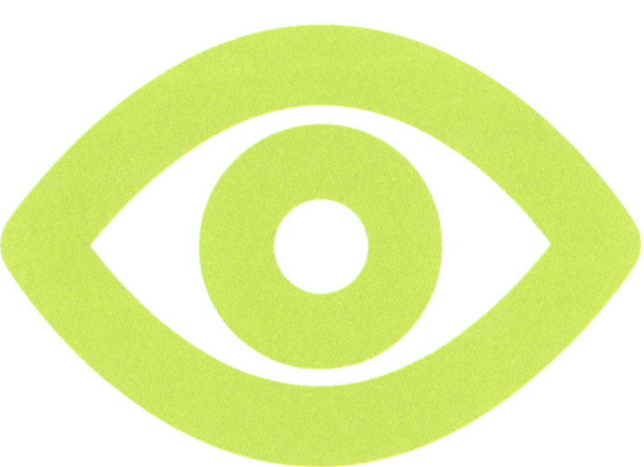

ENTDECKT

Die Präsentationsplattform für den Designnachwuchs! Vielversprechende Designtalente erhalten die Möglichkeit, sich samt ihrer aktuellen Projekte im Design Center der breiten Öffentlichkeit zu präsentieren.

ENTDECKT SHOWCASE

A presentation platform for up-and-coming designers that gives promising and talented newcomers the chance to introduce themselves and their latest projects to a broad public at the Design Center.

KONGRESSE & WORKSHOPS

Veranstaltungen zur Vermittlung von Know-how aus den unterschiedlichsten designrelevanten Disziplinen und Forschungsbereichen, aber auch aus dem weiten Feld des Marketings.

CONGRESSES & WORKSHOPS

Events that share know-how from all sorts of design-relevant disciplines and research areas, as well as from the broad field of marketing.

IMPRESSUM/ PUBLISHING DETAILS

HERAUSGEBER/PUBLISHER
Design Center Baden-Württemberg
Regierungspräsidium Stuttgart
Willi-Bleicher-Straße 19
70174 Stuttgart
T +49 711 123 26 84
design@rps.bwl.de
www.design-center.de

**TEXT UND REDAKTION/
TEXT AND EDITORIAL SUPERVISION**
Armin Scharf
Tübingen
www.blueroscharf.de
Gabriele Betz
Tübingen

LEKTORAT/COPY-EDITING
Petra Kiedaisch
Gabriele Betz
Tübingen
www.gabriele-betz.de

ÜBERSETZUNG/TRANSLATION
Alison Du Bovis
Jork
www.dubovis.de
und/and
Stephen McLuckie
Dorchester
www.dorchestertranslations.co.uk

GRAFIKDESIGN/GRAPHIC DESIGN
stapelberg&fritz GmbH
Stuttgart
www.stapelbergundfritz.com

**FOTOS DER JURY/
PHOTOS OF THE JURY**
Thomas Simianer

ILLUSTRATIONEN/ILLUSTRATIONS
Lea Dohle Illustration Stuttgart
www.leadohle.de

LITHOGRAFIE/LITHOGRAPHY
Corinna Rieber Prepress
www.rieber-prepress.de

DRUCK/PRINTING
Offizin Scheufele GmbH & Co. KG
Stuttgart
www.scheufele.de

PAPIER/PAPER
Juwel Offset,
PEFC-zertifiziert/
PEFC certified

**VERLAG UND VERTRIEB/
PUBLISHING AND DISTRIBUTION**
av edition GmbH
Senefelderstraße 109
70176 Stuttgart
T +49 711/2202279-0
kontakt@avedition.de
www.avedition.de

© 2023
av edition GmbH,
Design Center Baden-Württemberg
und die Autoren/and the authors

Alle Rechte vorbehalten./
All rights reserved.

ISBN 978-3-89986-402-1
Printed in Germany

Die Publikation erscheint
anlässlich der Ausstellung
»FOCUS OPEN 2023 –
Internationaler Designpreis
Baden-Württemberg
und Mia Seeger Preis 2023«

10. November 2023 bis
26. Januar 2024

This catalogue is published to
accompany the exhibition
»FOCUS OPEN 2023 –
Baden-Württemberg International
Design Award and
Mia Seeger Prize 2023«

10 November 2023 to
26 January 2024

VERANSTALTER/ORGANISER
Design Center Baden-Württemberg
Regierungspräsidium Stuttgart
Willi-Bleicher-Straße 19
70174 Stuttgart
T +49 711 123 26 84

**VERANTWORTUNG UND KONZEPTION/
RESPONSIBILITY AND CONCEPT**
Christiane Nicolaus

**PROJEKTLEITUNG/
PROJECT MANAGER**
Birgit Herzberg-Jochum

ORGANISATION/ADMINISTRATION
Michael Kern

**AUSSTELLUNGSKONZEPT/
EXHIBITION DESIGN**
Thomas Simianer

**INSZENIERUNG PREISVERLEIHUNG/
PRODUCTION OF AWARD CEREMONY**
pulsmacher GmbH
Ludwigsburg
www.pulsmacher.de

Lautmacher GmbH
www.lautmacher.com

Frischvergiftung
Maximilian Pfisterer &
Willy Löbl GbR
www.frischvergiftung.de